隋書

四部備要

史部

中華書局據武英殿刊

桐鄉　陸費逵總勘
杭縣　高時顯　吳汝霖輯校
杭縣　丁輔之監造

隋書目錄

唐太尉揚州都督監修國史上柱國趙國公臣長孫無忌等撰

帝紀五　志三十　列傳五十　共八十五卷

帝紀

隋書卷七十六　列傳第四十一

宋本原跋

隋書目錄

隋書目錄考證

臣映斗按隋卽隨字與古隋字音徒果切者不同胡三省通鑑注曰隋卽春秋隨國爲楚所滅以爲縣秦漢屬南陽郡晉屬義陽郡後分置隨郡梁曰隨州後入西魏楊忠從周太祖以功封隨國公子堅襲爵受周禪遂以隨爲國號文以周齊不遑寧處去之作隋以之訓走故也臣召南按改隨作隋當在文帝卽位之後此紀於父封隨公帝襲隨公進爵隨王並作隋字蓋史官追改耳通鑑及綱目於隨公隨王並作隨字於稱帝始作隋字可謂確實

李穆子渾○目錄渾譌軍

秦孝王俊子浩○目錄浩譌皓

柳機從兄雄亮○目錄譌分雄亮爲兩人名

韓擒○目錄有虎字按本傳不增虎字

高勱○目錄勱譌勵按本傳及北史俱作勱

獨孤楷○目錄楷譌諧按本傳及北史俱作楷

李孝貞○目錄作李元操按本傳李孝貞字元操開皇初爲犯廟諱於是稱
字傳仍作李孝貞
張奫○目錄奫諱作大淵二字
劉元進○目錄進諱振
陶模○目錄模諱謨
劉士儁○目錄士諱仕
王頍○目錄頍諱頗
常得志尹式劉善經祖君彥孔德紹劉斌○已上六傳目錄遺脫今增
高祖外家呂氏○目錄遺脫今增
襄城王恪妃○目錄無恪字按本傳有
華陽王楷妃○目錄無楷字按本傳有
陸讓母○目錄讓諱襄
𢘆恒○目錄恒諱恆下衍國字從本傳刪正

契丹室韋〇目錄契丹下附注靺鞨　臣映斗　按靺鞨前卷自有傳彼傳云西北與契丹相接契丹傳僅云其俗頗與靺鞨同非附傳也今刪

隋書目錄考證

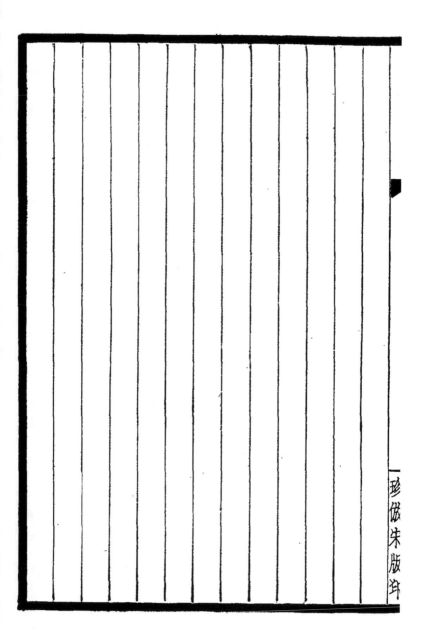

隋書卷一

唐 特 進 臣 魏 徵 上

帝紀第一

高祖上

高祖文皇帝姓楊氏諱堅弘農郡華陰人也漢太尉震八代孫鉉仕燕爲北平太守鉉生元壽後魏代爲武川鎮司馬子孫因家焉元壽生太原太守惠嘏嘏生平原太守烈烈生寧遠將軍禎禎生忠忠卽皇考也皇考從周太祖起義關西賜姓普六茹氏位至柱國大司空隋國公薨贈太保諡曰桓皇妣呂氏以大統七年六月癸丑夜生高祖於馮翊般若寺紫氣充庭有尼來自河東謂皇妣曰此兒所從來甚異不可於俗閒處之尼將高祖舍於別館躬自撫養皇妣嘗抱高祖忽見頭上角出徧體鱗起皇妣大駭墜高祖於地尼自外入見曰已驚我兒致令晚得天下爲人龍頷額上有玉柱入頂目光外射有文在手曰王長上短下沈深嚴重初入太學雖至親昵不敢狎也年十四京兆尹薛善辟爲功

曹十五以太祖勳授散騎常侍車騎大將軍儀同三司封成紀縣公十六遷驃騎大將軍加開府周太祖見而歎曰此兒風骨不似代間人明帝卽位授右小宮伯進封大興郡公帝嘗遣善相者趙昭視之昭詭對曰不過作柱國耳旣而陰謂高祖曰公當爲天下君必大誅殺而後定善記鄙言武帝卽位遷左小宮伯出爲隋州刺史進位大將軍後徵還遇皇妣寢疾三年晝夜不離左右代稱純孝宇文護執政尤忌高祖屢將害焉大將軍侯伏侯壽等匡護得免其後襲爵隋國公武帝聘高祖長女爲皇太子妃益加禮重齊王憲言於帝曰普六茹堅相貌非常臣每見之不覺自失恐非人下請早除之帝曰此止可爲將耳內史王軌驟言於帝曰皇太子非社稷主普六茹堅貌有反相帝不悅曰必天命有在將若之何高祖甚懼深自晦匿建德中率水軍三萬破齊師於河橋明年從帝平齊進位柱國宇文憲破齊任城王高湝於冀州除定州總管先是定州城西門久閉不行齊文宣帝時或請開之以便行路帝不許曰當有聖人來啓之及高祖至而開焉莫不驚異尋轉亳州總管宣帝卽位以后父徵拜上柱國

大司馬大象初遷大後丞右司武俄轉大前疑每巡幸恆委居守時帝爲刑經
聖制其法深刻高祖以法令滋章非興化之道切諫不納高祖位望益隆帝頗
以爲忌帝有四幸姬並爲皇后諸家爭寵數相毀譖帝每忿怒謂后曰必族滅
爾家因召高祖命左右曰若色動卽殺之高祖既至容色自若乃止大象二年
五月以高祖爲揚州總管將發暴有足疾不果行乙未帝崩時靜帝幼沖未能
親理政事內史上大夫鄭譯御正大夫劉昉以高祖皇后之父衆望所歸遂矯
詔引高祖入總朝政都督內外諸軍事周氏諸王在藩者高祖悉恐其生變稱
趙王招將嫁女於突厥爲詞以徵之丁未發喪庚戌周帝拜高祖假黃鉞左大
丞相百官總己而聽焉以正陽宮爲丞相府以鄭譯爲長史劉昉爲司馬具置
寮佐宣帝時刑政苛酷羣心崩駭莫有固志至是高祖大崇惠政法令清簡躬
履節儉天下悅之六月趙王招陳王純越王盛代王達滕王逌並至于長安相
州總管尉遲迥自以重臣宿將志不能平遂舉兵東夏趙魏之士從者若流旬
日之間衆至十餘萬又宇文冑以滎州石愻以建州席毗以沛郡毗弟乂羅以

兗州皆應於迥迥遣子質於陳請援高祖命上柱國鄖國公韋孝寬討之雍州牧畢王賢及趙陳等五王以天下之望歸於高祖因謀作亂高祖執賢斬之寢趙王等之罪因詔五王劒履上殿入朝不趨用安其心七月陳將陳紀蕭摩訶等寇廣陵吳州總管于顗轉擊破之廣陵人杜喬生聚衆反刺史元義討平之韋孝寬破尉遲迥於相州傳首闕下餘黨悉平初迥之亂也鄖州總管司馬消難據州響應淮南州縣多同之命襄州總管王誼討之消難奔陳荊郢羣蠻乘釁作亂命亳州總管賀若誼討平之先是上柱國王謙爲益州總管既見幼主在位政由高祖遂起巴蜀之衆以匡復爲辭高祖方以東夏山南爲事未遑致討謙進兵屯劒閣陷始州至是乃命行軍元帥上柱國梁睿討平之傳首闕下巴蜀阻險人好爲亂於是更開平道毀劒閣之路立銘垂誡焉五王陰謀滋甚高祖齎酒肴以造趙王第欲觀所爲趙王伏甲以宴高祖高祖幾危賴元胄以濟語在胄傳於是誅趙王招越王盛九月以世子勇爲洛州總管東京小冢宰壬子周帝詔曰假黃鉞使持節左大丞相都督內外諸軍事上柱國大冢宰隋

國公堅感山河之靈應星辰之氣道高雅俗德協幽顯釋巾登仕搢紳傾屬開
物成務朝野承風受詔先皇弼諧寡薄合天地而生萬物順陰陽而撫四夷近
者內有艱虞外聞妖寇以鷹鸇之志運帷帳之謀行兩觀之誅掃萬里之外遐
邇清肅實所賴焉四海之廣百官之富俱稟大訓咸餐至道治定功成棟梁斯
託神猷盛德莫二於時可授大丞相罷左右丞相之官餘如故冬十月壬申詔
贈高祖曾祖烈爲柱國太保都督徐兗等十州諸軍事徐州刺史隋國公諡曰
康祖禎爲柱國太傅都督陝蒲等十三州諸軍事同州刺史隋國公諡曰獻考
忠爲上柱國太師大冢宰都督冀定等十三州諸軍事雍州牧誅陳王純癸酉
上柱國鄖國公韋孝寬卒十一月辛未誅代王達滕王逌十二月甲子周帝詔
曰天大地大合其德者聖人一陰一陽調其氣者上宰所以降神載挺陶鑄羣
生代蒼蒼之功成巍巍之業假黃鉞使持節大丞相都督內外諸軍事上柱國
大冢宰隋國公應百代之期當千齡之運家隆台鼎之盛門有翊贊之勤心同
伊尹必致堯舜情類孔丘憲章文武爰初入仕風流映世公卿仰其軌物搢紳

謂爲師表入處禁闈出居藩政芳猷茂績問望彌遠往平東夏人情未安燕南
趙北實爲天府擁節杖旄任當連率柔之以德導之以禮畏之若神仰之若日
芳風美迹歌頌獨存淮海榛蕪多歷年代作鎮南鄙選衆惟賢威震殊俗化行
黔首任掌鈞陳職司邦政國之大事朝寄更深鑾駕巡遊留臺務廣周公陝西
之任僅可爲倫漢臣關內之重未足相況及天崩地坼先帝升遐朕以眇年奄
經荼毒親受顧命保乂皇家姦人乘隙潛圖宗社無君之意已成竊發之期有
日英規潛運大略川迴匡國庇人野人斯得兩河遘亂三魏稱兵半天之下洶
洶鼎沸祖宗之基已危生人之命將殆安陸作釁南通吳越蜂飛蠆聚江漢騷
然巴蜀鴟張鼯將問鼎秦塗更阻漢門重閉晝籌帷帳建出師車諸將稟其謀
壯士感其義不違時日咸得清蕩九功遠被七德允諧百僚師師四門穆穆光
景照臨之地風雲去來之所允武允文幽明同德縣山縣水遐邇歸心使朕繼
踵上皇無爲以治聲高宇宙道格天壤伊尹輔殷霍光佐漢方之蔑如也昔營
丘曲阜地多諸國重耳小白錫用殊禮蕭何優贊拜之儀番君越公侯之爵姬

劉以降代有令謨宜崇典禮憲章自昔可授相國總百揆去都督內外諸軍事大冢宰之號進公爵爲王以隋州之崇業鄖州之安陸城陽溫州之宜人應州之平靖上明順州之淮南士州之永川昌州之廣昌安昌申州之義陽淮安息州之新蔡建安豫州之汝南臨潁廣寧初安蔡州之蔡陽郢州之漢東二十郡爲隋國劒履上殿入朝不趨贊拜不名備九錫之禮加璽紱遠遊冠相國印綠綟綬位在諸侯王上隋國置丞相已下一依舊式高祖再讓不許乃受王爵十郡而已詔進皇祖考爵並爲王夫人爲王妃辛巳司馬消難以陳師寇江州刺史成休寧擊却之大定元年春二月壬子令曰已前賜姓皆復其舊是日周帝詔曰伊周作輔不辭殊禮之錫桓文爲霸允應異物之典所以表格天之勳彰不代之業相國隋王前加典策式昭大禮固守謙光絲言未綍宜申顯命一如往旨王功必先人賞存後己退讓爲本誠乖朕意宜命百辟盡詣王宮衆心克感必令允納如有表奏勿復以聞癸丑文武百官詣閤敦勸高祖乃受甲寅策曰咨爾假黃鉞使持節大丞相都督內外諸軍事上柱國大冢宰隋王天覆地

載籍人事以財成日往月來由王道而盈昃五氣陶鑄萬物流形誰代上玄之工斯則大聖而已曰惟先正翊亮皇朝種德積善載誕上相精采不代風骨異人匡國濟時除凶撥亂百神奉職萬國宅心殷相以先知悟人周輔乃弘道於代方斯蔑如也今將授王典禮其敬聽朕命朕以不德早承丕緒上靈降禍夙遭愍凶妖醜覬覦密圖社稷宮省之內疑慮驚心公受命先皇志在匡弼輯諧內外潛運機衡姦人懾憚謀用丕顯俾贅旒之危爲太山之固是公重造皇室作霸之基也伊我祖考之代任寄已深入掌禁兵外司藩政文經武略久播朝野戎軒大舉長驅晉魏平陽震熊羆之勢冀部耀貔豹之威初平東夏人情未一叢臺之北易水之南西距井陘東至滄海比數千里舉袂如帷委以連城建旌杖節教因其俗刑用輕典如泥從印猶草隨風此又公之功也吳越不賓多歷年代淮海之外時非國有爰整其旅出鎮於亳武以威物文以懷遠羣盜自奔外戶不閉人黎慕義襁負而歸自北之風化行南國此又公之功也宣帝御寓任重宗臣入典八屯外司九伐禁衛勤巡警之務治兵得蒐狩之禮此又公

之功也鑾駕遊幸頻委留臺文武注意軍國諮稟萬事咸理反顧無憂此又公之功也朕在諒闇公實總己磐石之宗姦回者衆招引無賴連結羣小往者國衰甫爾已創陰謀積惡數旬昆吾方稔泣誅磬甸宗廟以寧此又公之功也尉迥猖狂稱兵鄴邑欲長戟而指北闕強弩而圍南斗憑陵三魏之間震驚九州之半聚徒百萬悉成蚍豕淇水洹水一飲而竭人之死生翻繫凶豎壽之長短不由司命公乃戒彼鷹揚出車練卒誓蒼兕於河朔建瓴水於東山口授兵書手畫行陣量敵制勝指日剋期諸將遵其成旨壯士感其大義輕死忘生轉鬭千里旗鼓奮發如火燎毛玄黃變漳河之水京觀比爵臺之峻百城氛祲一旦廓清此又公之功也青土連率跨據東秦藉負海之饒倚連山之險望三輔而將逐鹿指六國而願連雞風雨之兵助鬼爲虐本根既拔枝葉自隕屈法申恩示以大信此又公之功也申部殘賊充斥一隅蠅飛蟻聚攻州略地播以玄澤迷更知反服而舍之無費遺鏃此又公之功也宇文冑親則宗枝外藩巖邑影響鄴賊有同就燥迫脅吏人叛換城戍偏師討賊遂入網羅束之武牢有同圂

圖專窮將軍如伏國刑此又公之功也檀讓席毗擁衆河外陳韓梁鄭宋衞鄒魯村落成梟獍之墟人庶爲犲狼之餌強以陵弱大則吞小城有晝閉巷無行人授律出師隨機掃定讓旣授首毗亦梟懸此又公之功也司馬消難與國親姻作鎭安陸性多嗜欲意好貪聚屬城子女劫掠靡餘部入貨財多少具罄擅誅刺舉之使專殺儀台之臣懼罪畏威動而內奰蠶食郡縣鴆毒華夷聞有王師自投南裔帝唐崇山之罰僅可方此大漢流禦之刑是亦相匹逋逃入藪荊郢用安此又公之功也王謙在蜀翻爲厲階閉劍閣之門塞靈關之宇自謂五丁復起萬夫莫向分閫推轂嘗不踰時風馳席卷一舉大定擒斬兇惡掃地無遺此又公之功也陳頊因循僞業自擅金陵屢遣醜徒趑趄江北公指麾藩鎭無不摧殄方置文深之柱非止尉佗之拜此又公之功也公有濟天下之勳重之以明德始於辟命屈己登庸素業清徽聲掩廊廟雄規神略氣蓋朝野序百揆而穆四門恥一匡之舉九合尊賢崇德尙齒貴功錄舊旌善興亡繼絕寬猛相濟彝倫攸敘敦睦帝親崇奬王室星象不拆陰陽自調玄冥祝融如奉太公

之召兩師風伯似應成王之宰祥風嘉氣解石搖林瑞獸異禽遊園鳴閣至功
至德可大可久盡品物之和究杳冥之極朕又聞之昔者明王設官胙土營丘
四履得征五侯參墟寵章異其禮物故藩屏作固垂拱責成沉嘿巖廊不下堂
席公道高往烈賞薄前王朕以眇身託于兆人之上求諸故實甚用懼焉往加
大典憲章在昔謙以自牧未應朝禮日月不居便已隔歲時談物議其謂朕何
今進授相國總百揆以申州之義陽等二十郡爲隋國今命使持節太傅上柱
國杞國公椿大宗伯大將軍金城公趙煚授相國印綬相國禮絕百辟任總羣
官舊職常典宜與事革昔堯臣大尉舜佐司空姬旦相周霍光輔漢不居藩國
唯在天朝其以相國總百揆去衆號焉上所假節大丞相大冢宰印綬又加九
錫其敬聽朕後命以公執律脩德慎獄恤刑爲其訓範人無異志是用錫公大
輅戎輅各一玄牡二駟公勤心地利所寶人天崇本務農公私殷阜是用錫公
衮冕之服赤舄副焉公樂以移風雅以變俗遐邇胥悅天地咸和是用錫公軒
懸之樂六佾之舞公仁風德教覃及海隅荒忽幽遐迴首內向是用錫公朱戶

以居公水鏡人倫銓衡庶職能官流詠遺賢必舉是用錫公納陛以登公執鈞於內正性率下犯義無禮罔不屏黜是用錫公武賁之士三百人公（各本闕）是用錫公鈇鉞各一公威嚴夏日精厲秋霜猾夏必誅顧眄天壤掃清姦宄折衝無外是用錫公彤弓一彤矢百盧弓十盧矢千惟公孝通神明肅恭祀典尊嚴如在情切幽明是用錫公秬鬯一卣珪瓚副焉隋國置丞相以下一遵舊式往欽哉其敬循往策祗服大典簡恤爾庶功對揚我太祖之休命於是建臺置官景辰詔王冕十有二旒建天子旌旗出警入蹕乘金根車駕六馬備五時副車置旄頭雲罕樂舞八佾設鐘虡宮懸王妃爲王后長子爲太子前後三讓乃受俄而周帝以衆望有歸乃下詔曰元氣肇闢樹之以君有命不恆所輔惟德天心人事選賢與能盡四海而樂推非一人而獨有周德將盡妖孽遞生骨肉多虞藩維構釁影響同惡過半區宇或小或大圖帝圖王則我祖宗之業不絕如線相國隋王叡聖自天英華獨秀刑法與禮儀同運文德共武功俱遠愛萬物其如己任兆庶以爲憂手運璣衡躬命將士芟夷姦宄刷蕩氛祲化通冠帶威震

幽遐虞舜之大功二十未足相比姬發之合位三五豈可足論況木行已謝火運既興河洛出革命之符星辰表代終之象煙雲改色笙簧變音獄訟咸歸謳歌盡至且天地合德日月貞明故以稱大爲王照臨下土朕雖寡昧未達變通幽顯之情皎然易識今便祇順天命出遜別宮禪位於隋一依唐虞漢魏故事高祖三讓不許遣兼太傅上柱國杞國公椿奉冊曰咨爾相國隋王粤若上古之初爰啓清濁降符授聖爲天下君事上帝而理兆人和百靈而利萬物非以區宇之富未以宸極爲尊大庭軒轅以前驪連赫胥之日咸以無爲無欲不將不迎遐哉其詳不可聞已厥有載籍遺文可觀聖莫逾於堯美未過於舜堯得太尉已作運衡之篇舜遇司空便敘精華之竭彼褰裳脫屣貳宮設饗百辟歸禹若帝之初斯蓋上則天時不敢不授下祇天命不可不受湯代於夏武革於殷干戈揖讓雖復異揆應天順人其道靡異自漢迄晉有魏至周天曆逐獄訟之歸神鼎隨謳歌之去道高者稱帝籙盡者不王與夫文祖神宗無以別也周德將盡禍難頻興宗戚姦回咸將竊發顧瞻宮闕將圖宗社藩維連率逆亂相

尋搖蕩三方不合如礪蛇行鳥攫投足無所王受天明命叡德在躬救頹運之艱匡墜地之業拯大川之溺撲燎原之火除羣凶於城社廓妖氛於遠服至德合於造化神用洽於天壤八極九野萬方四裔圓首方足罔不樂推往歲長星夜掃經天晝見八風比夏后之作五緯同漢帝之聚除舊之徵昭然在上近者赤雀降祉玄龜效靈鐘石變音蛟魚出穴布新之貺煥焉在下九區歸往百靈協贊人神屬望我不獨知仰祗皇靈俯順人願今敬以帝位禪於爾躬天祚告窮天祿永終於戲王宜允執厥和儀刑典訓升圓丘而敬蒼昊御皇極而撫黔黎副率土之心恢無疆之祚可不盛歟遣大宗伯大將軍金城公趙煚奉皇帝璽紱百官勸進高祖乃受焉

開皇元年二月甲子上自相府常服入宮備禮卽皇帝位於臨光殿設壇於南郊遣使柴燎告天是日告廟大赦改元京師慶雲見易周氏官儀依漢魏之舊以柱國相國司馬渤海郡公高熲爲尚書左僕射兼納言相國司錄沁源縣公虞慶則爲內史監兼吏部尚書相國內郎咸安縣男李德林爲內史令上開府

漢安縣公韋世康爲禮部尚書上開府義寧縣公元暉爲都官尚書開府民部尚書昌國縣公元巖爲兵部尚書上儀同司宗長孫毗爲工部尚書上儀同司會楊尚希爲度支尚書上柱國雍州牧邗國公楊惠爲左衞大將軍乙丑追尊皇考爲武元皇帝廟號太祖皇妣爲元明皇后遣八使巡省風俗景寅脩廟社立王后獨孤氏爲皇后王太子勇爲皇太子丁卯以大將軍金城郡公趙煚爲尚書右僕射上開府濟陽侯伊婁彥恭爲左武候大將軍己巳以周帝爲介國公邑五千戶爲隋室賓旌旗車服禮樂一如其舊上書不爲表答表不稱詔周氏諸王盡降爲公辛未以皇弟同安郡公爽爲雍州牧乙亥封皇弟邵國公慧爲滕王同安公爽爲衞王皇子鴈門公廣爲晉王俊爲秦王秀爲越王諒爲漢王以上柱國幷州總管申國公李穆爲太師上柱國鄧國公竇熾爲太傅上柱國幽州總管任國公于翼爲太尉觀國公田仁恭爲太子太師武德郡公柳敏爲太子太保濟南郡公孫恕爲太子少傅開府蘇威爲太子少保丁丑以晉王廣爲幷州總管以陳留郡公楊智積爲蔡王興城郡公楊靜爲道王戊寅以官

牛五千頭分賜貧人三月辛巳高平獲赤雀太原獲蒼烏長安獲白雀各一宣仁門槐樹連理衆枝內附壬午白狼國獻方物甲申太白晝見乙酉又晝見以上柱國元景山爲安州總管丁亥詔犬馬器玩口味不得獻上戊子弛山澤之禁以上開府當亭縣公賀若弼爲楚州總管和州刺史新義縣公韓擒虎爲廬州總管己丑盩厔縣獻連理樹植之宮庭辛卯以上柱國神武郡公竇毅爲定州總管戊戌以太子少保蘇威兼納言吏部尚書餘官如故庚子詔曰自古帝王受終革代建侯錫爵多與運遷朕應籙受圖君臨海內載懷沿革事有不同然則前帝後王俱在兼濟立功立事爵賞仍行苟利於時其致一揆何謂物我之異無計今古之殊其前代品爵悉可依舊丁未梁主蕭巋使其太宰蕭巖司空劉義來賀四月辛巳大赦壬午太白歲星晝見戊戌太常散樂並放爲百姓禁雜樂百戲辛丑陳散騎常侍韋鼎兼通直散騎常侍王瑳來聘于周至而上已受禪致之介國是月發稽胡脩築長城二旬而罷五月戊子封邗國公楊雄爲廣平王永康郡公楊弘爲河間王辛未介國公薨上舉哀於朝堂以其族人

洛嗣焉六月癸未詔以初受天命赤雀降祥五德相生赤爲火色其郊及社廟衣服冕之儀而朝會之服旗幟犧牲盡令尚赤戎服以黃秋七月乙卯上始服黃百寮畢賀庚午靺鞨酋長貢方物八月壬午廢東京官突厥阿波可汗遣使貢方物甲午遣行軍元帥樂安公元諧擊吐谷渾於青海破而降之九月戊申戰亡之家遣使賑給庚午陳將周羅睺攻陷胡墅蕭摩訶寇江北辛未以越王秀爲益州總管改封爲蜀王壬申以上柱國薛國公長孫覽上柱國宋安公元景山並爲行軍元帥以伐陳仍命尚書左僕射高熲節度諸軍突厥沙鉢略可汗遣使貢方物是月行五銖錢冬十月乙酉百濟王扶餘昌遣使來賀授昌上開府儀同三司帶方郡公戊子行新律壬辰行幸岐州十一月乙卯以永昌郡公竇榮定爲右武候大將軍丁卯遣兼散騎侍郎鄭撝使於陳己巳有流星聲如隤牆光燭于地十二月戊寅以申州刺史爾朱敞爲金州總管甲申以禮部尚書韋世康爲吏部尚書己丑以柱國元衮爲廓州總管與勢郡公衞玄爲淮州總管庚子至自岐州壬寅高麗王高陽遣使朝貢授陽大將軍遼東郡公太

子太保柳敏卒
二年春正月癸丑幸上柱國王誼第庚申幸安成長公主第陳宣帝殂子叔寶
立辛酉置河北道行臺尚書省於幷州以晉王廣爲尚書令置河南道行臺尚
書省於洛州以秦王俊爲尚書令置西南道行臺尚書省於益州以蜀王秀爲
尚書令戊辰陳遣使請和歸我胡墅辛未高麗百濟並遣使貢方物甲戌詔舉
賢良二月己丑詔高熲等班師庚寅以晉王廣爲左武衞大將軍秦王俊爲右
武衞大將軍餘官並如故辛卯幸趙國公獨孤陁第庚子京師雨土三月戊申
開渠引杜陽水於三時原四月丁丑以寧州刺史竇榮定爲左武候大將軍庚
寅大將軍韓僧壽破突厥於雞頭山上柱國李充破突厥於河北山五月戊申
以上柱國開府長孫平爲度支尚書己酉旱上親省囚徒其日大雨己未高寶
寧寇平州突厥入長城庚申以豫州刺史皇甫績爲都官尚書壬戌太尉任國
公于翼薨甲子改傳國璽曰受命璽六月壬午以太府卿蘇孝慈爲兵部尚書
雍州牧衞王爽爲原州總管甲申使使弔於陳國乙酉上柱國李充破突厥於

馬邑戊子以上柱國叱李長乂爲蘭州總管辛卯以上開府爾朱敞爲徐州總管景申詔曰朕祇奉上玄君臨萬國屬生人之敝處前代之宮常以爲作之者勞居之者逸改創之事心未遑也而王公大臣陳謀獻策咸云羲農以降至于姬劉有當代而屢遷無革命而不徙曹馬之後時見因循乃末代之晏安非往聖之宏義此城從漢彫殘日久屢爲戰場舊經喪亂今之宮室事近權宜又非謀筮從龜瞻星揆日不足建皇王之邑合大衆所聚論變通之數具幽顯之情同心固請詞情深切然則京師百官之府四海歸向非朕一人之所獨有苟利於物其可違乎且殷之五遷恐人盡死是則以吉凶之土制長短之命謀新去故如農望秋雖暫劬勞其究安宅今區宇寧一陰陽順序安安以遷勿懷胥怨龍首山川原秀麗卉物滋阜卜食相土宜建都邑定鼎之基永固無窮之業在斯公私府宅規模遠近營構資費隨事條奏仍詔左僕射高熲將作大匠劉龍鉅鹿郡公賀婁子幹太府少卿高龍乂等創造新都秋八月癸巳以左武候大將軍竇榮定爲秦州總管十月癸酉皇太子勇屯兵咸陽以備胡庚寅上疾愈

享百寮於觀德殿賜錢帛皆任其自取盡力而出辛卯以營新都副監賀婁子幹為工部尚書十一月景午高麗遣使獻方物十二月辛未上講武於後園甲戌上柱國竇毅卒景子名新都曰大興城乙酉遣沁源公虞慶則屯弘化備胡突厥寇周槃行軍總管達奚長儒擊之為虜所敗景戌賜國子生經明者束帛丁亥親錄囚徒

三年春正月庚子將入新都大赦天下禁大刀長矟癸亥高麗遣使來朝二月己巳朔日有蝕之壬申宴北道勳人癸酉陳遣兼散騎常侍賀徹兼通直散騎常侍蕭褒來聘突厥寇邊甲戌涇陽獲毛龜癸未以左衛大將軍李禮成為右武衛大將軍三月丁未上柱國鮮虞縣公謝慶恩卒己酉以上柱國達奚長儒為蘭州總管景辰雨常服入新都京師醴泉出丁巳詔購求遺書於天下庚申宴百寮班賜各有差癸亥城榆關夏四月己巳上柱國建平郡公于義卒庚午吐谷渾寇臨洮洮州刺史皮子信死之辛未高麗遣使來朝壬申以尚書右僕射趙煚兼內史令丁丑以滕王瓚為雍州牧己卯衛王爽破突厥於白道庚辰

行軍總管陰壽破高寶寧於黃龍甲申旱上親祈雨於國城之西南景戌詔天
下勸學行禮以濟北郡公梁遠爲汶州總管己丑陳郢州城主張子譏遣使請
降上以和好不納辛卯遣兼散騎常侍薛舒兼通直散騎常侍王劭使於陳癸
巳上親雩甲午突厥遣使來朝五月癸卯行軍總管李晃破突厥於摩那渡口
甲辰高麗遣使來朝乙巳梁太子蕭琮來賀遷都丁未靺鞨貢方物戊申幽州
總管陰壽卒辛酉有事於方澤壬戌行軍元帥竇榮定破突厥及吐谷渾於涼
州景寅赦黃龍死罪已下六月庚午以衞王爽子集爲遂安郡王戊寅突厥遣
使請和庚辰行軍總管梁遠破吐谷渾於爾汗山斬其名王壬申以晉州刺史
燕榮爲青州總管己丑以河閒王弘爲寧州總管乙未幸安成長公主第秋七
月辛丑以豫州刺史周搖爲幽州總管壬戌詔曰行仁蹈義名教所先厲俗敦
風宜見褒獎往者山東河表經此妖亂孤城遠守多不自全濟陰太守杜猷身
陷賊徒命懸寇手郡省事范臺玫傾產營護免其戮辱眷言誠節實有可嘉宜
超恆賞用明沮勸臺玫可大都督假湘州刺史丁卯日有蝕之八月丁丑靺鞨

貢方物己卯以右武衛大將軍李禮成爲襄州總管壬午遣尚書左僕射高熲出寧州道內史監虞慶則出原州道並爲行軍元帥以擊胡戊子上有事於太社九月壬子幸城東觀稼穀癸丑大赦天下冬十月甲戌廢河南道行臺省以秦王俊爲秦州總管十一月己酉發使巡省風俗因下詔曰朕君臨區宇深思治術欲使生人從化以德代刑求草萊之善旌閭里之行民間情僞咸欲備聞已詔使人所在賑恤揚鑣分路將遍四海必令爲朕耳目如有文武才用未爲時知宜以禮發遣朕將銓擢其有志節高妙越等超倫亦仰使人就加旌異令一行一善獎勸於人遠近官司遐邇風俗巨細必紀還日奏聞庶使不出戶庭坐知萬里庚辰陳遣散騎常侍周墳通直散騎常侍袁彥來聘陳主知上之貌異世人使彥畫像持去甲午罷天下諸郡閏十二月乙卯遣兼散騎常侍曹令則通直散騎常侍魏澹使於陳戊午以上柱國竇榮定爲右武衛大將軍刑部尚書蘇威爲民部尚書

四年春正月甲子日有蝕之己巳有事於太廟辛未有事於南郊壬申梁王蕭

歸來朝甲戌大射於北苑十日而罷壬午齊州水辛卯渝州獲獸似麞一角同蹄壬辰班新曆二月乙巳上餞梁王於霸上丁未靺鞨貢方物突厥蘇尼部男女萬餘人來降庚戌幸隴州突厥可汗阿史那玷率其屬來降夏四月己亥勑總管刺史父母及子年十五已上不得將之官庚子以吏部尚書虞慶則爲尚書右僕射瀛州刺史楊尚希爲兵部尚書毛州刺史劉仁恩爲刑部尚書甲辰以上柱國叱李長乂爲信州總管丁未宴突厥高麗吐谷渾使者於大興殿丁巳以上大將軍賀婁子幹爲榆關總管五月癸酉契丹主莫賀弗遣使請降拜大將軍景子以柱國馮昱爲汾州總管乙酉以汴州刺史呂仲泉爲延州總管六月庚子降囚徒乙巳以鴻臚卿乙弗寔爲冀州總管上柱國豆盧勣爲夏州總管壬子開渠自渭達河以通運漕戊午秦王俊來朝秋七月景寅陳遣兼散騎常侍謝泉兼通直散騎常侍賀德基來聘八月甲午遣十使巡省天下戊戌衞王爽來朝是日以秦王俊納妃宴百寮班賜各有差壬寅上柱國太傅鄧國公竇熾薨丁未宴秦王官屬賜物各有差壬子享陳使乙卯陳將夏侯苗請降

上以通和不納九月甲子幸襄國公主第乙丑幸霸水觀漕渠賜督役者帛各有差己巳上親錄囚徒庚午契丹內附甲戌駕幸洛陽關內饑也癸未太白晝見冬十一月壬戌遣兼散騎常侍薛道衡通直散騎常侍豆盧寔使於陳癸亥以楡關總管賀婁子幹爲雲州總管

五年春正月戊辰詔行新禮三月戊午以尚書左僕射高熲爲左領軍大將軍上柱國宇文忻爲右領軍大將軍夏四月甲午契丹主多彌遣使貢方物壬寅上柱國王誼謀反伏誅乙巳詔徵山東馬榮伯等六儒戊申車駕至自洛陽五月甲申詔置義倉梁主蕭巋殂其太子琮嗣立遣上大將軍元契使於突厥阿波可汗秋七月庚申陳遣兼散騎常侍王話兼通直散騎常侍阮卓來聘丁丑以上柱國宇文慶爲涼州總管壬午突厥沙鉢略上表稱臣八月景戌沙鉢略可汗遣子庫合真特勤來朝甲辰河南諸州水遣民部尚書邳國公蘇威賑給之戊申有流星數百四散而下己酉幸栗園九月丁巳至自栗園乙丑改鮑陂曰杜陂霸水爲滋水陳將湛文徹寇和州儀同三司費寶首獲之景子遣兼散

騎常侍李若兼通直散騎常侍崔君贍使於陳冬十月壬辰以上柱國楊素爲信州總管朔州總管吐萬緒爲徐州總管十一月甲子以上大將軍源雄爲朔州總管丁卯晉王廣來朝十二月丁未降囚徒戊申以上柱國達奚長儒爲夏州總管

六年春正月甲子党項羌內附庚午班曆於突厥辛未以柱國韋洸爲安州總管壬申遣民部尚書蘇威巡省山東二月乙酉山南荆浙七州水遣前工部尚書長孫毗賑恤之景戌制刺史上佐每歲暮更入朝上考課丁亥發丁男十一萬脩築長城二旬而罷乙未以上柱國崔弘度爲襄州總管庚子大赦天下三月己未洛陽男子高德上書請上爲太上皇傳位皇太子上曰朕承天命撫育蒼生日旰孜孜猶恐不逮豈學近代帝王事不師古傳位於子自求逸樂者哉癸亥突厥沙鉢略遣使貢方物夏四月己亥陳遣兼散騎常侍周磻兼通直散騎常侍江椿來聘秋七月辛亥河南諸州水乙丑京師雨毛如馬鬉尾長者二尺餘短者六七寸八月辛卯關內七州旱免其賦稅遣散騎常侍裴豪兼通直

散騎常侍劉顗聘於陳戊申上柱國太師申國公李穆薨閏月己酉以河州刺
史段文振爲蘭州總管丁卯皇太子鎭洛陽辛未晉王廣秦王俊並來朝景子
上柱國郕國公梁士彥上柱國杞國公宇文忻柱國舒國公劉昉以謀反伏誅
上柱國許國公宇文善坐事除名九月辛巳上素服御射殿詔百寮射賜梁士
彥三家資物景戌上柱國宋安郡公元景山卒庚子以上柱國李詢爲隰州總
管辛丑詔大象已來死事之家咸命賑恤冬十月己酉以河北道行臺尚書令
幷州總管晉王廣爲雍州牧餘官如故兵部尚書楊尚希爲禮部尚書癸丑置
山南道行臺尚書省於襄州以秦王俊爲尚書令景辰以芳州刺史駱平難爲
疊州刺史衡州總管周法尚爲黃州總管甲子甘露降於華林園
七年春正月癸巳有事於太廟乙未制諸州歲貢三人二月丁巳祀朝日於東
郊己巳陳遣兼散騎常侍王亨兼通直散騎常侍王眘來聘壬申車駕幸醴泉
宮是月發丁男十萬餘脩築長城二旬而罷夏四月己酉幸晉王第庚戌於揚
州開山陽瀆以通運漕突厥沙鉢略可汗卒其子雍虞閭嗣立是爲都藍可汗

癸亥頒青龍符於東方總管刺史西方以騶虞南方以朱雀北方以玄武甲戌遣兼散騎常侍楊同兼通直散騎常侍崔儦使於陳以民部尚書蘇威爲吏部尚書五月乙亥朔日有蝕之己卯雨石於武安滏陽間十餘里秋七月己丑衞王爽薨上發喪於門下外省八月景午以懷州刺史源雄爲朔州總管庚申梁主蕭琮來朝九月乙酉梁安平王蕭巖掠於其國以奔陳辛卯廢梁國曲赦江陵以梁主蕭琮爲柱國封莒國公冬十月庚申行幸同州以先帝所居降囚徒癸亥幸蒲州景寅宴父老上極懽曰此間人物衣服鮮麗容止閑雅良由仕宦之鄉陶染成俗也十一月甲午幸馮翊親祠故社父老對詔失旨上大怒免其縣官而去戊戌至自馮翊

隋書卷一

隋書卷一考證

高祖紀上代爲武川鎮司馬○代當作世唐諱後做此

爲人龍頷額上有玉柱入頂○監本龍頷訛龍顔玉柱訛五柱從北史改

帝嘗遣善相者趙昭視之○臣召南按北史作善相者來和以藝術傳證之來和是也北史出於是書之後故訂正其失耳

越王盛代王達○監本訛作越王達代王盛下文又作誅越王盛代王達兩名互異臣映斗按周書及北史俱載越野王名盛代奰王名達從之改正

俾贅旒之危○一本贅訛綴臣映斗按詩商頌爲下國綴旒箋以與諸侯會同結定其心如旌旗之旒縿著焉又公羊傳君若贅旒然注旒旗旒贅繫屬之辭以旂旒喻者爲下所執持東西是綴旒與贅旒意正相反不可混也

泣誅磬甸○監本磬作罄按禮記文王世子公族其刑有死罪則磬於甸人今改正

尉迥猖狂○臣映斗按尉迥即尉遲迥見前已後多作尉迥魏書官氏志西方

尉遲氏後改爲尉氏今仍本文以見姓氏因革

方置文深之柱○臣宗萬按深當作淵唐諱後漢書馬援字文淵注廣州記曰

援到交阯立銅柱爲漢之極界

盧弓十盧矢千○左傳王賜晉兹弓矢千兹通作盧

景辰○景當作丙唐諱後倣此

錄盡者不王○監本作祿一本作籙從宋本改

王宜允執厥和○和當從書經作中隋諱嫌名

以陳留郡公楊智積爲蔡王○監本蔡訛察從宋本改

韓擒虎○唐諱虎此乃後人所加後倣此

與勢郡公○監本勢訛執從閣本改

隋書卷二

唐　特　進　臣　魏　徵　上

帝紀第二

高祖下

八年春正月乙亥陳遣散騎常侍袁雅兼通直散騎常侍周止水來聘二月庚子鎮星入東井辛酉陳人寇硤州三月辛未上柱國隴西郡公李詢卒壬申以成州刺史姜須達爲會州總管甲戌遣兼散騎常侍程尚賢兼通直散騎常侍韋惲使于陳戊寅詔曰昔有苗不賓唐堯薄伐孫皓僭虐晉武行誅有陳竊據江表逆天暴物朕初受命陳頊尚存思欲教之以道不以龔行爲令往來脩睦望其遷善時日無幾釁惡已聞厚納叛亡侵犯城戍勾吳閩越肆厥殘忍于時王師大舉將一車書陳頊反地收兵深懷震懼責躬請約俄而致殞矜其喪禍仍詔班師叔寶承風因求繼好載佇克念共敦行李每見珪璪入朝輶軒出使何嘗不殷勤曉喻戒以惟新而狼子之心出而彌野威侮五行怠棄三正誅翦

骨肉夷滅才叚據手掌之地恣溪壑之險劫奪閭閻資產俱竭驅蹙內外勞役弗已徵責女子擅造宮室日增月益止足無期帷薄嬪嬙有踰萬數寶衣玉食窮奢極侈淫聲樂飲俾晝作夜斬直言之客滅無罪之家剖人之肝分人之血欺天造惡祭鬼求恩歌儛衢路酣醉宮闈盛粉黛而執干戈曳羅綺而呼警蹕躍馬振策從旦至昏無所經營馳走不息負甲持仗隨逐徒行追而不及即加罪譴自古昏亂罕或能比介士武夫饑寒力役筋髓罄於土木性命俟於溝渠君子潛逃小人得志家家隱殺戮各各任聚斂天災地孽物怪人妖衣冠鉗口道路以目傾心翹足誓告於我日月以冀文奏相尋重以背德違言搖蕩疆埸巴峽之下海澨已西江北江南爲鬼爲蜮死隴窮發掘之酷生居極攘敓之苦抄掠人畜斷截樵蘇市井不立農事廢寢歷陽廣陵窺覦相繼或謀圖城邑或劫剝吏人晝伏夜遊鼠竄狗盜彼則羸兵敝卒來必就擒此則重門設險有勞藩捍天之所覆無非朕臣每關聽覽有懷傷惻有梁之國我南藩也其君入朝潛相招誘不顧朕恩士女深迫脅之悲城府致空虛之歎非直朕居人上懷此

無忘旣而百辟屢以爲言兆庶不堪其請豈容對而不誅忍而不救近日秋始謀欲弔人益部樓船盡令東鶩便有神龍數十騰躍江流引伐罪之師向金陵之路船住則龍止船行則龍去三日之內三軍皆覩豈非蒼旻愛人幽明展事降神先路協贊軍威以上天之靈助戡定之力便可出師授律應機誅殄在斯舉也永清吳越其將士糧仗水陸資須期會進止一準別勑秋八月丁未河北諸州饑遣吏部尙書蘇威賑恤之九月丁丑宴南征諸將頒賜各有差癸巳嘉州言龍見冬十月己亥太白出西方己未置淮南行臺省於壽春以晉王廣爲尙書令辛酉陳遣兼散騎常侍王琬兼通直散騎常侍許善心來聘拘留不遣甲子將伐陳有事於太廟命晉王廣秦王俊清河公楊素並爲行軍元帥以伐陳於是晉王廣出六合秦王俊出襄陽清河公楊素出信州荆州刺史劉仁恩出江陵宜陽公王世積出蘄春新義公韓擒虎出廬江襄邑公賀若弼出吳州落叢公燕榮出東海合總管九十兵五十一萬八千皆受晉王節度東接滄海西拒巴蜀旌旗舟楫橫亘數千里曲赦陳國有星孛于牽牛十一月丁卯車駕

錢師詔購陳叔寶位上柱國萬戶公乙亥行幸定城陳師誓衆景子幸河東十
一月庚子至自河東
九年春正月己巳白虹夾日辛未賀若弼拔陳京口韓擒虎拔陳南豫州癸酉
以尚書右僕射虞慶則爲右衛大將軍景子賀若弼敗陳師於蔣山獲其將蕭
摩訶韓擒虎進師入建鄴獲其將任蠻奴獲陳主叔寶陳國平合州三十郡一
百縣四百癸巳遣使持節巡撫之二月乙未廢淮南行臺省景申制五百家爲
鄉正一人百家爲里長一人丁酉以襄州總管韋世康爲安州總管夏四月己
亥幸驪山親勞旋師乙巳三軍凱入獻俘於太廟拜晉王廣爲太尉庚戌上御
廣陽門宴將士頒賜各有差辛亥大赦天下己未以陳都官尚書孔範散騎常
侍王嵯王儀御史中丞沈觀等邪佞於其主以致亡滅皆投之邊裔辛酉以信
州總管楊素爲荊州總管吏部侍郎宇文㢸爲刑部尚書宗正少卿楊异爲工
部尚書壬戌詔曰往以吳越之野羣黎塗炭干戈方用積習未寧今率土大同
含生遂性太平之法方可流行凡我臣僚澡身浴德開通耳目宜從茲始喪亂

已來緬將十載君無君德臣失臣道父有不慈子有不孝兄弟之情或薄夫婦之義或違長幼失序尊卑錯亂朕爲帝王志存愛養時有臻道不敢寧息內外職位遐邇黎人家家自修人人克念使不軌不法蕩然俱盡兵可立威不可不戢刑可助化不可專行禁衞九重之餘鎮守四方之外戎旅軍器皆宜停罷代路旣夷羣方無事武力之子俱可學文人間甲仗悉皆除毀有功之臣降情文藝家門子姪各守一經令海內翕然高山仰止京邑庠序爰及州縣生徒受業升進於朝未有灼然明經高第此則教訓不篤考課未精明勸所由隆茲儒訓官府從宦丘園素士心迹相表寬弘爲念勿爲跼促乖我皇猷朕君臨區宇於茲九載開直言之路披不諱之心形於顏色勞於興寢自頃逞藝論功昌言乃衆推誠切諫其事甚疎公卿士庶非所望也各啓至誠匡茲不逮見善必進有才必舉無或噤嘿退有後言頒告天下咸悉此意閏月甲子以安州總管韋世康爲信州總管丁丑頒木魚符於總管刺史雌一雄一己卯以吏部尚書蘇威爲尚書右僕射六月乙丑以荊州總管楊素爲納言丁丑以吏部侍郎盧愷爲

禮部尚書時朝野物議咸願登封秋七月景午詔曰豈可命一將軍除一小國遐邇注意便謂太平以薄德而封名山用虛言而干上帝非朕攸聞而今以後言及封禪宜即禁絕八月壬戌以廣平王雄爲司空冬十一月壬辰考使定州刺史豆盧通等上表請封禪上不許庚子以右衛大將軍虞慶則爲右武候大將軍右領軍將軍李安爲右領軍大將軍甲寅降囚徒十二月甲子詔曰朕祗承天命清蕩萬方百王衰敝之後兆庶澆浮之日聖人遺訓掃地俱盡制禮作樂今也其時朕情存古樂深思雅道鄭衛淫聲魚龍雜戲樂府之內盡以除之今欲更調律呂改張琴瑟且妙術精微非因教習工人代掌止傳糟粕不足達神明之德論天地之和區域之間奇才異藝天知神授何代無哉蓋晦迹於非時俟昌言於所好宜可搜訪速以奏聞庶覩一藝之能共就九成之業仍詔太常牛弘通直散騎常侍許善心祕書丞姚察通直郎虞世基等議定作樂己巳以黃州總管周法尚爲永州總管

十年春正月乙未以皇孫昭爲河南王楷爲華陽王二月庚申幸幷州夏四月

辛酉至自并州五月乙未詔曰魏末喪亂寓縣瓜分役車歲動未遑休息兵士軍人權置坊府南征北伐居處無定家無完堵地罕包桑恆爲流寓之人竟無鄉里之號朕甚愍之凡是軍人可悉屬州縣墾田籍帳一與民同軍府統領宜依舊式罷山東河南及北方緣邊之地新置軍府六月辛酉制人年五十免役收庸癸亥以靈州總管王世積爲荊州總管浙江刺史元胄爲靈州總管秋七月癸卯以納言楊素爲內史令庚戌上親錄囚徒辛亥高麗遼東郡公高陽卒壬子吐谷渾遣使來朝八月壬申遣柱國襄陽郡公韋洸上開府東萊郡公王景並持節巡撫嶺南百越皆服冬十月甲子頒木魚符於京師官五品已上戊辰以永州總管周法尚爲桂州總管十一月辛卯幸國學頒賜各有差景午契丹遣使朝貢辛丑有事於南郊是月婺州人汪文進會稽人高智慧蘇州人沈玄懀皆舉兵反自稱天子署置百官樂安蔡道人蔣山李稜饒州吳代華永嘉沈孝徹泉州王國慶餘杭楊寶英交趾李春等皆自稱大都督攻陷州縣詔上柱國內史令越國公楊素討平之

十一年春正月丁酉以平陳所得古器多爲妖變悉命毀之辛丑高麗遣使朝貢景午皇太子妃元氏薨上舉哀於文思殿二月戊午吐谷渾遣使貢方物以大將軍蘇孝慈爲工部尚書景子以臨頳令劉曠治術尤異擢爲莒州刺史己卯突厥遣使獻七寶盌辛巳晦日有蝕之三月壬午遣通事舍人若干治使於吐谷渾癸未以幽州總管周搖爲壽州總管朔州總管吐萬緒爲夏州總管夏四月戊午突厥雍虞閭可汗遣其特勒來朝五月甲子高麗遣使貢方物癸卯詔百官悉詣朝堂上封事乙巳以右衛將軍元旻爲左衛大將軍秋七月己丑以柱國杜彥爲洪州總管八月壬申幸栗園滕王瓚薨乙亥至自栗園上柱國沛國公鄭譯卒十二月景辰靺鞨遣使貢方物

十二年春正月壬子以蘇州刺史皇甫續爲信州總管宣州刺史席代雅爲廣州總管二月己巳以蜀王秀爲內史令兼右領軍大將軍漢王諒爲雍州牧右衛大將軍夏四月辛卯以壽州總管周搖爲襄州總管五月辛亥廣州總管席代雅卒秋七月乙巳尚書右僕射邳國公蘇威禮部尚書容城縣侯盧愷並坐

事除名壬戌幸昆明池其日還宮己巳有事於太廟壬申晦日有蝕之八月甲戌制天下死罪諸州不得便決皆令大理覆治乙亥幸龍首池癸巳制宿衞者不得輒離所守丁酉上柱國夏州總管楚國公豆盧勣卒戊戌上親錄囚徒九月丁未以工部尙書楊异爲吳州總管冬十月丁丑以遂安王集爲衞王壬午有事於太廟至太祖神主前上流涕嗚咽悲不自勝十一月辛亥有事於南郊壬子宴百寮頒賜各有差己未上柱國新義郡公韓擒虎卒庚申以豫州刺史權武爲潭州總管甲子百寮大射於武德殿十二月癸酉突厥遣使來朝乙酉以上柱國內史令楊素爲尙書右僕射己酉吐谷渾蘇䩮並遣使貢方物

十三年春正月乙巳上柱國郇國公韓達業卒景午契丹奚霫室韋並遣使貢方物壬子親祀感帝己未以信州總管韋世康爲吏部尙書壬戌行幸岐州二月景子詔營仁壽宮丁亥至自岐州戊子宴考使於嘉則殿己卯立皇孫暕爲豫章王戊子晉州刺史南陽郡公賈悉達隰州總管撫寧郡公韓延等以賄伏誅己丑制坐事去官者配流一年丁酉制私家不得隱藏緯候圖讖夏四月癸

未制戰亡之家給復一年五月癸亥詔人間有撰集國史臧否人物者皆令禁
絕秋七月戊申靺鞨遣使貢方物壬子左衞大將軍雲州總管鉅鹿郡公賀婁
子幹卒丁巳幸昆明池戊辰晦日有蝕之九月景辰降囚徒庚申以邵國公楊
綸爲滕王乙丑以柱國杜彥爲雲州總管冬十月乙卯上柱國華陽郡公梁彥
先卒
十四年夏四月乙丑詔曰在昔聖人作樂崇德移風易俗於斯爲大自晉氏播
遷兵戈不息雅樂流散年代已多四方未一無由辨正賴上天鑒臨明神降福
拯茲塗炭安息蒼生天下大同歸於治理遺文舊物皆爲國有比命所司總令
研究正樂雅聲詳考已訖宜卽施用見行者停人間音樂流僻日久棄其舊體
競造繁聲浮宕不歸遂以成俗宜加禁約務存其本五月辛酉京師地震關內
諸州旱六月丁卯詔省府州縣皆給公廨田不得治生與人爭利秋七月乙未
以邳國公蘇威爲納言八月辛未關中大旱人饑上率戶口就食於洛陽九月
己未以齊州刺史樊子蓋爲循州總管丁巳以基州刺史崔仲方爲會州總管

冬閏十月甲寅詔曰齊梁陳往皆創業一方綿歷年代既宗祀廢絶祭奠無主興言矜念良以愴然莒國公蕭琮及高仁英陳叔寶等宜令以時脩其祭祀所須器物有司給之乙卯制外官九品已上父母及子年十五已上不得將之官

十一月壬戌制州縣佐吏三年一代不得重任癸未有星孛於角亢十二月乙未東巡狩

十五年春正月壬戌車駕次齊州親問疾苦景寅旅王符山庚午上以歲旱祠太山以謝愆咎大赦天下二月景辰收天下兵器敢有私造者坐之關中緣邊不在其例丁巳上柱國蔣國公梁睿卒三月己未至自東巡狩望祭五嶽海瀆丁亥幸仁壽宮營州總管韋藝卒夏四月己丑朔大赦天下甲辰以趙州刺史楊達爲工部尚書丁未以開府儀同三司韋沖爲營州總管五月癸酉吐谷渾遣使朝貢丁亥制京官五品已上佩銅魚符六月戊子詔鑿底柱庚寅相州刺史豆盧通貢綾文布命焚之於朝堂乙未林邑遣使來貢方物辛丑詔名山大川未在祀典者悉祠之秋七月乙丑晉王廣獻毛龜甲戌遣邳國公蘇威巡省

江南戊寅至自仁壽宮辛巳制九品已上官以理去職者聽並執笏冬十月戊子以吏部尚書韋世康爲荊州總管十一月辛酉幸溫湯乙丑至自溫湯十二月戊子勑盜邊糧一升已上皆斬並籍沒其家己丑詔文武官以四考交代

十六年春正月丁亥以皇孫裕爲平原王筠爲安成王嶷爲安平王恪爲襄城王該爲高陽王韶爲建安王煚爲潁川王夏五月丁巳以懷州刺史龐晃爲夏州總管蔡陽縣公姚辯爲靈州總管六月甲午制工商不得進仕并州大蝗辛丑詔九品已上妻五品已上妾夫亡不得改嫁秋八月景戌詔決死罪者三奏而後行刑冬十月己丑幸長春宮十一月壬子至自長春宮

十七年春二月癸未太平公史萬歲擊西寧羌平之庚寅幸仁壽宮庚子上柱國王世積討桂州賊李光仕平之壬寅河東王昭納妃宴羣臣頒賜各有差三月景辰詔曰分職設官共理時務班位高下各有等差若所在官人不相敬憚多自寬縱事難克舉諸有殿失雖備科條或據律乃輕論情則重不卽決罪無以懲肅其諸司論屬官若有愆犯聽於律外斟酌決杖辛酉上親錄囚徒癸亥

上柱國彭國公劉昶以罪伏誅庚午遣治書侍御史柳彧皇甫誕巡省河南河
北夏四月戊寅頒新曆壬午詔曰周曆告終羣凶作亂亹起蕃服毒被生人朕
受命上玄廓清區宇聖靈垂祐文武同心申明公穆鄖襄公孝寬廣平王雄蔣
國公睿楚國公勳齊國公熲越國公素魯國公慶則新寧公長乂宜陽公世積
趙國公羅雲隴西公詢廣業公景真昌公振沛國公譯項城公子相鉅鹿公子
幹等登庸納揆之時草昧經綸之日丹誠大節心盡帝圖茂績殊勳力宣王府
宜弘其門緒與國同休其世子世孫未經州任者宜量才升用庶享榮位世祿
無窮五月宴百寮於玉女泉頒賜各有差己巳蜀王秀來朝高麗遣使貢方物
甲戌以左衛將軍獨孤羅雲爲涼州總管閏月己卯羣鹿入殿門馴擾侍衛之
內秋七月丁丑桂州人李代賢反遣右武候大將軍虞慶則討平之丁亥上柱
國幷州總管秦王俊坐事免以王就第戊戌突厥遣使貢方物八月丁卯荆州
總管上庸郡公韋世康卒九月甲申至自仁壽宮庚寅上謂侍臣曰禮主於敬
皆當盡心黍稷非馨貴在祇肅廟庭設樂本以迎神齋祭之日觸目多感當此

之際何可爲心在路奏樂禮未爲允羣公卿士宜更詳之冬十月丁未頒銅獸符於驃騎車騎府戊申道王靜薨庚申詔曰五帝異樂三王殊禮皆隨事而有損益因情而立節文仰惟祭享宗廟瞻敬如在罔極之感情深茲日而禮畢升路鼓吹發音還入宮門金石振響斯則哀樂同日心事相違情所不安理實未允宜改茲往式用弘禮教自今已後享廟日不須備鼓吹殿庭勿設樂懸辛未京師大索十一月丁亥突厥遣使來朝十二月壬子上柱國右武候大將軍魯國公虞慶則以罪伏誅

十八年春正月辛丑詔曰吳越之人往承敝俗所在之處私造大船因相聚結致有侵害其江南諸州人間有船長三丈已上悉括入官二月甲辰幸仁壽宮乙巳以漢王諒爲行軍元帥水陸三十萬伐高麗三月乙亥以柱國杜彥爲朔州總管夏四月癸卯以蔣州刺史郭衍爲洪州總管五月辛亥詔畜猫鬼蠱毒厭魅野道之家投於四裔六月景寅下詔黜高麗王高元官爵秋七月壬申詔以河南八州水免其課役景子詔京官五品已上總管刺史以志行修謹清平

幹濟二科舉人九月己丑漢王諒師遇疾疫而旋死者十八九庚寅勑舍客無公驗者坐及刺史縣令辛卯至自仁壽宮冬十一月甲戌上親錄囚徒癸未有事於南郊十二月庚子上柱國夏州總管任城郡公王景以罪伏誅是月自京師至仁壽宮置行宮十有二所

十九年春正月癸酉大赦天下戊寅大射武德殿宴賜百官二月己亥晉王廣來朝辛丑以幷州總管長史宇文弼爲朔州總管甲寅幸仁壽宮夏四月丁酉突厥利可汗內附達頭可汗犯塞遣行軍總管史萬歲擊破之六月丁酉以豫章王暕爲內史令秋八月癸卯上柱國尚書左僕射齊國公高熲坐事免辛亥上柱國皖城郡公張威卒甲寅上柱國城陽郡公李徹卒九月乙丑以太常卿牛弘爲吏部尚書冬十月甲午以突厥利可汗爲啓人可汗築大利城處其部落庚子以朔州總管宇文弼爲代州總管十二月乙未突厥都藍可汗爲部下所殺丁丑星霣於勃海

二十年春正月辛酉朔上在仁壽宮突厥高麗契丹並遣使貢方物癸亥以代

州總管宇文㢸爲吳州總管二月己巳以上柱國崔弘度爲原州總管丁丑無
雲而雷三月辛卯熙州人李英林反遣行軍總管張衡討平之夏四月壬戌突
厥犯塞以晉王廣爲行軍元帥擊破之乙亥天有聲如瀉水自南而北六月丁
丑秦王俊薨秋八月老人星見九月丁未至自仁壽宮癸丑吳州總管楊异卒
冬十月己未太白晝見乙丑皇太子勇及諸子並廢爲庶人殺柱國太平縣公
史萬歲己巳殺左衞大將軍五原郡公元旻十一月戊子天下地震京師大風
雪以晉王廣爲皇太子十二月戊午詔東宮官屬不得稱臣於皇太子辛巳詔
曰佛法深妙道教虛融咸降大慈濟度羣品凡在含識皆蒙覆護所以雕鑄靈
相圖寫眞形率土瞻仰用申誠敬其五嶽四鎭節宣雲雨江河淮海浸潤區域
並生養萬物利益兆人故建廟立祀以時恭敬敢有毀壞偷盜佛及天尊像嶽
鎭海瀆神形者以不道論沙門壞佛像道士壞天尊者以惡逆論
仁壽元年春正月乙酉朔大赦改元以尚書右僕射楊素爲尚書左僕射納言
蘇威爲尚書右僕射丁酉徙河南王昭爲晉王突厥寇恆安遣柱國韓洪擊之

官軍敗績以晉王昭爲內史令辛丑詔曰君子立身雖云百行唯誠與孝最爲
其首故投主殉節自古稱難殞身王事禮加二等而代俗之徒不達大義至於
致命戎旅不入兆域虧孝子之意傷人臣之心興言念此每深愍歎且入廟祭
祀並不廢闕何止墳塋獨在其外自今已後戰亡之徒宜入墓域二月乙卯朔
日有蝕之辛巳以上柱國獨孤楷爲原州總管三月壬辰以豫章王暕爲揚州
總管夏四月以浙州刺史蘇孝慈爲洪州總管五月己丑突厥男女九萬口來
降壬辰驟雨震雷大風拔木宜君湫水移於始平六月癸丑洪州總管蘇孝慈
卒乙卯遣十六使巡省風俗乙丑詔曰儒學之道訓教生人識父子君臣之義
知尊卑長幼之序升之於朝任之以職故能贊理時務弘益風範朕撫臨天下
思弘德教延集學徒崇建庠序開進仕之路佇賢儁之人而國學胄子垂將千
數州縣諸生咸亦不少徒有名錄空度歲時未有德爲代範才任國用良由設
學之理多而未精今宜簡省明加獎勵於是國子學唯留學生七十人太學四
門及州縣學並廢其日頒舍利於諸州秋七月戊戌改國子爲太學九月癸未

以柱國杜彥爲雲州總管十一月己丑有事於南郊壬辰以資州刺史衞玄爲遂州總管
二年春二月辛亥以荊州刺史侯莫陳穎爲桂州總管宗正楊祀爲荊州總管三月己亥幸仁壽宮壬寅以齊州刺史張喬爲潭州總管夏四月庚戌岐雍二州地震秋七月景戌詔內外官各舉所知戊子以原州總管獨孤楷爲益州總管八月己巳皇后獨孤氏崩九月景戌至自仁壽宮壬辰河南北諸州大水遣工部尚書楊達賑恤之乙未上柱國襄州總管金水郡公周搖卒隴西地震冬十月壬子曲赦益州管內癸丑以工部尚書楊達爲納言閏月甲申詔尚書左僕射楊素與諸術者刊定陰陽舛謬己丑詔曰禮之爲用時義大矣黃琮蒼璧降天地之神粢盛牲食展宗廟之敬正父子君臣之序明婚姻喪紀之節故道德仁義非禮不成安上治人莫善於禮自區宇亂離綿歷年代王道衰而變風作微言絕而大義乖與代推移其弊日甚至於四時郊祀之節文五服麻葛之隆殺是非異說踳駮殊塗致使聖教凋訛輕重無準朕祇承天命撫臨生人當

洗滌之時屬干戈之代克定禍亂先運武功删正彝典日不暇給今四海乂安五戎勿用理宜弘風訓俗導德齊禮綴往聖之舊章與先王之茂則尚書左僕射越國公楊素尚書右僕射邳國公蘇威吏部尚書奇章公牛弘內史侍郎薛道衡祕書丞許善心內史舍人虞世基著作郎王劭或任居端揆博達古今或器推令望學綜經史委以裁緝實允僉議可並修定五禮壬寅葬獻皇后於太陵十二月癸巳上柱國益州總管蜀王秀廢爲庶人交州人李佛子舉兵反遣行軍總管劉方討平之

三年春正月己卯原州總管比陽縣公龐晃卒戊子以大將軍蔡陽郡公姚辯爲左武候大將軍夏四月癸卯詔曰哀哀父母生我劬勞欲報之德昊天罔極但風樹不靜嚴敬莫追霜露既降感思空切六月十三日是朕生日宜令海內爲武元皇帝元明皇后斷屠六月甲午詔曰禮云至親以朞斷蓋以四時之變易萬物之更始故聖人象之其有三年加隆爾也但家無二尊母爲厭降是以父存喪母還服於朞者服之正也豈容朞內而更小祥然三年之喪而有小祥

者禮云朞祭禮也朞而除喪道也以是之故雖未再朞而天地一變不可不祭不可不除故有練焉以存喪祭之本然朞喪有練於理未安雖云十一月而練乃無所法象非朞非時豈可除祭而儒者徒擬三年之喪立練禫之節可謂苟存其變而失其本欲漸於奪乃薄於喪致使子則冠練去絰黃裏縓緣絰則布葛在躬麤服未改豈非經哀尚存子情已奪親疏失倫輕重顛倒乃不順人情豈聖人之意也故知先聖之禮廢於人邪三年之喪尚有不行之者至於祥練之節安能不墜者乎禮云父母之喪無貴賤一也而大夫士之喪父母乃貴賤異服然則禮壞樂崩由來漸矣所以晏平仲之斬麤縗其老謂之非禮滕文公之服三年其臣咸所不欲蓋由王道既衰諸侯異政將踰越於法度惡禮制之害己乃滅去篇籍自制其宜遂至骨肉之恩輕重從俗無易之道隆殺任情況孔子沒而微言隱秦滅學而經籍焚者乎有漢之興雖求儒雅人皆異說義非一貫又近代亂離唯務兵革其於典禮時所未遑夫禮不從天降不從地出乃人心而已者謂情緣於恩也故恩厚者其禮隆情輕者其禮殺聖人以是稱情

立文別親疏貴賤之節自臣子道消上下失序莫大之恩逐情而薄莫重之禮與時而殺此乃服不稱喪容不稱服非所謂聖人緣恩表情制禮之義也然喪與易也寧在於戚則禮之本也禮有其餘未若於哀則情之實也今十一月而練者非禮之本非情之實由是言之父存喪母不宜有練但依禮十三月而祥中月而禫庶以合聖人之意達孝子之心秋七月丁卯詔曰日往月來唯天所以運序山鎮川流唯地所以宣氣運序則寒暑無差宣氣則雲雨有作故能成天地之大德育萬物而爲功況一人君於四海睹物欲運獨見致治不藉羣才未之有也是以唐堯欽明命羲和以居岳虞舜叡德升元凱而作相伊尹鼎俎之媵爲殷之阿衡呂望漁釣之夫爲周之尙父此則鳴鶴在陰其子必和風雲之從龍虎賢哲之應聖明君德不回臣道以正故能通天地之和順陰陽之序豈不由元首而有股肱乎自王道衰人風薄居上莫能公道以御物爲下必踵私法以希時上下相蒙君臣義失義失則政乖政乖則人困蓋同德之風難嗣離德之軌易追則任者不休休者不任則衆口鑠金戮辱之禍不測是以行歌

避代辭位灌園卷而可懷黜而無慍放逐江湖之上沈赴河海之流所以自潔而不悔者也至於閭閻秀異之士鄉曲博雅之儒言足以佐時行足以勵俗遺棄於草野堙滅而無聞豈勝道哉所以覽古而歎息者也方今區宇一家煙火萬里百姓乂安四夷賓服豈是人功實乃天意朕惟夙夜祇懼將所以上嗣明靈是以小心勵己日慎一日以黎元在念憂兆庶未康以庶政爲懷慮一物失所雖求傅巖莫見幽人徒想崆峒未聞至道唯恐商歌於長夜抱關於夷門遠跡犬羊之間屈身僮僕之伍其令州縣搜揚賢哲皆取明知今古通識治亂究政教之本達禮樂之源不限多少不得不舉限以三旬咸令進路徵召將送必須以禮八月壬申上柱國檢校幽州總管落叢郡公燕榮以罪伏誅九月壬戌置常平官甲子以營州總管韋沖爲民部尚書十二月癸酉河南諸州水遣納言楊達賑恤之

四年春正月景辰大赦甲子幸仁壽宮乙丑詔賞罰支度事無巨細並付皇太子夏四月乙卯上不豫六月庚申大赦天下有星入月中數日而退長人見於

鴈門秋七月乙未日青無光八日乃復己亥以大將軍段文振爲雲州總管甲辰上以疾甚臥於仁壽宮與百寮辭訣並握手歔欷丁未崩於大寶殿時年六十四遺詔曰嗟乎自昔晉室播遷天下喪亂四海不一以至周齊戰爭相尋年將三百故割疆土者非一所稱帝王者非一人書軌不同生人塗炭上天降鑒爰命於朕用登大位豈關人力故得撥亂反正偃武脩文天下大同聲教遠被此又是天意欲寧區夏所以昧旦臨朝不敢逸豫一日萬幾留心親覽晦明寒暑不憚劬勞匪曰朕躬蓋爲百姓故也王公卿士每日闕庭刺史以下三時朝集何嘗不罄竭心府誡勑殷勤義乃君臣情兼父子庶藉百寮智力萬國歡心欲令率土之人永得安樂不謂遘疾彌留至於大漸此乃人生常分何足言及但四海百姓衣食不豐教化政刑猶未盡善興言念此唯以留恨朕今年踰六十不復稱天但筋力精神一時勞竭如此之事本非爲身止欲安養百姓所以致此人生子孫誰不愛念既爲天下事須割情勇及秀等並懷悖惡既知無臣子之心所以廢黜古人有言知臣莫若於君知子莫若於父若令勇秀得志共

治國家必當戮辱徧於公卿酷毒流於人庶今惡子孫已爲百姓黜屏好子孫足堪負荷大業此雖朕家事理不容隱前對文武侍衞具已論述皇太子廣地居上嗣仁孝著聞以其行業堪成朕志但令內外羣官同心戮力以此共治天下朕雖瞑目何所復恨但國家事大不可限以常禮既葬公除行之自昔今宜遵用不勞改定凶禮所須纔令周事務從節儉不得勞人諸州總管刺史已下宜各率其職不須奔赴自古哲王因人作法前帝後帝沿革隨時律令格式或有不便於事者宜依前勑脩改務當政要嗚呼敬之哉無墜朕命乙卯發喪河間楊柳四株無故黃落既而花葉復生八月丁卯梓宮至自仁壽宮景子殯於大興前殿冬十月己卯合葬於太陵同墳而異穴上性嚴重有威容外質木而內明敏有大略初得政之始羣情不附諸子幼弱內有六王之謀外致三方之亂握強兵居重鎮者皆周之舊臣上推以赤心各展其用不踰朞月克定二邊未及十年平一四海薄賦歛輕刑罰內脩制度外撫戎夷每旦聽朝日昃忘倦居處服翫務存節儉令行禁止上下化之開皇仁壽之間丈夫不衣綾綺而無

金玉之飾常服率多布帛裝帶不過以銅鐵骨角而已雖嗇於財至於賞賜有
功亦無所愛惜乘輿四出路逢上表者則駐馬親自臨問或潛遣行人採聽風
俗吏治得失人間疾苦無不留意嘗遇關中饑遣左右視百姓所食有得豆屑
雜糠而奏之者上流涕以示羣臣深自咎責爲之撤膳不御酒肉者殆將一朞
及東拜太山關中戶口就食洛陽者道路相屬上勑斥堠不得輒有驅逼男女
參廁於仗衞之間逢扶老攜幼者輒引馬避之慰勉而去至艱險之處見負擔
者遽令左右扶助之其有將士戰沒必加優賞仍令使者就加勞問自強不息
朝夕孜孜人庶殷繁帑藏充實雖未能臻於至治亦足稱近代之良主然天性
沉猜素無學術好爲小數不達大體故忠臣義士莫得盡心竭辭其草創元勳
及有功諸將誅夷罪退罕有存者又不悅詩書廢除學校唯婦言是用廢黜諸
子逮於暮年持法尤峻喜怒不常過於殺戮嘗令左右送西域朝貢使出玉門
關其人所經之處或受牧宰小物饋遺鸚鵡麖皮馬鞭之屬上聞而大怒又詣
武庫見署中蕪穢不治於是執武庫令及諸受遺者出開遠門外親自臨決死

者數十人又往往潛令人賂遺令史府史有受者必死無所寬貸議者以此少之

史臣曰高祖龍德在田奇表見異晦明藏用故知我者希始以外戚之尊受託孤之任與能之議未爲當時所許是以周室舊臣咸懷憤惋既而王謙固三蜀之阻不踰朞月尉迥舉全齊之衆一戰而亡斯乃非止人謀抑亦天之所贊也乘茲機運遂遷周鼎於時蠻夷猾夏荊揚未一劬勞日昃經營四方樓船南邁則金陵失險驃騎北指則單于款塞職方所載並入疆理禹貢所圖咸受正朔雖晉武之克平吳會漢宣之推亡固存比義論功不能尙也七德既敷九歌已洽要荒咸暨尉候無警於是躬節儉平徭賦倉廩實法令行君子咸樂其生小人各安其業強無陵弱衆不暴寡人物殷阜朝野歡娛二十年閒天下無事區宇之內晏如也考之前王足以參蹤盛烈但素無術學不能盡下無寬仁之度有刻薄之資暨乎暮年此風逾扇又雅好符瑞暗於大道建彼維城權侔京室皆同帝制靡所適從聽哲婦之言惑邪臣之說溺寵廢嫡託付失所滅父子之

道開昆弟之隙縱其尋斧翦伐本枝墳土未乾子孫繼踵屠戮松檟纔列天下

已非隋有惜哉迹其衰怠之源稽其亂亡之兆起自高祖成於煬帝所由來遠

矣非一朝一夕其不祀忽諸未爲不幸也

隋書卷二

隋書卷二考證

高祖紀下陳國平合州三十〇臣召南按北史作州四十以地理志證之北史是也志言陳氏荆揚之城州四十二郡一百九縣四百三十八紀言州四十郡一百縣四百皆略舉大數耳

己未〇一本作癸巳臣映斗按上書壬子下書壬戌中間無由得癸巳從監本作己未

皖城郡公〇監本皖作晥按前漢書地理志後漢書郡國志俱作晥或作晥馬援傳攻沒皖城作皖

隋書卷二考證

隋書卷三

唐　特　進　臣　魏　徵

帝紀第三

煬帝上

煬皇帝諱廣一名英小字阿𡡉高祖第二子也母曰文獻獨孤皇后上美姿儀少敏慧高祖及后於諸子中特所鍾愛在周以高祖勳封鴈門郡公開皇元年立爲晉王拜柱國幷州總管時年十三尋授武衛大將軍進位上柱國河北道行臺尚書令大將軍如故高祖令項城公歆安道公才李徹輔導之上好學善屬文沉深嚴重朝野屬望高祖密令善相者來和徧視諸子和曰晉王眉上雙骨隆起貴不可言既而高祖幸上所居第見樂器絃多斷絶又有塵埃若不用者以爲不好聲妓善之上尤自矯飾當時稱爲仁孝嘗觀獵遇雨左右進油衣上曰士卒皆霑濕我獨衣此乎乃令持去六年轉淮南道行臺尚書令其年徵拜雍州牧內史令八年冬大舉伐陳以上爲行軍元帥及陳平執陳湘州刺史

施文慶散騎常侍沈客卿市令陽慧朗刑法監徐析尚書都令史暨慧以其邪佞有害於民斬之右闕下以謝三吳於是封府庫資財無所取天下稱賢進位太尉賜輅車乘馬袞冕之服玄珪白璧各一復拜幷州總管俄而江南高智慧等相聚作亂徙上爲揚州總管鎮江都每歲一朝高祖之祠太山也領武候大將軍明年歸藩後數載突厥寇邊復爲行軍元帥出靈武無虜而還及太子勇廢立上爲皇太子是月當受冊高祖曰吾以大興公成帝業令上出舍大興縣其夜烈風大雪地震山崩民舍多壞壓死者百餘口仁壽初奉詔巡撫東南是後高祖每避暑仁壽宮恆令上監國四年七月高祖崩上即皇帝位於仁壽宮八月奉梓宮還京師幷州總管漢王諒舉兵反詔尚書左僕射楊素討平之九月乙巳以備身將軍崔彭爲左領軍大將軍十一月乙未幸洛陽景申發丁男數十萬掘塹自龍門東接長平汲郡抵臨清關度河至浚儀襄城達於上洛以置關防癸丑詔曰乾道變化陰陽所以消息沿創不同生靈所以順敘若使天意不變施化何以成四時人事不易爲政何以釐萬姓易不云乎通其變使民

不倦變則通通則久有德則可久有功則可大朕又聞之安安而能遷民用丕變是故姬邑兩周如武王之意殷人五徙成湯后之業若不因人順天功業見乎變愛人治國者可不謂歟然雒邑自古之都王畿之內天地之所合陰陽之所和控以三河固以四塞水陸通貢賦等故漢祖曰吾行天下多矣唯見雒陽自古皇王何嘗不留意所不都者蓋有由焉或以九州未一或以困其府庫作雒之制所以未暇也我有隋之始便欲創茲懷雒日復一日越暨于今念茲在茲興言感哽朕肅膺寶曆纂臨萬邦遵而不失心奉先志今者漢王諒悖逆毒被山東遂使州縣或淪非所此由關河懸遠兵不赴急加以并州移戶復在河南周遷殷人意在於此況復南服遐遠東夏殷大因機順動今也其時羣司百辟僉諧厥議但成周墟塉弗堪葺宇今可於伊雒營建東京便即設官分職以爲民極也夫宮室之制本以便生上棟下宇足避風露高臺廣廈豈曰適形故傳云儉德之共侈惡之大宣尼有云與其不遜也寧儉豈謂瑤臺瓊室方爲宮殿者乎土階采椽而非帝王者乎是知非天下以奉一人乃一人以主天下也

民惟國本本固邦寧百姓足孰與不足今所營構務從節儉無令雕牆峻宇復起於當今欲使卑宮菲食將貽於後世有司明為條格稱朕意焉十二月乙丑以右武衛將軍來護兒為右驍衛大將軍戊辰以柱國李景為右武衛大將軍以右衛率周羅睺為右武候大將軍

大業元年春正月壬辰朔大赦改元立妃蕭氏為皇后改豫州為溱州洛州為豫州廢諸州總管府景申立晉王昭為皇太子丁酉以上柱國宇文述為左衛大將軍上柱國郭衍為左武衛大將軍延壽公于仲文為右衛大將軍己亥以豫章王暕為豫州牧戊申發八使巡省風俗下詔曰昔者哲王之治天下也其在愛民乎既富而教家給人足故能風淳俗厚遠至邇安治定功成率由斯道朕嗣膺寶曆撫育黎獻夙夜戰兢若臨川谷雖則聿遵先緒弗敢失墜永言政術多有缺然況以四海之遠兆民之衆未獲親臨問其疾苦每慮幽仄莫舉寃屈不申一物失所乃傷和氣萬方存罪責在朕躬所以寤寐增歎而夕惕載懷者也今既布政惟始宜有寬大可分遣使人巡省方俗宣揚風化薦拔淹滯申

達幽枉孝悌力田給以優復鰥寡孤獨不能自存者量加賑濟義夫節婦旌表門閭高年之老加其版授並依別條賜以粟帛篤疾之徒給侍丁者雖有侍養之名曾無賙贍之實明加檢校使得存養若有名行顯著操履修絜及學業才能一藝可取咸宜訪採將身入朝所在州縣以禮發遣其有蠹政害人不便於時者使還之日具錄奏聞己酉以吳州總管宇文弼爲刑部尚書二月己卯以尚書左僕射楊素爲尚書令三月丁未詔尚書令楊素納言楊達將作大匠宇文愷營建東京徙豫州郭下居人以實之戊申詔曰聽採輿頌謀及庶民故能審政刑之得失是知昧旦思治欲使幽枉必達彝倫有章而牧宰任稱朝委苟爲徼幸以求考課虛立殿最不存治實綱紀於是弗理冤屈所以莫申關河重阻無由自達朕故建立東京躬親存問今將巡歷淮海觀省風俗眷求讜言徒繁詞翰而鄉校之內闃爾無聞恒然夕惕用忘興寢其民下有知州縣官人政治苛刻侵害百姓背公徇私不便於民者宜聽詣朝堂封奏庶乎四聰以達天下無冤又於皁澗營顯仁宮採海內奇禽異獸草木之類以實園苑徙天下富

商大賈數萬家於東京辛亥發河南諸郡男女百餘萬開通濟渠自西苑引穀
洛水達於河自板渚引河通於淮庚申遣黃門侍郎王弘上儀同於士澄往江
南採木造龍舟鳳艒黃龍赤艦樓船等數萬艘夏四月癸亥大將軍劉方擊林
邑破之五月庚戌民部尚書義豐侯韋冲卒六月甲子熒惑入太微秋七月丁
酉制戰亡之家給復十年景午滕王綸衞王集並奪爵徙邊閏七月甲子以尚
書令楊素爲太子太師安德王雄爲太子太傅河間王弘爲太子太保景子詔
曰君民建國教學爲先移風易俗必自茲始而言絕義乖多歷年代進德修業
其道寖微漢採坑焚之餘不絕如線晉承板蕩之運掃地將盡自時厥後軍國
多虞雖復黌宇時建示同愛禮函丈或陳殆爲虛器遂使紆青拖紫非以學優
製錦操刀類多牆面上陵下替綱維靡立雅缺道消實由於此朕纂承洪緒思
弘大訓將欲尊師重道用闡厥繇講信修睦敦獎名教方今宇宙平一文軌攸
同十步之內必有芳草四海之中豈無奇秀諸在家及見入學者若有篤志好
古耽悅典墳學行優敏堪膺時務所在採訪具以名聞即當隨其器能擢以不

次若硏精經術未願進仕者可依其藝業深淺門蔭高卑雖未升朝並量準給祿庶夫恂恂善誘不日成器濟濟盈朝何遠之有其國子等學亦宜申明舊制教習生徒具爲課試之法以盡砥礪之道八月壬寅上御龍舟幸江都以左武衞大將軍郭衍爲前軍右武衞大將軍李景爲後軍文武官五品已上給樓船九品以上給黃蔑舳艫相接二百餘里冬十月己丑赦江淮已南揚州給復五年舊總管內給復三年十一月己未以大將軍崔仲方爲禮部尚書

二年春正月辛酉東京成賜監督者各有差以大理卿梁毗爲刑部尚書丁卯遣十使併省州縣二月景戌詔尚書令楊素吏部尚書牛弘大將軍宇文愷內史侍郎虞世基禮部侍郎許善心制定輿服始備輦路及五時副車上常服皮弁十有二琪文官弁服佩玉五品已上給犢車通幰三公親王加油絡武官平巾幘袴褶三品已上給瓟槊下至胥吏服色皆有差非庶人不得戎服戊戌置都尉官三月庚午車駕發江都先是太府少卿何稠太府丞雲定興盛修儀仗於是課州縣送羽毛百姓求捕之網羅被水陸禽獸有堪氅毦之用者殆無遺

類至是而成夏四月庚戌上自伊闕陳法駕備千乘萬騎入於東京辛亥上御端門大赦免天下今年租稅癸丑以冀州刺史揚文思爲民部尚書五月甲寅金紫光祿大夫兵部尚書李通坐事免乙卯詔曰旌表先哲式存饗祀所以優禮賢能顯彰遺愛朕永鑒前修尚想名德何嘗不與歎九原屬懷千載其自古以來賢人君子有能樹聲立德佐世匡時博利殊功有益於人者並宜營立祠宇以時致祭墳壟之處不得侵踐有司量爲條式稱朕意焉六月壬子以尚書令太子太師楊素爲司徒進封豫章王暕爲齊王秋七月癸丑以衛尉卿衛玄爲工部尚書庚申制百官不得計考增級必有德行功能灼然顯著者擢之壬戌擢藩邸舊臣鮮于羅等二十七人官爵有差甲戌皇太子昭薨乙亥上柱國司徒楚國公楊素薨八月辛卯封皇孫倓爲燕王侗爲越王侑爲代王九月乙丑立秦孝王俊子浩爲秦王冬十月戊子以靈州刺史段文振爲兵部尚書十二月庚寅詔曰前代帝王因時創業君民建國禮尊南面而歷運推移年世永久丘壟殘毀樵牧相趍塋兆堙蕪封樹莫辨興言淪滅有愴於懷自古已來帝

王陵墓可給隨近十戶蠲其雜役以供守視
三年春正月癸亥勑并州逆黨已流配而逃亡者所獲之處卽宜斬決景子長
星竟天出於東壁二旬而止是月武陽郡上言河水清二月己丑彗星見於奎
掃文昌歷大陵五車北河入太微掃帝坐前後百餘日而止三月辛亥車駕還
京師壬子以大將軍姚辯爲左屯衞將軍癸丑遣羽騎尉朱寬使於流求國乙
卯河間王弘薨夏四月庚辰詔曰古者帝王觀風問俗皆所以憂勤兆庶安集
遐荒自蕃夷內附未遑親撫山東經亂須加存卹今欲安輯河北巡省趙魏所
司依式甲申頒律令大赦天下關內給復三年壬辰改州爲郡改度量權衡並
依古式改上柱國已下官爲大夫甲午詔曰天下之重非獨治所安帝王之功
豈一士之略自古明君哲后立政經邦何嘗不選賢與能收採幽滯周稱多士
漢號得人常想前風載懷欽佇朕負扆夙興冕旒待旦引領巖谷寘以周行冀
與羣才共康庶績而彙茅寂寞投竿罕至豈美璞韜采未值良工將介石在懷
確乎難拔永鑒前哲憮然興歎凡厥在位譬諸股肱若濟巨川義同舟楫豈得

保茲寵祿晦爾所知優游卒歲甚非謂也祈大夫之舉善良吏以爲至公臧文仲之蔽賢尼父譏其竊位求諸往古非無褒貶宜思進善用匡寡薄夫孝悌有聞人倫之本德行敦厚立身之基或節義可稱或操履清潔所以激貪勵俗有益風化強毅正直執憲不撓學業優敏文才美秀並爲廊廟之用實乃瑚璉之資才堪將略則拔之以禦侮膂力驍壯則任之以爪牙爰及一藝可取亦宜採錄衆善畢舉與時無棄以此求治庶幾非遠文武有職事者五品已上宜依令十科舉人有一於此不必求備朕當待以不次隨才升擢其見任九品已上官者不在舉送之限景申車駕北巡狩丁酉以刑部尚書宇文弼爲禮部尚書戊戌勑百司不得踐暴禾稼其有須開爲路者有司計地所收卽以近倉酬賜務從優厚己亥次赤岸澤以太牢祭故太師李穆墓五月丁巳突厥啓民可汗遣子拓特勤來朝戊午發河北十餘郡丁男鑿太行山達於并州以通馳道景寅啓民可汗遣其兄子毗黎伽特勤來朝辛未啓民可汗遣使請自入塞奉迎輿駕上不許癸酉有星孛於文昌上將星皆動搖六月辛巳獵於連谷丁亥詔曰

聿追孝饗德莫至焉崇建寢廟禮之大者然則質文異代損益殊時學滅坑焚經典散逸憲章湮墜廟堂制度師說不同所以世數多少莫能是正連室異宮亦無準定朕獲奉祖宗欽承景業永惟嚴配思隆大典於是詢謀在位博訪儒術咸以爲高祖文皇帝受天明命奄有區夏拯羣飛於四海革凋敝於百王恤獄緩刑生靈皆遂其性輕徭薄賦比屋各安其業恢夷宇宙混壹車書東漸西被無思不服南征北怨俱荷來蘇駕毳乘風歷代所弗至辮髮左衽聲教所罕及莫不厥角關塞頓顙闕庭譯靡絕時書無虛月韜戈偃武天下晏如嘉瑞休徵表裏禔福猗歟偉歟無得而名者也朕又聞之德厚者流光治辨者禮縟是以周之文武漢之高光其典章特立謚號斯重豈非緣情稱述卽崇顯之義乎高祖文皇帝宜別建廟宇以彰巍巍之德仍遵月祭用表蒸蒸之懷有司以時創造務合典制又名位既殊禮亦異等天子七廟事著前經諸侯二昭義有差降故其以多爲貴王者之禮今可依用貽厥後昆戊子次楡林郡丁酉啓民可汗來朝己亥吐谷渾高昌竝遣使貢方物甲辰上御北樓觀漁於河以宴百寮

秋七月辛亥啓民可汗上表請變服襲冠帶詔啓民贊拜不名位在諸侯王上
甲寅上於郡城東御大帳其下備儀衞建旌旗宴啓民及其部落三千五百人
奏百戲之樂賜啓民及其部落各有差景子殺光祿大夫賀若弼禮部尚書宇
文㢸太常卿高熲尚書左僕射蘇威坐事免發丁男百餘萬築長城西距榆林
東至紫河一旬而罷死者十五六八月壬午車駕發榆林乙酉啓民飾廬清道
以候乘輿帝幸其帳啓民奉觴上壽宴賜極厚上謂高麗使者曰歸語爾王當
早來朝見不然者吾與啓民巡彼土矣皇后亦幸義城公主帳己丑啓民可汗
歸蕃癸巳入樓煩關壬寅次太原詔營晉陽宮九月己未次濟源幸御史大夫
張衡宅宴享極歡己巳至於東都壬申以齊王暕爲河南尹開封府儀同三司
癸酉以民部尚書楊文思爲納言
四年春正月乙巳詔發河北諸郡男女百餘萬開永濟渠引沁水南達於河北
通涿郡庚戌百寮大射於允武殿丁卯賜城內居民米各十石壬申以太府卿
元壽爲內史令鴻臚卿楊玄感爲禮部尚書癸酉以工部尚書衞玄爲右候衞

大將軍大理卿長孫熾爲民部尚書二月己卯遣司朝謁者崔毅使突厥處羅致汗血馬三月辛酉以將作大匠宇文愷爲工部尚書壬戌百濟倭赤土迦邏舍國並遣使貢方物乙丑車駕幸五原因出塞巡長城景寅遣屯田主事常駿使赤土致羅罽夏四月景午以離石之汾源臨泉鴈門之秀容爲樓煩郡起汾陽宮癸丑以河內太守張定和爲左屯衛大將軍乙卯詔曰突厥意利珍豆啓民可汗率領部落保附關塞遵奉朝化思改戎俗頻入謁覲屢有陳請以氈牆毳幕事窮荒陋上棟下宇願同比屋誠心懇切朕之所重宜於萬壽戍置城造屋其帷帳牀褥已上隨事量給務從優厚稱朕意焉五月壬申蜀郡獲三足烏張掖獲玄狐各一秋七月辛巳發丁男二十餘萬築長城自榆林谷而東乙未左翊衛大將軍宇文述破吐谷渾於曼頭赤水八月辛酉親祠恆岳河北道郡守畢集大赦天下車駕所經郡縣免一年租調九月辛未徵天下鷹師悉集東京至者萬餘人戊寅彗星出於五車掃文昌至房而滅辛巳詔免長城役者一年租賦冬十月景午詔曰先師尼父聖德在躬誕發天縱之姿憲章文武之道

命世膺期蘊茲素王而頹山之歎忽踰於千祀盛德之美不存於百代永惟懿
範宜有優崇可立孔子後爲紹聖侯有司求其苗裔錄以申上辛亥詔曰昔周
王下車首封唐虞之胤漢帝承曆亦命殷周之後皆所以褒立先代憲章在昔
朕嗣膺景業旁求雅訓有一弘益欽若令典以爲周兼夏殷文質大備漢有天
下車書混一魏晉沿襲風流未遠並宜立後以存繼絕之義有司可求其胄緒
列聞乙卯頒新式於天下
五年春正月景子改東京爲東都癸未詔天下均田戊子上自東都還京師己
丑制民間鐵叉搭鉤䂎刃之類皆禁絕之太守每歲密上屬官景迹二月戊戌
次於閿鄉詔祭古帝王陵及開皇功臣墓庚子制魏周官不得爲蔭辛丑赤土
國遣使貢方物戊申車駕至京師景辰宴耆舊四百人於武德殿頒賜各有差
己未上御崇德殿之西院愀然不悅顧謂左右曰此先帝之所居實用增感情
所未安宜於此院之西別營一殿壬戌制父母聽隨子之官三月己巳車駕西
巡河右庚午有司言武功男子史永遵與從父昆弟同居上嘉之賜物一百段

米二百石表其門閭乙亥幸扶風舊宅夏四月己亥大獵於隴西壬寅高昌吐
谷渾伊吾並遣使來朝乙巳次狄道党項羌來貢方物癸亥出臨津關渡黃河
至西平陳兵講武五月乙亥上大獵於拔延山長圍周亘二千里庚辰入長寧
谷壬午度星嶺甲申宴羣臣於金山之上景戌梁浩亹御馬度而橋壞斬朝散
大夫黃亘及督役者九人吐谷渾主率衆保覆袁川帝分命內史元壽南屯金
山兵部尚書段文振北屯雪山太僕卿楊義臣東屯琵琶峽將軍張壽西屯泥
嶺四面圍之渾主伏允以數十騎遁出遣其名王詐稱伏允保車我真山壬辰
詔右屯衞大將軍張定和往捕之定和挺身挑戰爲賊所殺亞將柳武建擊破
之斬首數百級甲午其仙頭王被圍窮蹙率男女十餘萬口來降六月丁酉遣
左光祿大夫梁默右翊衞將軍李瓊等追渾主皆遇賊死之癸卯經大斗拔谷
山路隘險魚貫而出風霰晦冥與從官相失士卒凍死者太半景午次張掖辛
亥詔諸郡學業該通才藝優洽膂力驍壯超絕等倫在官勤奮堪理政事立性
正直不避強禦四科舉人壬子高昌王麴伯雅來朝伊吾吐屯設等獻西域數

千里之地上大悅癸丑置西海河源鄯善且末等四郡景辰上御觀風行殿盛
陳文物奏九部樂設魚龍曼延宴高昌王吐屯設於殿上以寵異之其蠻夷陪
列者三十餘國戊午大赦天下開皇已來流配悉放還鄉晉陽逆黨不在此例
隴右諸郡給復一年行經之所給復二年秋七月丁卯置馬牧於青海渚中以
求龍種無效而止九月癸未車駕入長安冬十月癸亥詔曰優德尚齒載之典
訓尊事乞言義彰膠序鬻熊爲師取非筋力方叔元老克壯其猷朕永言稽古
用求至治是以龐眉黃髮更令收敘務簡秩優無虧藥膳庶等臥治佇其弘益
今歲耆老赴集者可於近郡處置年七十以上疾患沉滯不堪居職即給賜帛
送還本郡其官至七品已上者量給廩以終厥身十一月景子車駕幸東都
六年春正月癸亥朔旦有盜數十人皆素冠練衣焚香持華自稱彌勒佛入自
建國門監門者皆稽首既而奪衛士仗將爲亂齊王暕遇而斬之於是都下大
索與相連坐者千餘家丁丑角抵大戲於端門街天下奇伎異藝畢集終月而
罷帝數微服往觀之己丑倭國遣使貢方物二月乙巳武賁郎將陳稜朝請大

夫張鎮州擊流求破之獻俘萬七千口頒賜百官乙卯詔曰夫帝圖草創王業
艱難咸仗股肱叶同心德用能拯厥頹運克膺大寶然後疇庸茂賞開國承家
誓以山河傳之不朽近代喪亂四海未一茅土妄假名實相乖歷茲永久莫能
懲革皇運之初百度伊始猶循舊貫未暇改作今天下交泰文軌攸同宜率遵
先典永垂大訓自今已後唯有功勳乃得賜封仍令子孫承襲景辰改封安德
王雄爲觀王河間王子慶爲郇王庚申徵魏齊周陳樂人悉配太常三月癸亥
幸江都宮甲子以鴻臚卿史祥爲左驍衛大將軍夏四月丁未宴江淮已南父
老頒賜各有差六月辛卯室韋赤土並遣使貢方物壬辰鴈門賊帥尉文通聚
衆三千保於莫壁谷遣鷹揚楊伯泉擊破之甲寅制江都太守秩同京尹冬十
月壬申刑部尚書梁毗卒壬子民部尚書銀青光祿大夫長孫熾卒十二月己
未左光祿大夫吏部尚書牛弘卒辛酉朱崖人王萬昌舉兵作亂遣隴西太守
韓洪討平之
七年春正月壬寅左武衛大將軍光祿大夫真定侯郭衍卒二月己未上升釣

臺臨楊子津大宴百寮頒賜各有差庚申百濟遣使朝貢乙亥上自江都御龍舟入通濟渠遂幸於涿郡壬午詔曰武有七德先之以安民政有六本興之以教義高麗高元虧失藩禮將欲問罪遼左恢宣勝略雖懷伐國仍事省方今往涿郡巡撫民俗其河北諸郡及山西山東年九十已上者版授太守八十者授縣令三月丁亥右光祿大夫左屯衛大將軍姚辯卒夏四月庚午至涿郡之臨朔宮五月戊子以武威太守樊子蓋爲民部尚書秋大水山東河南漂沒三十餘郡民相賣爲奴婢冬十月乙卯底柱山崩偃河逆流數十里戊午以東平太守吐萬緒爲左屯衛大將軍十二月己未西面突厥處羅多利可汗來朝上大悅接以殊禮於時遼東戰士及餽運者填咽於道晝夜不絕苦役者始爲羣盜甲子勑都尉鷹揚與郡縣相知追捕隨獲斬決之

隋書卷三考證

煬帝紀上宣尼有云以其不遜也寧儉○論語奢則不孫儉則固與其不孫也寧固

于士澄○閣本于訛干

禽獸有堪氅毦之用者○監本毦訛毦　臣映斗按毦仍吏切從耳毛與莫報切之毦從目毛者異蜀志諸葛亮傳備好結毦又諸葛亮與吳主書所送白毦薄少毦與珥同蓋羽毛飾也後漢書輿服志軛有吉陽筩諸馬之文附馬左右赤珥流蘇

祈大夫之舉善○按祈大夫祁奚也左傳作祁

上大獵於拔延山○北史無拔字　臣召南按地理志西平郡化隆縣有拔延山此紀是也北史脫耳

置西海河源鄯善且末等四郡○監本善訛普末訛未各本皆訛　臣映斗按本書地理志鄯善郡注大業五年平吐谷渾置幷置且末西海河源總四郡

隋書卷三考證

隋書卷四

唐　特　進　臣　魏　徵　上

帝紀第四

煬帝下

八年春正月辛巳大軍集於涿郡以兵部尚書段文振爲左候衞大將軍壬午下詔曰天地大德降繁霜於秋令聖哲至仁著甲兵於刑典故知造化之有肅殺義在無私帝王之用干戈蓋非獲已版泉丹浦莫匪龔行取亂覆昏咸由順動況乎甘野誓師夏開承大禹之業商郊問罪周發成文王之志永監前載屬當朕躬粵我有隋誕膺靈命兼三才而建極一六合而爲家提封所漸細柳盤桃之外聲教爰暨紫舌黃枝之域遠至邇安罔不和會功成治定於是乎在而高麗小醜迷昏不恭崇聚勃碣之閒荐食遼獩之境雖復漢魏誅戮巢窟暫傾亂離多阻種落還集萃州藪於往代播實繁以迄今睠彼華壤翦爲夷類歷年永久惡稔既盈天道禍淫亡徵已兆亂常敗德非可勝圖掩慝懷姦惟日不足

務告之嚴未嘗面受朝覲之禮莫肯躬親誘納亡叛不知紀極充斥邊垂亟勞
烽候關柝以之不靜生人爲之廢業在昔薄伐已漏天網旣緩前禽之戮未即
後服之誅曾不懷恩翻爲長惡乃兼契丹之黨虔劉海戍習靺鞨之服侵軼遼
西又青丘之表咸脩職貢碧海之濱同稟正朔遂復敚攘琛賮遏絕往來虐及
弗辜誠而遇禍輶軒奉使爰暨海東旌節所次途經藩境而擁塞道路拒絕王
人無事君之心豈爲臣之禮此而可忍孰不可容且法令苛酷賦斂煩重強臣
豪族咸執國鈞朋黨比周以之成俗賄貨如市寃枉莫伸重以仍歲災凶比屋
饑饉兵戈不息徭役無期力竭轉輸身塡溝壑百姓愁苦爰誰適從境內哀惶
不勝其弊迴首面內各懷性命之圖黃髮稚齒咸興酷毒之歎省俗觀風爰居
幽朔弔人問罪無俟再駕於是親總六師用申九伐拯厥阽危協從天意殄茲
逋穢克嗣先謨今宜授律啓行分麾居路掩勃澥而雷震歷夫餘以電掃比戈
按甲誓旅而後行先令五申必勝而後戰左第一軍可鏤方道第二軍可長岑
道第三軍可海冥道第四軍可蓋馬道第五軍可建安道第六軍可南蘇道第

七軍可遼東道第八軍可玄菟道第九軍可扶餘道第十軍可朝鮮道第十一軍可沃沮道第十二軍可樂浪道右第一軍可黏蟬道第二軍可含資道第三軍可渾彌道第四軍可臨屯道第五軍可候城道第六軍可提奚道第七軍可踏頓道第八軍可肅愼道第九軍可碣石道第十軍可東暆道第十一軍可帶方道第十二軍可襄平道凡此衆軍先奉廟略駱驛引途總集平壤莫非如豺如貔之勇百戰百勝之雄顧盼則山岳傾頽叱吒則風雲騰鬱心德攸同爪牙斯在朕躬馭元戎爲其節度涉遼而東循海之右解倒懸於遐裔問疾苦於遺黎其外輕齎遊闕隨機赴響卷甲銜枚出其不意又滄海道軍舟艫千里高颿電逝巨艦雲飛橫斷沮江逕造平壤島嶼之望斯絶坎井之路已窮其餘被髮左衽之人控弦待發微盧彭濮之旅不謀同辭杖順臨逆人百其勇以此衆戰勢等摧枯然則王者之師義存止殺聖人之教必也勝殘天罰有罪本在元惡人之多僻脅從罔治若高元泥首轅門自歸司寇卽宜解縛焚櫬弘之以恩其餘臣人歸朝奉順咸加慰撫各安生業隨才任用無隔夷夏營壘所次務在整

肅芻蕘有禁秋毫勿犯布以恩宥喻以禍福若其同惡相濟抗拒官軍國有常
刑俾無遺類明加曉示稱朕意焉總一百一十三萬三千八百號二百萬其餽
運者倍之癸未第一軍發終四十日引師乃盡旌旗亘千里近古出師之盛未
之有也乙未以右候衛大將軍衛玄爲刑部尚書甲辰內史令元壽卒二月甲
寅詔曰朕觀風燕裔問罪遼濱文武叶力爪牙思奮莫不執銳勤王捨家從役
罕蓄倉廩之資兼損播殖之務朕所以夕惕愀然慮其匱乏雖復素飽之衆情
在忘私悅使之人宜從其厚諸行從一品以下佽飛募人以上家口郡縣宜數
存問若有糧食乏少皆宜賑給或雖有田疇貧弱不能自耕種可於多丁富室
勸課相助使夫居者有斂積之豐行役無顧後之慮壬戌司空京兆尹光祿大
夫觀王雄薨三月辛卯兵部尚書左候衛大將軍段文振卒癸巳上御師甲午
臨戎於遼水橋戊戌大軍爲賊所拒不果濟右屯衛大將軍左光祿大夫麥鐵
杖武賁郎將錢士雄孟金叉等皆死之甲午車駕度遼大戰於東岸擊賊破之
進圍遼東乙未大頓見二大鳥高丈餘皜身朱足遊泳自若上異之命工圖寫

并立銘頌五月壬午納言楊達卒於時諸將各奉旨不敢越機既而高麗各城守攻之不下六月己未幸遼東責怒諸將止城西數里御六合城七月壬寅宇文述等敗績於薩水右屯衞將軍薛世雄死之九軍並陷將帥奔還亡者二千餘騎癸卯班師九月庚辰上至東都己丑詔曰軍國異容文武殊用匡危拯難則霸德攸興化人成俗則王道斯貴時方撥亂屠販可以登朝世屬隆平經術然後升士豐都爰肇儒服無預於周行建武之朝功臣不參于吏職自三方未一四海交爭不遑文教唯尚武功設官分職罕以才授班朝治人乃由勳敍莫非拔足行陣出自勇夫斅學之道既所不習政事之方故亦無取是非暗於在己威福專於下吏貪冒貨賄不知紀極蠹政害民實由於此自今已後諸授勳官者並不得回授文武職事庶遵彼更張取類於調瑟求諸名製不傷於美錦若吏部輒擬用者御史即宜糾彈冬十月甲寅工部尚書宇文愷卒十一月己卯以宗女華容公主嫁於高昌王辛巳光祿大夫韓壽卒甲申敗將宇文述于仲文等並除名爲民斬尚書右丞劉士龍以謝天下是歲大旱疫人多死山東

尤甚密詔江淮南諸郡閲視民間童女姿質端麗者每歲貢之
九年春正月丁丑徵天下兵募民爲驍果集於涿郡壬午賊帥杜彥冰王潤等
陷平原郡大掠而去辛卯置折衝果毅武勇雄武等郎將官以領驍果乙未平
原李德逸聚衆數萬稱阿舅賊劫掠山東靈武白榆妄稱奴賊劫掠牧馬北連
突厥隴右多被其患遣將軍范貴討之連年不能剋戊戌大赦己亥遣代王侑
刑部尙書衞玄鎭京師辛丑以右驍騎將軍李渾爲右驍衞大將軍二月己未
濟北人韓進洛聚衆數萬爲羣盜壬午復宇文述等官爵又徵兵討高麗三月
景子濟陰人孟海公起兵爲盜衆至數萬丁丑發丁男十萬城大興戊寅幸遼
東以越王侗民部尙書樊子蓋留守東都庚子北海人郭方頂聚徒爲盜自號
盧公衆至三萬攻陷郡城大掠而去夏四月庚午車駕度遼壬申遣宇文述楊
義臣趣平壤五月丁丑熒惑入南斗己卯濟北人甄寶車聚衆萬餘寇掠城邑
六月乙巳禮部尙書楊玄感反於黎陽景辰玄感逼東都河南贊務裴弘策拒
之反爲賊所敗戊辰兵部侍郎斛斯政奔於高麗庚午上班師高麗犯後軍勑

右武衞大將軍李景爲後拒遣左翊衞大將軍宇文述左候衞將軍屈突通等馳傳發兵以討玄感秋七月己卯令所在發人城縣府驛癸未餘杭人劉元進舉兵反衆至數萬八月壬寅左翊衞大將軍宇文述等破楊玄感於閿鄉斬之餘黨悉平癸卯吳人朱燮晉陵人管崇擁衆十萬餘自稱將軍寇江左甲辰制驍果之家蠲免賦稅丁未詔郡縣城去道過五里已上者徙就之戊申制盜賊籍沒其家乙卯賊帥陳瑱等衆三萬攻陷信安郡辛酉司農卿光祿大夫葛國公趙元淑以罪伏誅九月己卯濟陰人吳海流東海人彭孝才並舉兵爲盜衆數萬庚辰賊帥梁慧尙率衆四萬陷蒼梧郡甲午車駕次上谷以供費不給上大怒免太守虞荷等官丁酉東陽人李三兒向但子舉兵作亂衆至萬餘閏月己巳幸博陵庚午上謂侍臣曰朕昔從先朝周旋於此年甫八歲日月不居倏經三紀追惟平昔不可復希言未卒流涕嗚咽侍衞者皆泣下沾襟冬十月丁丑賊帥呂明星率衆數千圍東郡武賁郎將費青奴擊斬之乙酉詔曰博陵昔爲定州地居衝要先皇歷試所基王化斯遠故以道冠豳風義高姚邑朕巡撫

坻庶爰居茲邦瞻望郊壥緬懷敬止思所以宣播德澤覃被下人崇紀顯號式
光令緒可改博陵爲高陽郡赦境內死罪已下給復一年於是召高祖時故吏
皆量材授職壬辰以納言蘇威爲開府儀同三司朱燮管崇推劉元進爲天子
遣將軍吐萬緒魚俱羅討之連年不能剋齊人孟讓王薄等衆十餘萬據長白
山攻剽諸郡清河賊張金稱衆數萬渤海賊帥格謙自號燕王孫宣雅自號齊
王衆各十萬山東苦之丁亥以右候衛將軍郭榮爲右候衛大將軍十一月己
酉右候衛將軍馮孝慈討張金稱於清河反爲所敗孝慈死之十二月甲申車
裂玄感弟朝請大夫積善及黨與十餘人仍焚而揚之丁亥扶風人向海明舉
兵作亂稱皇帝建元白烏遣太僕卿楊義臣擊破之
十年春正月甲寅以宗女爲信義公主嫁於突厥曷娑那可汗二月辛未詔百
寮議伐高麗數日無敢言者戊子詔曰竭力王役致身戎事咸由徇義莫匪勤
誠委命草澤棄骸原野興言念之每懷愍惻往年出車問罪將屆遼濱廟算勝
略具有進止而諒惛凶罔識成敗高熲愎很本無智謀臨三軍猶兒戲視人命

如草芥不遵成規坐貽撓退遂令死亡者衆不及埋藏今宜遣使人分道收葬設祭於遼西郡立道場一所恩加泉壤庶弭窮魂之冤澤及枯骨用弘仁者之惠辛卯詔曰黃帝五十二戰成湯二十七征方乃德施諸侯令行天下盧芳小盜漢祖尚且親戎隗囂餘燼光武猶自登隴豈不欲除暴止戈勞而後逸者哉朕纂成寶業君臨天下日月所照風雨所沾孰非我臣獨隔聲教蕞爾高麗僻居荒表鴟張狼噬侮慢不恭抄竊我邊陲侵軼我城鎮是以去歲出軍問罪遼碣殪長蛇於玄菟戮封豕於襄平扶餘衆軍風馳電逝追奔逐北徑踰沮水滄海舟楫衝賊腹心焚其城郭汙其宮室高元伏鑕泥首送款軍門尋請入朝歸罪司寇朕以許其改過乃詔班師而長惡靡悛宴安鴆毒此而可忍孰不可容便可分命六師百道俱進朕當親執武節臨御諸軍秣馬丸都觀兵遼水順天誅於海外救窮民於倒懸征伐以正之明德以誅之止除元惡餘無所問若有識存亡之分悟安危之機翻然北首自求多福必其同惡相濟抗拒王師若火燎原刑茲無赦有司便宜宣布咸使知聞丁酉扶風人唐弼舉兵反衆十萬推

李弘爲天子自稱唐王三月壬子行幸涿郡癸亥次臨渝宮親御戎服禡祭黃
帝斬叛軍者以釁鼓夏四月辛未彭城賊張大彪聚衆數萬保懸薄山爲盜遣
榆林太守董純擊破斬之甲午車駕次北平五月庚子詔舉郡孝悌廉潔各十
人壬寅賊帥宋世謨陷琅邪郡庚申延安人劉迦論舉兵反自稱皇王建元大
世六月辛未賊帥鄭文雅林寶護等衆三萬陷建安郡太守楊景祥死之秋七
月癸丑車駕次懷遠鎮乙卯曹國遣使貢方物甲子高麗遣使請降囚送斛斯
政上大悅八月己巳班師庚午右衛大將軍左光祿大夫鄭榮卒冬十月丁卯
上至東都己丑還京師十一月景申支解斛斯政於金光門外乙巳有事於南
郊己酉賊帥司馬長安破長平郡乙卯離石胡劉苗王舉兵反自稱天子以其
第六兒爲永安王衆至數萬將軍潘長文討之不能剋是月賊帥王德仁擁衆
數萬保林慮山爲盜十二月壬申上如東都其日大赦天下戊子入東都庚寅
賊帥孟讓衆十餘萬據都梁宮遣江都郡丞王世充擊破之盡虜其衆
十一年春正月甲午朔大宴百寮突厥新羅靺鞨畢大辭訶咄傳越烏那曷波

臘吐火羅俱慮建忽論䩸𩏂訶多沛汗龜茲疏勒于闐安國曹國何國穆國畢衣密失范延伽折契丹等國並遣使朝貢戊戌武賁郎將高建毗破賊帥顏宣政於齊郡虜男女數千口乙卯大會蠻夷設魚龍曼延之樂頒賜各有差二月戊辰賊帥楊仲緒率衆萬餘攻北平滑公李景破斬之庚午詔曰設險守國著自前經重門禦暴事彰往策所以宅土寧邦禁邪固本而近代戰爭居人散逸田疇無伍郛郭不脩遂使遊惰實繁寇數未息今天下平一海內晏如宜令人悉城居田隨近給使強弱相容力役兼濟穿窬無所厝其姦宄萑蒲不得聚其逋逃有司具爲事條務令得所景子上谷人王須拔反自稱漫天王國號燕賊帥魏刁兒自稱歷山飛衆各十餘萬北連突厥南寇趙五月丁酉殺右驍衛大將軍光祿大夫郕公李渾將作監光祿大夫李敏並族滅其家癸卯賊帥司馬長安破西河郡己酉幸太原避暑汾陽宮秋七月己亥淮南人張起緒舉兵爲盜衆至三萬辛丑光祿大夫右禦衛大將軍張壽卒八月乙丑巡北塞戊辰突厥始畢可汗率騎數十萬謀襲乘輿義成公主遣使告變壬申車駕馳幸鴈門

癸酉突厥圍城官軍頻戰不利上大懼欲率精騎潰圍而出民部尚書樊子蓋固諫乃止齊王暕以後軍保于崞縣甲申詔天下諸郡募兵於是守令各來赴難九月甲辰突厥解圍而去丁未曲赦太原鴈門郡死罪已下冬十月壬戌上至于東都丁卯彭城人魏騏驎聚衆萬餘爲盜寇魯郡壬申賊帥盧明月聚衆十餘萬寇陳汝閒東海賊帥李子通擁衆度淮自號楚王建元明政寇江都十二月乙卯賊帥王須拔破高陽郡十二月戊寅有大流星如斛墜明月營破其衝車庚辰詔民部尚書樊子蓋發關中兵討絳郡賊敬盤陀柴保昌等經年不能剋譙郡人朱粲擁衆數十萬寇荆襄僭稱楚帝建元昌達漢南諸郡多爲所陷焉

十二年春正月甲午鴈門人翟松柏起兵於靈丘衆至數萬轉攻傍縣二月己未真臘國遣使貢方物甲子夜有二大鳥似鵰飛入大業殿止于御幄至明而去癸亥東海賊盧公暹率衆萬餘保于蒼山夏四月丁巳顯陽門災癸亥魏刁兒所部將甄翟兒復號歷山飛衆十萬轉寇太原將軍潘長文討之反爲所敗

長文死之五月景戌朔日有蝕之既癸巳大流星隕於吳郡爲石壬午上於景
華宮徵求螢火得數斛夜出遊山放之光徧巖谷秋七月壬戌民部尙書光祿
大夫齊北公樊子蓋卒甲子幸江都宮以越王侗光祿大夫段達太府卿元文
都檢校民部尙書韋津右武衞將軍皇甫無逸右司郎盧楚等總留後事奉信
郎崔民象以盜賊充斥於建國門上表諫不宜巡幸上大怒先解其頤乃斬之
戊辰馮翊人孫華自號總管舉兵爲盜高涼通守洗瑤徹舉兵作亂嶺南溪洞
多應之己巳熒惑守羽林月餘乃退車駕次汜水奉信郎王愛仁以盜賊日盛
諫上請還西京上怒斬之而行八月乙巳賊帥趙萬海衆數十萬自恆山寇高
陽壬子有大流星如斗出王良閣道聲如隤牆癸丑大流星如甕出羽林九月
丁酉東海人杜伏威揚州沈覓敵等作亂衆至數萬右禦衞將軍陳稜擊破之
戊午有二枉矢出北斗魁委曲蛇形注於南斗壬戌安定人荔非世雄殺臨涇
令舉兵作亂自號將軍冬十月己丑開府儀同三司左翊衞大將軍光祿大夫
許公宇文述薨十二月癸未鄱陽賊操天成舉兵反自號元興王建元始興攻

陷豫章郡乙酉以右翊衛大將軍來護兒爲開府儀同三司行左翊衛大將軍壬辰鄱陽人林士弘自稱皇帝國號楚建元太平攻陷九江廬陵郡唐公破甄翟兒於西河虜男女數千口

十三年春正月壬子齊郡賊杜伏威率衆度淮攻陷歷陽郡景辰勃海賊竇建德設壇於河間之樂壽自稱長樂王建元丁丑辛巳賊帥徐圓朗率衆數千破東平郡弘化人到企成聚衆萬餘人爲盜傍郡苦之二月壬午朔方人梁師都殺郡丞唐世宗據郡反自稱大丞相遣銀青光祿大夫張世隆擊之反爲所敗戊子賊帥王子英破上谷郡己丑馬邑校尉劉武周殺太守王仁恭舉兵作亂北連突厥自稱定楊可汗庚寅賊帥李密翟讓等陷興洛倉越王侗遣武賁郎將劉長恭光祿少卿房崱擊之反爲所敗死者十五六庚子李密自號魏公稱元年開倉以振羣盜衆至數十萬河南諸郡相繼皆陷焉壬寅劉武周破武賁郎將王智辯于桑乾鎮智辯死之三月戊午廬江人張子路舉兵反遣右禦衛將軍陳稜討平之丁丑賊帥李通德衆十萬寇廬江左屯衛將軍張鎮州擊破

之夏四月癸未金城校尉薛舉率衆反自稱西秦霸王建元秦興攻陷隴右諸郡己丑賊帥孟讓夜入東都外郭燒豐都市而去癸巳李密陷迴洛東倉丁酉賊帥房憲伯陷汝陰郡是月光祿大夫裴仁基淮陽太守趙佗等並以衆叛歸李密五月辛酉夜有流星如甕墜於江都甲子唐公起義師於太原景寅突厥數千寇太原唐公擊破之秋七月壬子熒惑守積屍景辰武威人李軌舉兵反攻陷河西諸郡自稱涼王建元安樂八月辛巳唐公破武牙郎將宋老生於霍邑斬之九月己丑帝括江都人女寡婦以配從兵是月武陽郡丞元寶藏以郡叛歸李密與賊帥李文相攻陷黎陽倉彗星見於營室冬十月丁亥太原楊世洛聚衆萬餘人寇掠城邑景申羅令蕭銑以縣反鄱陽人董景珍以郡反迎銑於羅縣號爲梁王攻陷傍郡戊戌武賁郎將高毗敗濟北郡賊甄寶車於𡽀山十一月景辰唐公入京師辛酉遙尊帝爲太上皇立代王侑爲帝改元義寧上起宮丹陽將遜于江左有烏鵲來巢幄帳驅不能止熒惑犯太微有石自江浮入于揚子日光四散如流血上甚惡之

二年三月右屯衞將軍宇文化及武賁郎將司馬德戡元禮監門直閤裴虔通將作少監宇文智及武勇郎將趙行樞鷹揚郎將孟景内史舍人元敏符璽郎李覆牛方裕千牛左右李孝本弟孝質直長許弘仁薛世良城門郎唐奉義醫正張愷等以驍果作亂入犯宮闈上崩于溫室時年五十蕭后令宮人撤牀簀爲棺以埋之化及發後右禦衞將軍陳稜奉梓宮於成象殿葬吳公臺下發斂之始容貌若生衆咸異之大唐平江南之後改葬雷塘初上自以藩王次不當立每矯情飾行以鈎虛名陰有奪宗之計時高祖雅信文獻皇后而性忌妾媵皇太子勇内多嬖幸以此失愛帝後庭有子皆不育之示無私寵取媚於后大臣用事者傾心與交中使至第無貴賤皆曲承顏色申以厚禮婢僕往來者無不稱其仁孝又常私入宮掖密謀於獻后楊素等因機構扇遂成廢立自高祖大漸暨諒闇之中烝淫無度山陵始就即事巡遊以天下承平日久士馬全盛慨然慕秦皇漢武之事乃盛治宮室窮極侈靡召募行人分使絕域諸蕃至者厚加禮賜有不恭命以兵擊之盛興屯田於玉門柳城之外課天下富室益市

武馬匹直十餘萬富強坐是凍餒者十家而九帝性多詭譎所幸之處不欲人知每之一所輒數道置頓四海珍羞殊味水陸必備焉求市者無遠不至郡縣官人競爲獻食豐厚者進擢疎儉者獲罪姦吏侵漁內外虛竭頭會箕斂人不聊生于時軍國多務日不暇給帝方驕怠惡聞政事寃屈不治奏請罕決又猜忌臣下無所專任朝臣有不合意者必構其罪而族滅之故高熲賀若弼先皇心膂參謀帷幄張衡李金才藩邸惟舊績著經綸或惡其直道或忿其正議求其無形之罪加以丹頸之誅其餘事君盡禮謇謇匪躬無辜無罪橫受夷戮者不可勝紀政刑弛紊賄貨公行莫敢正言道路以目六軍不息百役繁興行者不歸居者失業人饑相食邑落爲墟上不知恤也東西遊幸靡有定居每以供費不給逆收數年之賦所至唯與後宮流連耽湎惟日不足招迎姥媼朝夕共肆醜言又引少年令與宮人穢亂不軌不遜以爲娛樂區宇之內盜賊蜂起劫掠從官屠陷城邑近臣互相掩蔽隱賊數不以實對或有言賊多者輒大被詰責各求苟免上下相蒙每出師徒敗亡相繼戰士盡力必不加賞百姓無辜咸

受屠戮黎庶憤怨天下土崩至於就擒而猶未之寤也

史臣曰煬帝爰在弱齡早有令聞南平吳會北却匈奴昆弟之中獨著聲績於是矯情飾貌肆厥姦回故得獻后鍾心文皇革慮天方肇亂遂登儲兩踐峻極之崇基承丕顯之休命地廣三代威振八紘單于頓顙越裳重譯赤仄之泉流溢于都內紅腐之粟委積於塞下負其富強之資思逞無厭之欲狹殷周之制度尚秦漢之規摹恃才矜己傲狠明德內懷險躁外示凝簡盛冠服以飾其姦除諫官以掩其過淫荒無度法令滋章教絕四維刑參五虐鋤誅骨肉屠勦忠良受賞者莫見其功為戮者不知其罪驕怒之兵屢動土木之功不息頻出朔方三駕遼左旌旗萬里徵稅百端猾吏侵漁人不堪命乃急令暴條以擾之嚴刑峻法以臨之甲兵威武以董之自是海內騷然無聊生矣俄而玄感肇黎陽之亂匈奴有鴈門之圍天子方棄中土遠之揚越姦宄乘釁強弱相陵關梁閉而不通皇輿往而不反加之以師旅因之以饑饉流離道路轉死溝壑十八九焉於是相聚萑蒲蝟毛而起大則跨州連郡稱帝稱王小則千百為羣攻城剽

邑流血成川澤死人如亂麻炊者不及析骸食者不遑易子茫茫九土並爲麋鹿之場慄慄黔黎俱充蛇豕之餌四方萬里簡書相續猶謂鼠竊狗盜不足爲虞上下相蒙莫肯念亂振蜉蝣之羽窮長夜之樂土崩魚爛貫盈惡稔普天之下莫匪仇讎左右之人皆爲敵國終然不悟同彼望夷遂以萬乘之尊死於一夫之手億兆靡感恩之士九牧無勤王之師子弟同就誅夷骸骨棄而莫掩社稷顛隕本枝殄絕自肇有書契以迄于茲宇宙崩離生靈塗炭喪身滅國未有若斯之甚也書曰天作孽猶可違自作孽不可逭傳曰吉凶由人祅不妄作又曰兵猶火也不戢將自焚觀隋室之存亡斯言信而有徵矣

隋書卷四

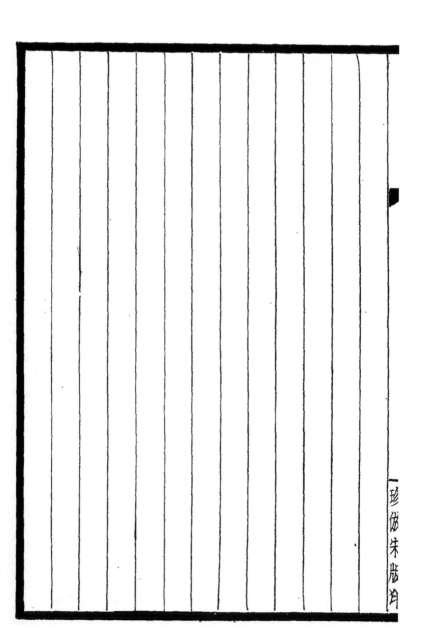

隋書卷四考證

煬帝紀下寇數未息○監本數訛數從宋本改按數與擾同詩大雅寇擾式內

書費替無敢寇擾踰垣牆

萑蒲不得聚其逋逃○左傳鄭國多盜取人于萑苻之澤又澤之萑蒲舟鮫守

之苻蒲通

史臣論遠之揚越○監本揚訛楊按書禹貢淮海維揚州又晉書地理志春秋

元命苞云牽牛流爲揚州分爲越國以爲江南氣躁勁厥性輕揚亦曰州界

多水水輕揚也

隋書卷四考證

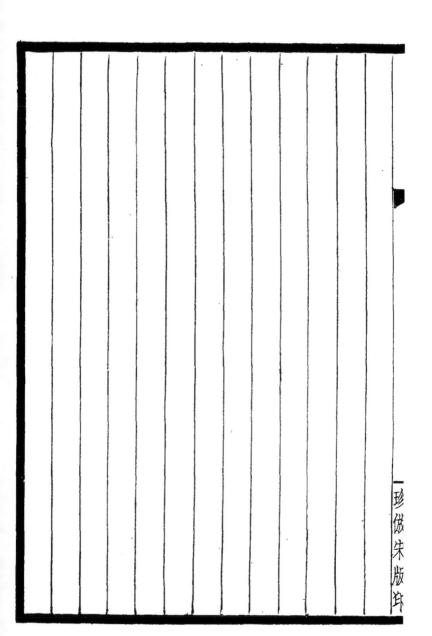

隋書卷五

唐　特　進　臣　魏　徵　上

帝紀第五

恭帝

恭皇帝諱侑元德太子之子也母曰韋妃性聰敏有氣度大業三年立爲陳王後數載徙爲代王邑萬戶及煬帝親征遼東令於京師總留事十一年從幸晉陽拜太原太守尋鎮京師義兵入長安尊煬帝爲太上皇奉帝纂業

義寧元年十一月壬戌上卽皇帝位於大興殿詔曰王道喪亂天步不康古往今來代有其事屬之於朕逢此百罹彼蒼者天胡寧斯忍襁褓之歲夙遭憫凶孺子之辰太上播越與言感動實疚於懷太尉唐公膺期作宰時稱舟楫大拯橫流糾合義兵翼戴皇室與國休戚再匡區夏爰奉明詔弼予幼沖顯命光臨天威咫尺對揚尊號悼心失圖一人在遠三讓不遂僶俛南面厝身無所苟利社稷莫敢或違俯從羣議奉遵聖旨可大赦天下改大業十三年爲義寧元年

十一月十六日昧爽以前大辟罪以下皆赦除之常赦所不免者不在赦限甲子以光祿大夫大將軍太尉唐公爲假黃鉞使持節大都督內外諸軍事尚書令大丞相進封唐王景寅詔曰朕惟孺子未出深宮太上遠巡追蹤穆滿時逢多難委當尊極辭不獲免恭己臨朝若涉大川罔知所濟撫躬永歎憂心孔棘民之情僞曾未之聞王業艱難載云其易賴股肱戮力上宰賢良匡佐冲人輔其不逮軍國機務事無大小文武設官位無貴賤憲章賞罰咸歸相府庶績其凝責成斯屬遜聽前史茲爲典故因循仍舊非曰徒言所存至公無爲讓德己巳以唐王子隴西公建成爲唐國世子敦煌公爲京兆尹改封秦公元吉爲齊公食邑各萬戶太原置鎮北府乙亥張掖康老和舉兵反十二月癸未薛舉自稱天子寇扶風秦公爲元帥擊破之丁亥桂陽人曹武徹舉兵反建元通聖丁酉義師擒驍衛大將軍屈突通於閿鄉虜其衆數萬乙巳賊帥張善安陷廬江郡

二年春正月丁未詔唐王劍履上殿入朝不趨贊拜不名加前後羽葆鼓吹壬

戊將軍王世充爲李密所敗河內通守孟善誼武賁郎將王辯楊威劉長恭梁德董智通皆死之庚戌河陽郡尉獨孤武都降於李密三月景辰右屯衞將軍宇文化及殺太上皇於江都宮右禦衞將軍獨孤盛死之齊王暕趙王杲燕王倓光祿大夫開府儀同三司行右翊衞大將軍宇文協金紫光祿大夫內史侍郎虞世基銀青光祿大夫御史大夫裴蘊通議大夫行給事郎許善心皆遇害化及立秦王浩爲帝自稱大丞相朝士文武皆受其官爵光祿大夫宿公麥才折衝郎將朝請大夫沈光同謀討賊夜襲化及營反爲所害戊辰詔唐王備九錫之禮加璽紱遠遊冠綠綟綬位在諸侯王上唐國置丞相已下一依舊式五月乙巳朔詔唐王冕十有二旒建天子旌旗出警入蹕金根車駕備五時副車置旄頭雲罕車儛八佾設鍾虡宮懸王后王子王女爵命之號一遵舊典戊午詔曰天禍隋國大行太上皇遇盜江都酷甚望夷釁深驪北憫予小子奄遘丕愆哀號承感心情糜潰仰惟荼毒仇復靡申形影相弔罔知啓處相國唐王膺期命世扶危拯溺自北徂南東征西怨總九合於一匡決百勝於千里糾率夷

夏大庇氓黎保乂朕躬繫王是賴德侔造化功格蒼旻兆庶歸心曆數斯在屈爲人臣載違天命在昔虞夏揖讓相推苟非重華誰堪命禹當今九服崩離三靈改卜大運去矣請避賢路兆謀布德顧己莫能私僮命駕須歸藩國予本代王及予而代天之所廢豈期如是庶憑稽古之聖以誅四凶幸值惟新之恩預充三恪雪冤恥於皇祖守禋祀爲孝孫朝聞夕殞及泉無恨今遵故事遜於舊邸庶官羣辟改事唐朝宜依前典趣上尊號若釋重負感泰兼懷假手真人俾除醜逆濟濟多士明知朕意仍勑有司凡有表奏皆不得以聞是日上遜位於大唐以爲酅國公武德二年夏五月崩時年十五

史臣曰恭帝年在幼沖遭家多難一人失德四海土崩羣盜蜂起豺狼塞路南巢遂往流彘不歸既鍾百六之期躬踐數終之運謳歌有屬笙鏞變響雖欲不遵堯舜之迹其庸可得乎

隋書卷五考證

恭帝紀敦煌公爲京兆尹○唐書高祖已起兵太宗初拜右領軍大都督封敦煌郡公諱其名

隋書卷五考證

隋書卷六

唐太尉揚州都督監修國史上柱國趙國公臣長孫無忌等撰

志第一

禮儀一

唐虞之時祭天之屬爲天禮祭地之屬爲地禮祭宗廟之屬爲人禮故書云命伯夷典朕三禮所以彌綸天地經緯陰陽辨幽賾而洞幾深通百神而節萬事殷因於夏有所損益旁垂訓以勸生靈商辛無道雅章湮滅周公救亂弘制斯文以吉禮敬鬼神以凶禮哀邦國以賓禮親賓客以軍禮誅不虔以嘉禮合姻好謂之五禮故曰禮經三百威儀三千未有入室而不由戶者也成康由之而刑厝不用自犬戎弑后遷周削弱禮失樂微風凋俗敝仲尼預蜡賓而歎曰丘有志焉禹湯文武成王周公未有不謹於禮者也於是緝禮與樂欲救時弊君棄不顧道鬱不行故敗國喪家亡人必先廢其禮昭公娶孟子而諱姓楊侯竊女色而傷人故曰婚姻之禮廢則淫僻之罪多矣羣飲而逸不知其郵鄉飲

酒之禮廢則爭鬭之獄繁矣魯侯逆五廟之祀漢帝罷三年之制喪祭之禮廢則骨肉之恩薄矣諸侯下堂於天子五伯召君於河陽朝聘之禮廢則侵陵之漸起矣秦氏以戰勝之威并吞九國盡收其儀禮歸之咸陽唯採其尊君抑臣以爲時用至於退讓起於趨步忠孝成於動止華葉靡舉鴻纖並擯甚芻狗之棄路若章甫之遊越儒林道盡詩禮爲煙漢高祖既平秦亂初誅項羽杖賞元勳未遑朝制羣臣飲酒爭功或拔劍擊柱高祖患之叔孫通言曰儒者難與進取可與守成於是請起朝儀而許焉猶曰度吾能行者爲之微習禮容皆知順軌若祖述文武憲章洙泗則良由不暇自畏之也武帝興典制而愛方術至於鬼神之祭流宕不歸世祖中興明皇纂位祀明堂襲冠冕登靈臺望雲物得其時制百姓悅之而朝廷憲章其來已舊或得之於升平之運或失之於凶荒之年而世載遐邈風流訛舛必有人情將移禮意殷周所以異軌秦漢於焉改轍至於增輝風俗廣樹隄防非禮威嚴亦何以尙譬山祇之有嵩岱海若之有滄溟飾以涓塵不貽伊敗而高堂生於所傳士禮亦謂之儀弘暢人情粉飾行事

洎西京以降用相裁準咸稱當世之美自有周旋之節黃初之詳定朝儀太始之削除乖謬則宋書言之備矣梁武始命羣儒裁成大典吉禮則明山賓凶禮則嚴植之軍禮則陸璉賓禮則賀瑒嘉禮則司馬褧帝又命沈約周捨徐勉何佟之等咸在參詳陳武克平建業多準梁舊仍詔尚書左丞江德藻員外散騎常侍沈洙博士沈文阿中書舍人劉師知等或因行事隨時取捨後齊則左僕射陽休之度支尚書元修伯鴻臚卿王晞國子博士熊安生在周則蘇綽盧辯宇文𢇁並習於儀禮者也平章國典以爲時用高祖命牛弘辛彥之等採梁及北齊儀注以爲五禮云

禮曰萬物本乎天人本乎祖所以配上帝也秦人蕩六籍以爲煨燼祭天之禮殘缺儒者各守其所見物而爲之義焉一云祭天之數終歲有九祭地之數一歲有二圓丘方澤三年一行若圓丘方澤之年祭天有九祭地有二若天不通圓丘之祭終歲有八地不通方澤之祭終歲有一此則鄭學之所宗也一云唯有昊天無五精之帝而一天歲二祭壇位唯一圓丘之祭卽是南郊南郊之祭

卽是圜丘日南至於其上以祭天春又一祭以祈農事謂之二祭無別天也五
時迎氣皆是祭五行之人帝太皥之屬非祭天也天稱皇天亦稱上帝亦直稱
帝五行人帝亦得稱上帝但不得稱天故五時迎氣及文武配祭明堂皆祭人
帝非祭天也此則王學之所宗也梁陳以降以迄於隋議者各宗所師故郊丘
互有變易梁南郊爲圓壇在國之南高二丈七尺上徑十一丈下徑十八丈其
外再壝四門常與北郊閒歲正月上辛行事用一特牛祀天皇上帝之神於其
上以皇考太祖文帝配禮以蒼璧制幣五方上帝五官之神太一天一日月五
星二十八宿太微軒轅文昌北斗三台老人風伯司空雷電雨師皆從祀其二
十八宿及雨師等座有坎五帝亦如之餘皆平地器以陶匏席用稾秸太史設
紫壇於景地皇帝齋於萬壽殿乘玉輅備大駕以行禮禮畢變服通天冠而還
北郊爲方壇於北郊上方十丈下方十二丈高一丈四面各有陛其外爲壝再
重與南郊閒歲正月上辛以一特牛祀后地之神於其上以德后配禮以黃琮
制幣五官之神先農五岳沂山嶽山白石山霍山無閭山蔣山四海四瀆松江

會稽江錢塘江四望皆從祀太史設埋坎於壬地焉天監三年左丞吳操之啓
稱傳云啓蟄而郊郊應立春之後尚書左丞何佟之議今之郊祭是報昔歲之
功而祈今年之福故取歲首上辛不拘立春之先後周冬至於圓丘大報天也
夏正又郊以祈農事故有啓蟄之說自晉太始二年幷圓丘方澤同於二郊是
知今之郊禋禮兼祈報不得限以一途也帝曰圓丘自是祭天先農卽是祈穀
但就陽之位故在郊也冬至之夜陽氣起於甲子旣祭昊天宜在冬至祈穀時
可依古必須啓蟄在一郊壇分爲二祭自是冬至謂之祀天啓蟄名爲祈穀何
佟之又啓案鬯者盛以六彝覆以畫冪備其文飾施之宗廟今南北二郊儀注
有祼旣乖尚質謂宜革變博士明山賓議以爲表記天子親耕粢盛秬鬯以事
上帝蓋明堂之祼耳郊不應祼帝從之又有司以爲祀竟器席相承還庫請依
典燒埋之佟之等議案禮祭器敝則埋之今一用便埋費而乖典帝曰薦藉輕
物陶匏賤器方還付庫容復穢惡但敝則埋之蓋謂四時祭器耳自是從有司
議燒埋之四年佟之云周禮天曰神地曰祇今天不稱神地不稱祇天欑題宜

曰皇天座地攅宜曰后地座又南郊明堂用沉香取本天之質陽所宜也北郊用上和香以地於人親宜加雜馥帝並從之五年明山賓稱伏尋制旨周以建子祀天五月祭地殷以建丑祀天六月祭地夏以建寅祀天七月祭地自頃代以來南北二郊同用夏正詔更詳議山賓以爲二儀並尊三朝慶始同以此日二郊爲允幷請迎五帝於郊皆以始祖配饗及郊廟受福唯皇帝再拜明上靈降祚臣下不敢同也詔並依議六年議者以爲北郊有岳鎭海瀆之座而又有四望之座疑爲煩重儀曹郎朱异議曰望是不卽之名豈容局於星海拘於岳瀆明山賓曰舜典云望于山川春秋傳曰江漢沮漳楚之望也而今北郊設岳鎭海瀆又立四望竊謂煩黷宜省徐勉曰岳瀆是山川之宗至於望祀之義不止於岳瀆也若省四望於義爲非議久不能決至十六年有事北郊帝復下其議於是八座奏省四望松江浙江五湖等座其鍾山白石既土地所在並留如故七年帝以一獻爲質三獻則文事天之道理不應然詔下詳議博士陸瑋明山賓禮官司馬褧以爲宗祧三獻義兼臣下上天之禮主在帝王約理申義一

獻爲允自是天地之祭皆一獻始省大尉亞獻光祿終獻又太常丞王僧崇稱五祀位在北郊圓丘不宜重設帝曰五行之氣天地俱有故宜兩從僧崇又曰風伯雨師卽箕畢星矣而今南郊祀箕畢二星復祭風師雨師恐繁祀典帝曰箕畢自是二十八宿之名風師雨師自是箕畢星下隸兩祭非嫌十一年太祝牒北郊止有一海及二郊相承用染俎盛牲素案承玉又制南北二郊壇下衆神之座悉以白茅詔下詳議八座奏禮云觀天下之物無可以稱其德則知郊祭爲俎理不應染又藉用白茅禮無所出皇天大帝座既用俎則知郊有俎義於是改用素俎幷北郊置四海座五帝以下悉用蒲席藁薦幷以素俎又帝曰禮祭月於坎良由月是陰義今五帝天神而更居坎又禮云祭日於壇祭月於坎並是別祭不關在郊故得各從陰陽而立壇坎兆於南郊就陽之義居於北郊就陰之義既云就陽義與陰異星月與祭理不爲坎八座奏曰五帝之義不應居坎良由齊代圓丘小而且峻邊無安神之所今丘形既大易可取安請五帝座悉於壇上外域二十八宿及雨師等座悉停爲坎自是南北二郊悉無坎

位矣十七年帝以威仰魄寶俱是天帝於壇則尊於下則卑且南郊所祭天皇其五帝別有明堂之祀不煩重設又郊祀二十八宿而無十二辰於義闕然於是南郊始除五帝祀加十二辰座與二十八宿各於其方而爲壇

陳制亦以間歲正月上辛用特牛一祀天地於南北二郊永定元年武帝受禪修南郊圓壇高二丈二尺五寸上廣十丈柴燎告天明年正月上辛有事南郊以皇考德皇帝配除十二辰座加五帝位其餘準梁之舊北郊爲壇高一丈五尺廣八丈以皇妣昭后配從祀亦準梁舊及文帝天嘉中南郊改以高祖配北郊以德皇帝配天太中大夫領大著作攝太常卿許亨奏曰昔梁武帝云天數五地數五五行之氣天地俱有故南北郊內並祭五祀臣按周禮以血祭社稷五祀鄭玄云陰祀自血起貴氣臭也五祀五官之神也五神主五行隸於地故與埋沈疈辜同爲陰祀既非煙柴無關陽祭故何休云周爵五等者法地有五行也五神位在北郊圓丘不宜重設制曰可亨又奏曰梁武帝議箕畢自是二十八宿之名風師雨師自是箕畢下隸非卽星也故郊雩之所皆兩祭之臣案

周禮大宗伯之職云槱燎祀司中司命風師雨師鄭衆云風師箕也雨師畢也詩云月離于畢俾滂沱矣如此則風伯雨師即箕畢星矣而今南郊祀箕畢二星復祭風伯雨師恐乖祀典制曰若郊設星位任即除之亨又奏曰梁儀注曰一獻爲質三獻爲文事天之事故不三獻臣案周禮司罇所言三獻施於宗祧而鄭注一獻施於羣小祀今用小祀之禮施於天神大帝梁武此義爲不通矣且樽俎之物依於質文拜獻之禮主於虔敬今請凡郊丘祀事準於宗祧三獻爲允制曰依議廢帝光大中又以昭后配北郊及宣帝即位以南北二郊卑下更議增廣久而不決至太建十一年尚書祠部郎王元規議曰案前漢黃圖上帝壇徑五丈高九尺后土壇方五丈高六尺梁南郊壇上徑十一丈下徑十八丈高二丈七尺北郊壇上方十丈下方十二丈高一丈即日南郊壇廣十丈高二丈二尺五寸北郊壇廣九丈三尺高一丈五寸今議增南郊壇上徑十二丈則天大數下徑十八丈取於三分益一高二丈七尺取三倍九尺之堂北郊壇上方十丈以則地義下至十五丈亦取二分益一高一丈二尺亦取二倍漢家

之數禮記云爲高必因丘陵爲下必因川澤因名山升中於天因吉土饗帝于
郊周官云冬日至祠天於地上之圜丘夏日至祭地於澤中之方丘祭法云燔
柴於泰壇祭天也瘞埋於泰折祭地也記云至敬不壇埽地而祭於其質也以
報覆燾持載之功爾雅亦云丘言非人所造爲古圜方兩丘並因見有而祭本
無高廣之數後世隨事遷都而建立郊禮或有地吉而未必有丘或有見丘而
不必廣絜故有築建之法而制丈尺之儀愚謂郊祀事重圜方二丘高下廣狹
既無明文但五帝不相沿三王不相襲今謹述漢梁幷即日三代壇不同及更
增修丈尺如前聽旨尚書僕射臣繕左戶尚書臣元饒左丞臣周確舍人臣蕭
淳儀曹郎臣沈客卿周元規議詔遂依用後主嗣立無意典禮之事加舊儒碩
學漸以凋喪至於朝士竟無改作後齊制圜丘方澤並三年一祭謂之禘祀圜
丘在國南郊丘下廣輪二百七十尺上廣輪四十六尺高四十五尺三成成高
十五尺上中二級四面各一陛下級方維八陛周以三壝去丘五十步中壝去
內壝外壝去中壝各二十五步皆通八門又爲大營於外壝之外輪廣三百七

十步其營壝廣一十二尺深一丈四面各通一門又爲燎壇於中壝之外當丘之景地廣輪三十六尺高三尺四面各有陛方澤爲壇在國北郊廣輪四十尺高四尺面各一陛其外爲三壝相去廣狹同圓丘壝外大營廣輪三百二十步營壝廣一十二尺深一丈四面各通一門又爲瘞坎於壇之壬地中壝之外廣深一丈二尺圓丘則以蒼璧束帛正月上辛祀昊天上帝於其上以高祖神武皇帝配五精之帝從祀於其中丘面皆內向日月五星北斗二十八宿司中司命司人司祿風師雨師靈星於下丘爲衆星之位遷於內壝之中合用蒼牲九夕牲之旦太尉告廟陳幣於神武廟訖埋於兩楹間焉皇帝初獻太尉亞獻光祿終獻司徒獻五帝司空獻日月五星二十八宿太常丞已下薦衆星方澤則以黃琮束帛夏至之日禘崑崙皇地祇於其上以武明皇后配其神州之神社稷岱岳沂鎮會稽鎮云云山亭亭山蒙山羽山嶧山崧岳霍岳衡鎮荊山內方山大別山敷淺原山桐柏山陪尾山華岳太岳鎮積石山龍門山江山岐山荊山嶓冢山壺口山雷首山底柱山析城山王屋山西傾朱圉山鳥鼠同穴山熊

耳山敦物山蔡蒙山梁山嶓山武功山太白山恆岳醫無閭山鎮陰山白登山
碣石山太行山狼山封龍山漳山宣務山閼山方山苟山狹龍山淮水東海泗
水沂水淄水濰水江水南海漢水穀水洛水伊水漾水沔水河水西海黑水澇
水渭水涇水酆水濟水北海松水京水桑乾水漳水呼沲水衞水洹水延水並
從祀其神州位在青陛之北甲寅地社位赤陛之西未地稷位白陛之南庚地
自餘並內壝之內內向各如其方合用牲十二儀同圓丘其後諸儒定禮圓丘
改以冬至云其南北郊則歲一祀皆以正月上辛南郊爲壇於國南廣輪三十
六尺高九尺四面各一陛爲三壝內壝去壇二十五步中壝外壝相去如內壝
四面各通一門又爲大營於外壝之外廣輪二百七十步營壍廣一丈深八尺
四面各一門又爲燎壇於中壝之外景地廣輪二十七尺高一尺八寸四面各
一陛祀所感帝靈威仰於壇以高祖神武皇帝配禮用四圭有邸幣各如方色
其上帝及配帝各用騂特牲一儀燎同圓丘其北郊則爲壇如南郊壇爲瘞坎
如方澤坎祀神州神於其上以武明皇后配禮用兩圭有邸各用黃牲一儀瘞

如北郊

後周憲章姬周祭祀之式多依儀禮司量掌爲壇之制圓丘三成成崇一丈二尺深二丈上徑六丈十有二階每等十有二節在國陽七里之郊圓壝徑三百步內壝半之方一成下崇一丈徑六丈八尺上崇五尺方四丈八方方一階階十級級一尺方丘在國陰六里之郊丘一成八方下崇一丈方六丈八尺上崇五尺方四丈方一階尺一級其壝八面徑百二十步內壝半之南郊爲方壇於國南五里其崇一丈二尺其廣四丈其壝方百二十步內壝半之神州之壇崇一丈方四丈在北郊方丘之右其壝如方丘其祭圓丘及南郊並正月上辛圓丘則以其先炎帝神農氏配昊天上帝於其上五方上帝日月內官中官外官衆星並從祀皇帝乘蒼輅戴玄冕備大駕而行預祭者皆蒼服南郊以始祖獻侯莫那配所感帝靈威仰於其上北郊方丘則以神農配后地之祇神州則以獻侯莫那配焉其用牲之制祀昊天上帝祭皇地祇及五帝日月五星十二辰四望五官各以其方色毛宗廟以黃社稷以黝散祭祀用純表狢磔禳用尨

高祖受命欲新制度乃命國子祭酒辛彥之議定祀典爲圜丘於國之南太陽門外道東二里其丘四成各高八尺一寸下成廣二十丈再成廣十五丈又三成廣十丈四成廣五丈再歲冬至之日祀昊天上帝於其上以太祖武元皇帝配五方上帝日月五星內官四十二座次官一百三十六座外官一百一十一座衆星三百六十座並皆從祀上帝日月在丘之第二等北斗五星十二辰河漢內官在丘第三等二十八宿中官在丘第四等外官在內壝之內衆星在內壝之外其牲上帝配帝用蒼犢二五帝日月用方色犢各一五星已下用羊豕各九爲方丘於宮城之北十四里其丘再成成高五丈下成方十丈上成方五丈夏至之日祭皇地祇於其上以太祖配神州迎州冀州戎州拾州柱州營州咸州陽州九州山海川林澤丘陵墳衍原隰並皆從祀地祇及配帝在壇上用黃犢二神州九州神座於第二等八陛之間神州東南方迎州南方冀州戎州西南方拾州西方柱州西北方營州北方咸州東北方陽州東方各用方色犢一九州山海已下各依方面八陛之間其冀州山林川澤丘陵墳衍於壇之南

少西加羊豕各九南郊爲壇於國之南太陽門外道西一里去宮十里壇高七尺廣四丈孟春上辛祠所感帝赤熛怒於其上以太祖武元皇帝配其禮四圭有邸牲用騂犢二北郊孟冬祭神州之神以太祖武元皇帝配牲用犢二凡大祀齋官皆於其晨集尚書省受誓戒散齋四日致齋三日祭前一日晝漏上水五刻到祀所沐浴著明衣咸不得聞見衰絰哭泣昊天上帝五方上帝日月皇地祇神州社稷宗廟等爲大祀星辰五祀四望等爲中祀司中司命風師雨師及諸星諸山川等爲小祀大祀養牲在滌九旬中祀三旬小祀一旬其牲方色難備者聽以純色代告祈之牲者不養祭祀犧牲不得捶扑其死則埋之初帝既受周禪恐黎元未愜多說符瑞以耀之其或造作而進者不可勝計仁壽元年冬至祠南郊置昊天上帝及五方天帝位並於壇上如封禪禮板曰維仁壽元年歲次作噩嗣天子臣諱敢昭告於昊天上帝璇璣運行大明南至臣蒙上天恩造羣靈降福撫臨率土安養兆人顧惟虛薄德化未暢夙夜憂懼不敢荒怠天地靈祇降錫休瑞鏡發區宇昭彰耳目爰始登極蒙授龜圖遷都定鼎醴

泉出地平陳之歲龍引舟師省俗巡方展禮東岳盲者得視瘖者得言復有躄
人忽然能步自開皇已來日近北極行於上道晷度延長天啓太平獸見一角
改元仁壽楊樹生松石魚彰合符之徵玉龜顯永昌之慶山圖石瑞前後繼出
皆載臣姓名褒紀國祚經典諸緯爰及玉龜文字義理遞相符會宮城之內及
在山谷石變爲玉不可勝數桃區一嶺盡是琉璃黃銀出於神山碧玉生於瑞
巘多楊山響三稱國興連雲山聲萬年臨國野鵝降天仍住池沼神鹿入苑頻
賜引導騶虞見質遊麟在野鹿角生於楊樹龍湫出於荊谷慶雲發彩壽星垂
耀宮殿樓閣咸出靈芝山澤川原多生寶物威香散馥零露凝甘敦煌烏山黑
石變白弘祿巖嶺石華遠照玄狐玄豹白兔白狼赤雀蒼烏野蠶天豆嘉禾合
穗珍木連理神瑞休徵洪恩景福降賜無疆不可具紀此皆昊天上帝爰降明
靈矜愍蒼生寧靜海內故錫茲嘉慶咸使安樂豈臣微誠所能上感虔心奉謝
敬薦玉帛犧齊粢盛庶品燔祀於昊天上帝皇考太祖武元皇帝配神作主大
業元年孟春祀感帝孟冬祀神州改以高祖文帝配其餘並用舊禮十年冬至

祀圓丘帝不齋于次詰朝備法駕至便行禮是日大風帝獨獻上帝三公分獻五帝禮畢御馬疾驅而歸

明堂在國之陽梁初依宋齊其祀之法猶依齊制禮有不通者武帝更與學者議之舊齊儀郊祀帝皆以衮冕至天監七年始造大裘而明堂儀注猶云衮服十年儀曹郎朱异以爲禮大裘而冕祭昊天上帝五帝亦如之良由天神高遠義須誠質今從汎祭五帝理不容文於是改服大裘异又以爲齊儀初獻樽彝明堂貴質不應三獻又不應象樽禮云朝踐用太樽鄭云太樽瓦也記又云有虞氏瓦樽此皆在廟所用猶以質素況在明堂禮不容象今請改用瓦樽庶合文質之衷又曰宗廟貴文故庶羞百品天義尊遠則須簡約今儀注所薦與廟不異即理徵事如爲未允請自今明堂肴膳準二郊但帝之爲名本主生育成歲之功實爲顯著非如昊天義絶言象雖曰同郊復應微異若水土之品蔬果之屬猶宜以薦止用梨棗橘栗四種之果薑蒲葵韭四種之葅粳稻黍粱四種之米自此以外郊所無者請並從省除初博士明山賓制儀注明堂祀五帝行

禮先自赤帝始昇又以爲明堂既汎祭五帝不容的有先後東階而升宜先春
帝請改從青帝始又以爲明堂籩豆等器皆以彫飾尋郊祀貴質改用陶匏宗
廟貴文誠宜彫俎明堂之禮既方郊爲文則不容陶匏比廟爲質又不應彫俎
斟酌二途須存厥衷請改用純漆昇又以舊儀明堂祀五帝先酌鬱鬯灌地求
神及初獻清酒次酈終醊禮畢太祝取俎上黍肉當御前以授請依郊儀止一
獻清酒且五帝天神不可求之於地二郊之祭並無黍肉之禮並請停灌及授
俎法又以爲舊明堂皆用太牢案記云郊用特牲又云天地之牛角繭栗五帝
既曰天神理無三牲之祭而毛詩我將篇云祀文王於明堂有維羊維牛之說
良由周監二代其義貴文明堂方郊未爲極質故特用三牲止爲一代之制今
斟酌百王義存通典蔬果之薦雖符周禮而牲牢之用宜遵夏殷請自今明堂
止用特牛既合質文之中又見貴誠之義帝並從之先是帝欲有改作乃下制
旨而與羣臣切磋其義制曰明堂準大戴禮九室八牖三十六戶以茅蓋屋上
圓下方鄭玄據援神契亦云上圓下方又云八窗四達明堂之義本是祭五帝

神九室之數未見其理若五堂而言雖當五帝之數向南則背叶光紀向北則背赤熛怒東向西向又亦如此於事殊未可安且明堂之祭五帝則是總義在郊之祭五帝則是别義宗祀所配復應有室若專配一室則是義非配五若皆配五則便成五位以理而言明堂本無有室朱异以爲月令天子居明堂左个右个聽朔之禮既在明堂今若無室則於義成闕制曰若如鄭玄之義聽朔必在明堂於此則人神混淆莊敬之道有廢春秋云介居二大國之閒此言明堂左右个者謂所祀五帝堂之南又有小室亦號明堂分爲三處聽朔既三處則有左右之義在營域之内明堂之外則有个名故曰明堂左右个也以此而言聽朔之處自在五帝堂之外人神有别差無相干其議是非莫定初尚未改十二年太常丞虞爵復引周禮明堂九尺之筵以爲高下修廣之數堂崇一筵故階高九尺漢家制度猶遵此禮故張衡云度堂以筵者也鄭玄以廟寢三制既同俱應以九尺爲度制曰可於是毀宋太極殿以其材構明堂十二間基準太廟以中央六間安六座悉南向東來第一青帝第二赤帝第三黄帝第四白帝

第五黑帝配帝總配享五帝在阼階東上西向大殿後爲小殿五間以爲五佐室焉

陳制明堂殿屋十二間中央六間依齊制安六座四方帝各依其方黃帝居坤維而配饗坐依梁法武帝時以德帝配文帝時以武帝配廢帝已後以文帝配牲以太牢粢盛六飯鉶羹果蔬備薦焉後齊採周官考工記爲五室周採漢三輔黃圖爲九室各存其制而竟不立

高祖平陳收羅杞梓郊丘宗社典禮粗備唯明堂未立開皇十三年詔命議之禮部尚書牛弘國子祭酒辛彥之等定議事在弘傳後檢校將作大匠事宇文愷依月令文造明堂木樣重檐複廟五房四達丈尺規矩皆有準憑以獻高祖異之命有司於郭內安業里爲規兆方欲崇建又命詳定諸儒爭論莫之能決弘等又條經史正文重奏時非議既多久而不定又議罷之及大業中愷又造明堂議及樣奏之煬帝下其議但令於霍山採木而建都興役其制遂寢終隋代祀五方上帝止於明堂恆以季秋在雩壇上而祀其用幣各於其方人帝各

在天帝之左太祖武元皇帝在太昊南西向五官在庭亦各依其方牲用犢十二皇帝太尉司農行三獻禮於青帝及太祖自餘有司助奠祀五官於堂下行一獻禮有燎其省牲進熟如南郊儀

隋書卷六

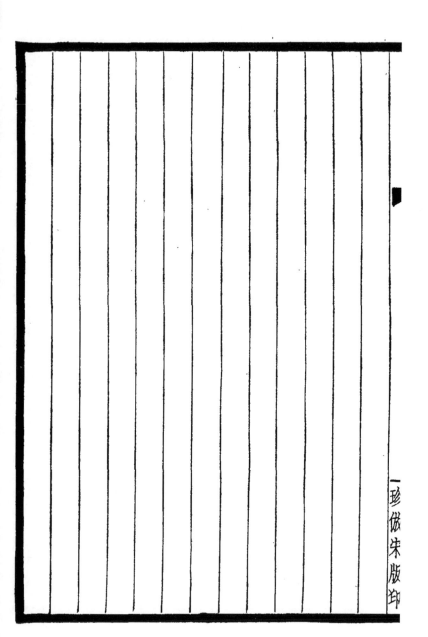

隋書卷六考證

禮儀志一命伯夷典朕三禮〇一本夷作𡰥一本作尼當由𡰥字之訛𡰥夷通

天欑題宜曰皇天座地欑宜曰厚地座〇宋本欑作攢按左傳昭元年注禜祭

爲營欑

二十八宿及雨師等座悉停爲坎自是南北二郊悉無坎位矣〇宋本閣本無

悉停爲坎自是南北二郊十字　臣映斗按此十字於文非贅仍之

十七年帝以威仰魄寶俱是天帝於壇則尊於下則卑且南郊所祭天皇其五

帝别有明堂之祀不煩重設〇監本闕仰魄寶俱是五字又闕明堂之祀不

五字俱從宋本補

隋書卷六考證

隋書卷七

唐太尉揚州都督監修國史上柱國趙國公臣長孫無忌等撰

志第二

禮儀二

春秋龍見而雩梁制不爲恆祀四月後旱則祈雨行七事一理冤獄及失職者二賑鰥寡孤獨者三省繇輕賦四舉進賢良五黜退貪邪六命會男女恤怨曠七撤膳羞弛樂懸而不作天子又降法服七日乃祈社稷七日乃祈山林川澤常興雲雨者七日乃祈羣廟之主於太廟七日乃祈古來百辟卿士有益於人者七日乃大雩祈上帝徧祈所有事者大雩禮立圓壇於南郊之左高及輪廣四丈周十二丈四陛牲用黃牯牛一祈五天帝及五人帝於其上各依其方以太祖配位於青帝之南五官配食於下七日乃去樂又徧祈社稷山林川澤就故地處大雩國南除地爲墠舞童六十四人祈百辟卿士於雩壇之左除地爲墠舞童六十四人皆袨服爲八列各執羽翳每列歌雲漢詩一章而畢旱而祈

澍則報以太牢皆有司行事唯雩則不報若郡國縣旱請雨則五事同時並行一理寃獄失職二賑鰥寡孤獨三省徭役四進賢良五退貪邪守令皆潔齋三日乃祈社稷七日不雨更齋祈如初三變仍不雨復齋祈其界內山林川澤常興雲雨者祈而澍亦各有報陳氏亦因梁制祈而澍則報以少牢武帝時以德皇帝配文帝時以武帝配廢帝卽位以文帝配青帝牲用黃牯牛而以清酒四升洗其首其壇壝配饗歌舞皆如梁禮天子不親奉則太宰太常光祿行三獻禮其法皆採齊建武二年事也梁陳制諸祠官皆給除穢氣藥先齋一日服之以取清潔天監九年有事雩壇武帝以爲雨旣類陰而求之正陽其謬已甚東方旣非盛陽而爲生養之始則雩壇應在東方祈晴亦宜此地於是遂移於東郊十年帝又以雩祭燔柴以火祈水於理爲乖儀曹郎朱异議曰案周宣雲漢之詩毛注有瘞埋之文不見有燔柴之說若以五帝必柴今明堂又無其事於是停用柴從坎瘞典十一年帝曰四望之祀頃來遂絕宜更議復朱异議鄭衆云四望謂日月星海鄭玄云謂五岳四鎭四瀆尋二鄭之說互有不同竊以望

是不即之名凡厥遙祭皆有斯目豈容局於星漢拘於海瀆請命司天有關水旱之義爰有四海名山大川能興雲致雨一皆備祭帝從之又揚州主簿顧協又云禮仲夏大雩春秋龍見而雩則雩常祭也水旱且又禱之謂宜式備斯典太常博士亦從協議祠部郎明嚴鄉以爲祈報之祀已備郊禋汾華有時不必同揆帝從其議依舊不改大同五帝又築雩壇於藉田兆內有祈禜則齋官寄藉田省云

後齊以孟夏龍見而雩祭太微五精帝於夏郊之東爲圓壇廣四十五尺高九尺四面各一陛爲三壝外營相去深淺幷燎壇一如南郊於其上祈穀實以顯宗文宣帝配青帝在甲寅之地赤帝在景巳之地黃帝在己未之地白帝在庚申之地黑帝在壬亥之地面皆內向藉以藁秸配帝在青帝之南小退藉以莞席牲以騂其儀同南郊又祈禱者有九焉一曰雩二曰南郊三曰堯廟四曰孔顏廟五曰社稷六曰五岳七曰四瀆八曰滏口九曰豹祠水旱癘疫皆有事焉無牲皆以酒脯棗栗之饌若建午建未建申之月不雨則使三公祈五帝於雩

壇禮用玉幣有燎不設金石之樂選伎工端潔善謳詠者使歌雲漢詩於壇南自餘同正雩南郊則使三公祈五天帝於郊壇有燎座位如雩五人帝各在天帝之左其儀如郊禮堯廟則遣使祈於平陽孔顏廟則遣使祈於國學如堯廟社稷如正祭五岳遣使祈於岳所四瀆如祈五岳淦口如祈堯廟豹祠如祈淦口

隋雩壇國南十三里啓夏門外道左高一丈周百二十尺孟夏之月龍星見則雩五方上帝配以五人帝於上以太祖武元帝配饗五官從配於下牲用犢十各依方色京師孟夏後旱則祈雨理寃獄失職存鰥寡孤獨賑困乏掩骼埋胔省徭役進賢良舉直言退佞諂黜貪殘命有司會男女恤怨曠七日乃祈岳鎮海瀆及諸山川能興雲雨者又七日乃祈社稷及古來百辟卿士有益於人者又七日乃祈宗廟及古帝王有神祠者又七日乃脩雩祈神州又七日仍不雨復從岳瀆已下祈如初典秋分已後不雩但禱而已皆用酒脯初請後二旬不雨者即徙市禁屠皇帝御素服避正殿減膳撤樂或露坐聽政百官斷傘扇令

人家造土龍雨澍則命有司報州郡尉祈雨則理冤獄存鰥寡孤獨掩骼埋胔潔齋祈於社七日乃祈界內山川能興雨者徙市斷屠如京師祈而澍亦各有報霖雨則禜京城諸門三禜不止則祈山川岳鎮海瀆社稷又不止則祈宗廟神州報以太牢州郡縣苦雨亦各禜其城門不止則祈界內山川及祈報用羊豕

禮天子每以四立之日及季夏乘玉輅建大旂服大裘各於其方之近郊爲兆迎其帝而祭之所謂燔柴於泰壇掃地而祭者也春迎靈威仰者三春之始萬物稟之而生莫不仰其靈德服而畏之也夏迎赤熛怒者火色熛怒其靈炎至明盛也秋迎白招拒者招集拒大也言秋時集成萬物其功大也冬迎叶光紀者叶拾光華紀法也言冬時收拾光華之色伏而藏之皆有法也中迎含樞紐者含容也樞機有闔闢之義紐者結也言土德之帝能含容萬物開闔有時紐結有法也然此五帝之號皆以其德而名焉梁陳後齊後周及隋制度相循皆以其時之日各於其郊迎而以太皞之屬五人帝配祭並以五官三辰七宿於

其方從祀焉
梁制迎氣以始祖配牲用特牛一其儀同南郊天監七年尙書左丞司馬筠等
議以昆蟲未蟄不以火田鳩化爲鷹罻羅方設仲春之月祀不用牲止珪璧皮
幣斯又事神之道可以不殺明矣況今祀天豈容尙此請夏初迎氣祭不用牲
帝從之八年明山賓議曰周官祀昊天以大裘祀五帝亦如之頃代郊祀之服
皆用袞冕是以前奏迎氣祀五帝亦服袞冕愚謂迎氣祀五帝亦宜用大裘禮
俱一獻帝從之陳迎氣之法皆因梁制
後齊五郊迎氣爲壇各於四郊又爲黃壇於未地所祀天帝及配帝五官之神
同梁其玉帛牲各以其方色其儀與南郊同帝及后各以夕牲日之旦太尉陳
幣告請其廟以就配焉其從祀之官位皆南陛之東西向壇上設饌畢太宰丞
設饌於其座亞獻畢太常少卿乃於其所獻事畢皆撤又云立春前五日於州
大門外之東造青土牛兩頭耕夫犂具立春有司迎春於東郊登青幡於青牛
之傍焉

後周五郊壇其崇及去國如其行之數其廣皆四丈其方俱百二十步內壝皆半之祭配皆同後齊星辰七宿岳鎮海瀆山林川澤丘陵墳衍亦各於其方配郊而祀之其星辰爲壇崇五尺方二丈岳鎮爲埳方二丈深二尺山林已下亦爲埳壇崇三尺埳深一尺俱方一丈其儀頗同南郊冢宰亞獻宗伯終獻禮畢

隋五時迎氣青郊爲壇國東春明門外道北去宮八里高八尺赤郊爲壇國南明德門外道西去宮十三里高七尺黃郊爲壇國南安化門外道西去宮十二里高七尺白郊爲壇國西開遠門外道南去宮八里高九尺黑郊爲壇宮北十一里丑地高六尺並廣四丈各以四方立日黃郊以季夏土王日祀其方之帝各配以人帝以太祖武元帝配五官及星三辰七宿亦各依其方從祀其牲依方色各用犢二星辰加羊豕各一其儀同南郊其岳瀆鎮海各依五時迎氣日遣使就其所祭之以太牢

晉江左以來乃至宋齊相承始受命之主皆立六廟虛太祖之位宋武初爲宋王立廟於彭城但祭高祖已下四世中興二年梁武初爲梁公曹文思議天子

受命之日便祭七廟諸侯始封卽祭五廟祠部郞謝廣等並駮之遂不施用乃建臺於東城立四親廟幷妃郗氏而爲五廟告祠之禮並用太牢其年四月卽皇帝位謝廣又議以爲初祭是四時常祭首月既不可移易宜依前剋日於東廟致齋帝從之遂於東城時祭訖遷神主於太廟始自皇祖太中府君皇祖淮陰府君皇高祖濟陰府君皇曾祖中從事史府君皇祖特進府君幷皇考以爲三昭三穆凡六廟追尊皇考爲文皇帝皇妣爲德皇后廟號太祖皇祖特進以上皆不追尊擬祖遷於上而太祖之廟不毀與六親廟爲七皆同一堂共庭而別室春祀夏礿秋嘗冬烝幷臘一歲凡五謂之時祭三年一禘五年一祫謂之殷祭禘以夏祫以冬皆以功臣配其儀頗同南郊又有小廟太祖太夫人廟也非嫡故別立廟皇帝每祭太廟訖乃詣小廟亦以一太牢如太廟禮天監三年尙書左丞何佟之議曰禘於首夏物皆未成故爲小祫於秋冬萬物皆成其禮尤大司勳列功臣有六皆祭於大烝知祫尤大乃及之也近代禘祫並不及功臣有乖典制宜改詔從之自是祫祭乃及功臣是歲都令史王景之列自江左

以來郊廟祭祀帝已入齋百姓尚哭以爲乖禮佟之等奏案禮國門在皐門外
今之籬門是也今古殊制若禁凶服不得入籬門爲太遠宜以六門爲斷詔曰
六門之內士庶甚多四時烝嘗俱斷其哭若有死者棺器須來既許其大而不
許其細也到齋日宜去廟二百步斷哭四年何佟之議案禮未祭一日大宗伯
省牲鑊祭日之晨君親牽牲麗碑後代有冒暗之防而人主猶必親奉故有夕
牲之禮頃代人君不復躬牽相承丹陽尹牽牲於古無取宜依以未祭一日之
暮太常省牲視鑊祭日之晨使太尉牽牲出入也少牢饋食殺牲於廟門外今
儀注詣廚烹牲謂宜依舊帝可其奏佟之又曰鄭玄云天子諸侯之祭禮先有
祼尸之事乃迎牲今儀注乃至薦熟畢太祝方執珪瓚祼地違謬若斯又近代
人君不復躬行祼禮太尉既攝位實宜親執其事而越使卑賤太祝甚乖舊典
愚謂祭日之辰宜使太尉先行祼獻乃後迎牲帝曰祼尸本使神有所附今既
無尸祼將安設佟之曰如馬鄭之意祼雖獻尸而義在求神今雖無尸求神之
義恐不可闕帝曰此本因尸以祀神今若無尸則宜立寄求之所祼義乃定佟

之曰祭統云獻之屬莫重於祼今既存尸卒食之獻則祼鬯之求實不可闕又送神更祼經紀無文宜依禮革奏未報而佟之卒後明山賓復申其理帝曰佟之既不復存宜從其議也自是始使太尉代太祝行祼而又牽牲太常任昉又以未明九刻呈牲又加太尉祼酒三刻施饌間中五刻行儀不辦近者臨祭從事實以二更至未明三刻方辦明山賓議謂九刻已疑太早況二更非復祭旦帝曰夜半子時卽是晨始宜取三更省牲餘依儀注又有司以爲三牲或離杙依制埋瘞猪羊死則不埋請議其制司馬褧等議以爲牲死則埋必在滌矣謂三牲在滌死悉宜埋帝從之五年明山賓議樽彝之制祭圖唯有三樽一曰象樽周樽也二曰山罍夏樽也三曰著樽殷樽也徒有彝名竟無其器直酌象樽之酒以爲珪瓚之實竊尋祼重於獻不容共樽宜循彝器以備大典案禮器有六彝春祠夏礿祼用雞彝鳥彝王以珪瓚初祼后以璋瓚亞祼故春夏兩祭俱用二彝今古禮殊無復亞祼止循其二春夏雞彝秋冬牛彝庶禮物備也帝曰雞是金禽亦主巽位但金火相伏用之通夏於義爲疑山賓曰臣愚管不奉明

詔則終年乖舛案鳥彝是南方之物則主火位木生於火宜以鳥彝春夏兼用
帝從之七年舍人周捨以爲禮玉輅以祀金輅以賓則祭日應乘玉輅詔下其
議左丞孔休源議玉輅既有明文而儀注金輅當由宋齊乖謬宜依捨議帝從
之又禮官司馬筠議自今大事遍告七廟小事止告一室於是議以封禪南北
郊祀明堂巡省四方御臨戎出征皇太子加元服寇賊平蕩築宮立闕纂戎戒
嚴解嚴合十一條則遍告七廟講武脩宗廟明堂臨軒封拜公王四夷款化貢
方物諸公王以愆削封及詔封王紹襲合六條則告一室帝從之九年詔簠簋
之實以藉田黑黍十二年詔曰祭祀用洗匜中水盥仍又滌爵爵以禮神宜窮
精潔而一器之內雜用洗手外可詳議於是御及三公應盥及洗爵各用一匜
十六年四月詔曰夫神無常饗饗于克誠所以西鄰礿祭實受其福宗廟祭祀
猶有牲牢無益至誠有累冥道自今四時烝嘗外可量代八座議以大脯代一
元大武八座又奏既停宰殺無復省牲之事請立省饌儀其衆官陪列並同省
牲帝從之十月詔曰今雖無復牲腥猶有脯脩之類卽之幽明義爲未盡可更

詳定悉薦時蔬左丞司馬筠等參議大餅代大脯餘悉用蔬菜帝從之又舍人朱异議二廟祀相承止有一鉶羹蓋祭祀之禮應有兩羹相承止於一鉶即禮爲乖請加熬油蓴羹一鉶帝從之於是起至敬殿景陽臺立七廟座月中再設淨饌自是訖於臺城破諸廟遂不血食普通七年祔皇太子所生丁貴嬪神主於小廟其儀未祔前先脩埳室改塗其日有司行掃除開埳室奉皇考太夫人神主於坐奠制幣訖衆官入自東門位定祝告訖撤幣埋於兩楹間有司遷太夫人神主於上又奉穆貴嬪神主於下陳祭器如時祭儀禮畢納神主閉於埳室陳制立七廟一歲五祠謂春夏秋冬臘也每祭共以一太牢始祖以三牲首餘唯骨體而已五歲再殷殷大祫而合祭也初文帝入嗣而皇考始興昭烈王廟在始興國謂之東廟天嘉四年徙東廟神主祔于梁之小廟改曰國廟祭用天子儀

後齊文襄嗣位猶爲魏臣置王高祖秦州使君王曾祖太尉武貞公王祖太師文穆公王考相國獻武王凡四廟文皇帝受禪置六廟曰皇祖司空公廟皇祖

吏部尚書廟皇祖秦州使君廟皇祖文穆皇帝廟太祖獻武皇帝廟世宗文襄皇帝廟爲六廟獻武已下不毀已上則遞毀並同廟而別室既而遷神主於太廟文襄文宣並太祖之子文宣初疑其昭穆之次欲別立廟衆議不同至二年秋始祔太廟春祠夏礿秋嘗冬烝皆以孟月幷臘凡五祭禘祫如梁之制每祭室一太牢始以皇后預祭河清定令四時祭廟禘祭及元日廟庭並設庭燎二所

王及五等開國執事官散官從三品已上皆祀而世五等散品及執事官散官正三品已下從五品已上祭三世三品已上牲用一太牢五品已下少牢執事官正六品已下從七品已上祭二世用特牲正八品已下達於庶人祭於寢牲用特豘或亦祭祖禰諸廟悉依其宅堂之制其間數各依廟多少爲限其牲皆子孫見官之牲後周之制思復古之道乃右宗廟而左社稷置太祖之廟幷高祖已下二昭二穆凡五親盡則遷其有德者謂之祧廟亦不毀閔帝受禪追尊皇祖爲德皇帝文王爲文皇帝廟號太祖擬已上三廟遞遷至太祖不毀其下

相承置二昭二穆爲五焉明帝崩廟號世宗武帝崩廟號高祖並爲祧廟而不毀其時祭各於其廟祫禘則於太祖廟亦以皇后預祭其儀與後齊同所異者皇后亞獻訖后又薦加豆之籩其實菱芡芹菹兎醢冢宰終獻訖皇后親撤豆降還板位然後太祝撤焉

高祖既受命遣兼太保宇文善兼太尉李詢奉策詣同州告皇考桓王廟兼用女巫同家人之禮上皇考桓王尊號爲武元皇帝皇妣尊號爲元明皇后奉迎神主歸于京師犧牲尚赤祭用日出是時帝崇建社廟改周制左宗廟而右社稷宗廟未言始祖又無受命之祧自高祖已下置四親廟同殿異室而已一曰皇高祖太原府君廟二曰皇曾祖康王廟三曰皇祖獻王廟四曰皇考太祖武元皇帝廟擬祖遷於上而太祖之廟不毀各以孟月饗以太牢四時薦新於太廟有司行事而不出神主祔祭之禮並準時饗其司命戶以春竈以夏門以秋行以冬各於享廟日中霤則以季夏祀黃郊日各命有司祭於廟西門道南牲以少牢三年一祫以孟冬遷主未遷主合食於太祖之廟五年一禘以孟夏其

遷主各食於所遷之廟未遷之主各於其廟禘祫之月則停時饗而陳諸瑞物及伐國所獲珍奇於廟庭及以功臣配饗幷以其日使祀先代王公帝堯於平陽以契配帝舜於河東咎繇配夏禹於安邑伯益配殷湯於汾陰伊尹配文王武王於灃渭之郊周公召公配漢高帝於長陵蕭何配各以一太牢而無樂配者饗於廟庭大業元年煬帝欲遵周法營立七廟詔有司詳定其禮禮部侍郎攝太常少卿許善心與博士褚亮等議曰謹案禮記天子七廟三昭三穆與太祖之廟而七鄭玄注曰此周制也七者太祖及文王武王之祧與親廟四也殷則六廟契及湯與二昭二穆也夏則五廟無太祖禹與二昭二穆而已玄又據王者禘其祖之所自出而立四廟案鄭玄義天子唯立四親廟幷始祖而爲五周以文武爲受命之祖特立二祧是爲七廟王肅注禮記尊者尊統上卑者尊統下故天子七廟諸侯五廟其有殊功異德非太祖而不毀不在七廟之數案王肅以爲天子七廟是通百代之言又據王制之文天子七廟諸侯五廟大夫三廟降二爲差是則天子立四親廟又立高祖之父高祖之祖幷太祖而爲七

周有文武姜嫄合爲十廟漢諸帝之廟各立無迭毀之義至元帝時貢禹匡衡之徒始建其禮以高帝爲太祖而立四親廟是爲五廟唯劉歆以爲天子七廟諸侯五廟降殺以兩之義七者其正法可常數也宗不在數內有功德則宗之不可預毀爲數也是以班固稱考論諸儒之義劉歆博而篤矣光武即位建高廟於雒陽乃立南頓君以上四廟就祖宗而爲七至魏初高堂隆爲鄭學議立親廟四太祖武帝猶在四親之內乃虛置太祖及二祧以待後代至景初間乃依王肅更立五世六世祖就四親而爲六廟晉武受禪博議宗祀自文帝以上六世祖征西府君而宣帝亦序於昭穆未升太祖故祭止六也江左中興賀循知禮至於寢廟之儀皆依魏晉舊事宋武帝初受晉命爲王依諸侯立親廟四即位之後增嗣五世祖相國掾府君六世祖右北平府君止於六廟逮身歿主升從昭穆猶太祖之位也降及齊梁守而弗革加崇迭毀禮無違舊臣等又案姬周自太祖已下皆別立廟至於禘祫俱合食於太祖是以炎漢之初諸廟各立歲時嘗享亦隨處而祭所用廟樂皆象功德而歌儛焉至光武乃總立一堂

而羣主異室斯則新承寇亂欲從約省自此以來因循不變伏惟高祖文皇帝睿哲玄覽神武應期受命開基垂統聖嗣當文明之運定祖宗之禮且損益不同沿襲異趣時王所制可以垂法自歷代以來雜用王鄭二義若尋其指歸校以優劣康成止論周代非謂經通子雍總貫皇王事兼長遠今請依據古典崇建七廟受命之祖宜別立廟祧百代之後爲不毀之法至於鑾駕親奉申孝享於高廟有司行事竭誠敬於羣主俾夫規模可則嚴祀易遵表有功而彰明德大復古而貴能變臣又案周人立廟亦無處置之文據冢人處職而言之先王居中以昭穆爲左右阮忱撰禮圖亦從此議漢京諸廟既遠又不序禘祫今若依周制理有未安雜用漢儀事難全採謹詳立別圖附之議末其圖太祖高祖各一殿準周文武二祧與始祖而三餘並分室而祭始祖及二祧之外從迭毀之法詔可未及創制既營建洛邑帝無心京師乃於東都固本里北起天經宮以遊高祖衣冠四時致祭於三年有司奏請準前議於東京建立宗廟帝謂祕書監柳𧦬曰今始祖及二祧已具今後子孫處朕何所又下詔唯議別立高祖

之廟屬有行役遂復停寢

自古帝王之興皆稟五精之氣每易姓而起以致太平必封乎太山所以告成功也封訖而禪乎梁甫梁甫者太山之支山卑下者也能以其道配成高德故禪乎梁甫亦以告太平也封禪者高厚之謂也天以高爲尊地以厚爲德增太山之高以報天也厚梁甫之基以報地也明天之所命功成事就有益於天地若天地之更高厚云記曰王者因天事天因地事地因名山升中于天而鳳凰降龜龍格齊桓公既霸而欲封禪管仲言之詳矣秦始皇既黜儒生而封太山禪梁甫其封事皆祕之不可得而傳也漢武帝頗探方士之言造爲玉牒而編以金繩封廣九尺高一丈二尺光武中興聿遵其故晉宋齊梁及陳皆未遑其議後齊有巡狩之禮幷登封之儀竟不之行也開皇十四年羣臣請封禪高祖不納晉王廣又率百官抗表固請帝命有司草儀注於是牛弘辛彥之許善心姚察虞世基等創定其禮奏之帝逡巡其事曰此事體大朕何德以堪之但當東狩因拜岱山耳十五年春行幸兗州遂次岱岳爲壇如南郊又壝外爲柴壇

飭神廟展宮懸於庭爲埋埳二於南門外又陳樂設位於青帝壇如南郊帝服
袞冕乘金輅備法駕而行禮畢遂詣青帝壇而祭焉
開皇十四年閏十月詔東鎭沂山南鎭會稽山北鎭醫無閭山冀州鎭霍山並
就山立祠東海於會稽縣界南海於南海鎭南並近海立祠及四瀆吳山並取
側近巫一人主知灑掃並命多蒔松柏其霍山雩祀日遣使就焉十六年正月
又詔北鎭於營州龍山立祠東鎭晉州霍山鎭若脩造並準西鎭吳山造神廟
大業中煬帝因幸晉陽遂祭恆岳其禮頗採高祖拜岱宗儀增置二壇命道士
女官數十人於壝中設醮十年幸東都過祀華岳築場於廟側事乃不經蓋非
有司之定禮也
禮天子以春分朝日於東郊秋分夕月於西郊漢法不俟二分於東西郊常以
郊泰時旦出竹宮東向揖日其夕西向揖月魏文譏其煩褻似家人之事而以
正月朝日於東門之外前史又以爲非時及明帝泰和元年二月丁亥朝日於
東郊八月己丑夕月於西郊始合於古後周以春分朝日於國東門外爲壇如

其郊用特牲青幣青圭有邸皇帝乘青輅及祀官俱青冕執事者青弁司徒亞獻宗伯終獻燔燎如圓丘秋分夕月於國西門外爲壇於坎中方四丈深四尺燔燎禮如朝日

開皇初於國東春明門外爲壇如其郊每以春分朝日又於國西開遠門外爲坎深三尺廣四丈爲壇於坎中高一尺廣四尺每以秋分夕月牲幣與周同

凡人非土不生非穀不食土穀不可偏祭故立社稷以主祀古先聖王法施於人則祀之故以勾龍主社周棄主稷而配焉歲凡再祭蓋春求而秋報列於中門之外外門之內尊而親之與先祖同也然而古今旣殊禮亦異制故左社稷而右宗廟者得質之道也右社稷而左宗廟者文之道也梁社稷在太廟西其初蓋晉元帝建武元年所創有太社帝社太稷凡三壇門墻並隨其方色每以仲春仲秋幷令郡國縣祠社稷先農縣又兼祀靈星風伯雨師之屬及臘又各祠社稷於壇百姓則二十五家爲一社其舊社及人稀者不限其家春秋祠水旱禱祈祠具隨其豐約其郡國有五岳者置宰祝三人及有四瀆若海應祠者

皆以孟春仲冬祠之舊太社廩犧吏牽牲司農省牲太祝吏贊牲天監四年明

山賓議以爲案郊廟省牲日則廩犧令牽牲太祝令讚牲祭之日則太尉牽牲

郊特牲云社者神地之道國主社稷義實爲重今公卿貴臣親執盛禮而令微

吏牽牲頗爲輕末且司農省牲又非其義太常禮官實當斯職禮祭社稷無親

事牽之文謂宜以太常省牲廩犧令牽牲太祝令讚牲帝唯以太祝讚牲爲疑

又以司農省牲於理似傷犧吏執紖卽事成卑議以太常丞牽牲餘依明議於

是遂定至大同初又加官社官稷并前爲五壇焉

陳制皆依梁舊而帝社以三牲首餘以骨體薦粢盛爲六飯粳以敦稻以牟黃

粱以簠白粱以簋黍以瑚粢以璉又令太中署常以二月八日於署庭中以太

牢祠老人星兼祠天皇大帝太一日月五星鉤陳北極北斗三台二十八宿大

人星子孫星都四十六坐凡應預祠享之官亦太醫給除穢氣散藥先齋一日

服之以自潔其儀本之齊制

後齊立太社帝社太稷三壇於國方每仲春仲秋月之元辰及臘各以一太牢

祭焉皇帝親祭則司農卿省牲進熟司空亞獻司農終獻後周社稷皇帝親祀則冢宰亞獻宗伯終獻

開皇初社稷並列於含光門內之右仲春仲秋吉戊各以一太牢祭焉牲色用黑孟冬下亥又臘祭之州郡縣二仲月並以少牢祭百姓亦各爲社又於國城東南七里延興門外爲靈星壇立秋後辰令有司祠以一少牢古典有天子東耕儀江左未暇至宋始有其典梁初籍田依宋齊以正月用事不齋不祭天監十二年武帝以爲啓蟄而耕則在二月節內書云以殷仲春籍田理在建卯於是改用二月又國語云王卽齋宮與百官御事並齋三日乃有沐浴祼饗之事前代嘗以耕而不祭故闕此禮國語又云稷臨之太史讚之則知耕籍應有先農神座兼有讚述耕旨今籍田應散齋七日致齋三日兼於耕所設先農神座陳薦羞之禮讚辭如社稷法又曰齊代舊事籍田使御史乘馬車載耒耜於五輅後禮云親載耒耜措於參保介之御間則置所乘輅上若以今輅與古不同則宜升之次輅以明愼重而遠在餘處於義爲乖且御史掌視尤爲輕省今宜

以侍中奉耒耜載於象輅以隨木輅之後普通二年又於籍田於建康北岸築兆域大小列種梨柏便殿及齋官省如南北郊別有望耕臺在壇東帝親耕畢登此臺以觀公卿之推伐又有祈年殿云

北齊籍於帝城東南千畝內種赤粱白穀大豆赤黍小豆黑穄麻子小麥色別一頃自餘一頃地中通阡陌作祠壇於陌南阡西廣輪三十六尺高九尺四陛三壝四門又爲大營於外又設御耕壇於阡東陌北每歲正月上辛後吉亥使公卿以一太牢祠先農神農氏於壇上無配饗祭訖親耕先祠司農進穜稑之種六宮主之行事之官并齋設齋省於壇所列宮懸又置先農坐於壇上衆官朝服司空一獻不燎祠訖皇帝乃服通天冠青紗袍黑介幘佩蒼玉黃綬青帶袜舄備法駕乘木輅耕官具朝服從殿中監進御耒於壇南百官定列帝出便殿升耕壇南陛即御座應耕者各進於列帝降自南陛至耕位釋劍執耒三推三反升壇即坐耕官一品五推五反二品七推七反三品九推九反籍田令帥其屬以牛耕終千畝以青箱奉穜稑種跪呈司農詣耕所灑之櫌訖司農省功

奏事畢皇帝降之便殿更衣饗宴禮畢班賚而還
隋制於國南十四里啓夏門外置地千畝爲壇孟春吉亥祭先農於其上以后稷配牲用一太牢皇帝服袞冕備法駕乘金根車禮三獻訖因耕司農授耒皇帝三推訖執事者以授應耕者各以班五推九推而司徒帥其屬終千畝播殖九穀納於神倉以擬粢盛穰稾以餉犧牲云
周禮王后蠶於北郊而漢法皇后蠶於東郊魏遵周禮蠶於北郊吳韋昭制西蠶頌則孫氏亦有其禮矣晉太康六年武帝楊皇后蠶於西郊依漢故事江左至宋孝武大明四年始於臺城西白石里爲西蠶設兆域置大殿七間又立蠶觀自是有其禮
後齊爲蠶坊於京城北之西去皇宮十八里之外方千步蠶宮方九十步牆高一丈五尺被以棘其中起蠶室二十七口別殿一區置蠶宮令丞佐史皆宦者爲之路西置皇后蠶壇高四丈方二丈四出階廣八尺置先蠶壇於桑壇東南大路東橫路之南壇高五尺方二丈四出階廣五尺外兆方四十步面開一門

有綠襘襦褠衣黃履以供蠶母每歲季春穀雨後吉日使公卿以一太牢祀先
蠶黃帝軒轅氏於壇上無配如祀先農禮訖皇后因親桑於桑壇備法駕服鞠
衣乘重翟帥六宮升桑壇東陛卽御座女尚書執筐女主衣執鉤立壇下皇后
降自東陛執筐者處右執鉤者居左蠶母在後乃躬桑三條訖升壇卽御座內
命婦以次就桑鞠衣五條展衣七條褖衣九條以授蠶母還蠶室初授世婦灑
一簿領預桑者並復本位后乃降壇還便殿改服設勞酒班賚而還
後周制皇后乘翠輅率三妃三𡚱御媛御婉三公夫人三孤內子至蠶所以一
太牢親祭進奠先蠶西陵氏神禮畢降壇昭化嬪亞獻淑嬪終獻因以公桑焉
隋制於宮北三里爲壇高四尺季春上巳皇后服鞠衣乘重翟率三夫人九嬪
內外命婦以一太牢制幣祭先蠶於壇上用一獻禮祭訖就桑位於壇南東面
尚功進金鉤典制奉筐皇后採三條反鉤命婦各依班採五條九條而止世婦
亦有蠶母受公桑灑訖還依位皇后乃還宮自後齊後周及隋其典大抵多依
晉議然亦時有損益矣

禮仲春以玄鳥至之日用太牢祀於高禖漢武帝年二十九乃得太子甚喜爲
立禖祠於城南祀以特牲因有其祀晉惠帝元康六年禖壇石中破爲二詔問
石毀今應復不博士議禮無高禖置石之文未知造設所由既已毀破可無改
造更下西府博議而賊曹屬束晳議以石在壇上蓋主道也祭器弊則埋而置
新今宜埋而更造不宜遂廢時此議不用後得高堂隆故事魏青龍中造立此
石詔更鐫石令如舊制高禖壇上埋破石入地一丈案梁太廟北門內道西有
石文如竹葉小屋覆之宋元嘉中脩廟所得陸澄以爲孝武時郊禖之石然則
江左亦有此禮矣
後齊高禖爲壇於南郊傍廣輪二十六尺高九尺四陛三壝每歲春分玄鳥至
之日皇帝親帥六宮祀青帝於壇以太昊配而祀高禖之神以祈子其儀青帝
北方南向配帝東方西向禖神壇下東陛之南西向禮用青珪束帛牲共以一
太牢祀日皇帝服袞冕乘玉輅皇后服褘衣乘重翟皇帝初獻降自東陛皇后
亞獻降自西陛並詣便坐夫人終獻上嬪獻於禖神訖帝及后並詣欑位乃送

神皇帝皇后及羣官皆拜乃撤就燎禮畢而還
隋制亦以玄鳥至之日祀高禖於南郊壇牲用太牢一舊禮祀司中司命風師
雨師之法皆隨其類而祭之兆風師於西方者就秋風之勁而不從箕星之位
兆司中司命於南郊以天神是陽故兆於南郊也兆雨師於北郊者就水位在
北也
隋制於國城西北十里亥地爲司中司命司祿三壇同壝祀以立冬後亥國城
東北七里通化門外爲風師壇祀以立春後五國城西南八里金光門外爲雨
師壇祀以立夏後申壇皆三尺牲以一少牢
昔伊耆氏始爲蜡蜡者索也古之君子使人必報之故周法以歲十二月合聚
萬物而索饗之仁之至義之盡也其祭法四方各自祭之若不成之方則闕而
不祭後周亦存其典常以十一月祭神農氏伊耆氏后稷氏田畯鱗羽臝毛介
水墉坊郵表畷獸猫之神於五郊五方上帝地祇五星列宿蒼龍朱雀白獸玄
武五人帝五官之神岳鎮海瀆山林川澤丘陵墳衍原隰各分其方合祭之日

月五方皆祭之上帝地祇神農伊耆人帝於壇上南郊則以神農旣蜡無其祀三辰七宿則爲小壇於其側岳鎮海瀆山林川澤丘陵墳衍原隰則各爲坎餘則於平地皇帝初獻上帝地祇神農伊耆及人帝冢宰亞獻宗伯終獻上大夫獻三辰五官后稷田畯岳鎮海瀆中大夫獻七宿山林川澤已下自天帝人帝田畯羽毛之類牲幣玉帛皆從燎地祇郵表畷之類皆從埋祭畢皇帝如南郊便殿致齋明日乃蜡祭於南郊如東郊儀祭訖又如黃郊便殿致齋明日乃祭祭訖又如西郊便殿明日乃祭祭訖又如北郊便殿明日蜡祭訖還宮

隋初因周制定令亦以孟冬下亥蜡百神臘宗廟祭社稷其方不熟則闕其方之蜡焉又以仲冬祭名源川澤於北郊用一太牢祭井於社宮用一少牢季冬藏冰仲春開冰並用黑牡秬黍於冰室祭司寒神開冰加以桃弧棘矢開皇四年十一月詔曰古稱臘者接也取新故交接前周歲首今之仲冬建冬之月稱䄍可也後周用夏后之時行姬氏之䄍考諸先代於義有違其十月行䄍者停可以十二月爲臘於是始革前制

後齊正月晦日中書舍人奏祓除年暮上臺東宮奏擇吉日詣殿堂貴臣與師
行事所須皆移尙書省備設云後　主末年祭非其鬼至於躬自鼓儛以事胡天
鄴中遂多淫祀茲風至今不絕後周欲招來西域又有拜胡天制皇帝親焉其
儀並從夷俗淫僻不可紀也

隋書卷七

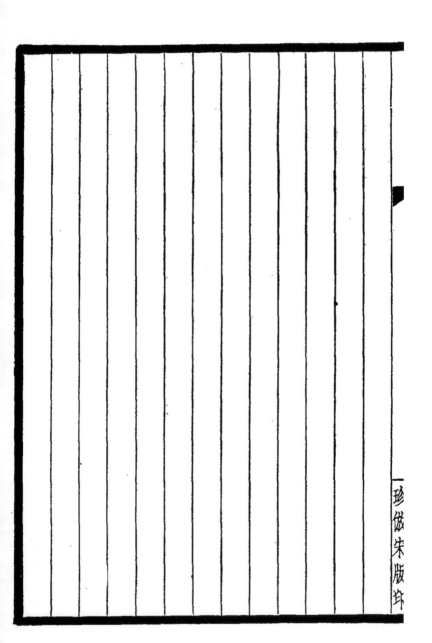

隋書卷七考證

禮儀志二拜妃郗氏而爲五廟○監本郗訛郄各本同 臣映斗 按梁書高祖皇后郗氏齊建武中殂高祖進位梁公詔贈后爲梁公妃又姓譜郗音希郗鑒郗超之姓從郗郄當作郤郤訛之姓從郤坊本多訛

丹陽尹○一本陽作楊一本訛杜按史記楚世家與秦戰丹陽索隱此丹陽在漢中唐元和志周成王封熊繹于荆丹陽之地後移枝江亦曰丹陽前漢地理志丹陽郡注故鄣郡武帝更名屬有丹陽縣後漢郡國志丹陽郡屬有丹陽城晉書地理志丹陽郡統縣十一有丹楊注丹楊山多赤柳在西也隋書地理志丹陽郡注自東晉已後置郡曰揚州平陳詔並平蕩耕墾更於石頭城置蔣州統江寧當塗溧水三縣江寧注又云梁置丹陽郡及南丹陽郡陳省南丹陽郡平陳又廢丹陽郡以秣陵建康同夏三縣入焉大業初置丹陽郡有蔣山唐書地理志潤州丹陽郡武德三年以江都郡之延陵縣地置取潤浦爲州名有丹陽縣注本曲阿地 臣映斗 按楚之丹陽在漢中與枝江漢

之丹陽乃秦鄣郡東晉而後屢析更置沿革廣狹不同而名則一唯丹楊山

之楊作楊餘並當作陽有作楊與揚者並訛隋書各本互異前後不同故辯

之於此餘俱改正

隋書卷七考證

隋書卷八

唐太尉揚州都督監修國史上柱國趙國公臣長孫無忌等撰

志第三

禮儀三

陳永定三年七月武帝崩新除尚書左丞庾持稱晉宋以來皇帝大行儀注未祖一日告南郊太廟奏策奉謚梓宮將登轀輬侍中版奏已稱某謚皇帝遺奠出於陛階下方以此時乃讀哀策而前代策文猶云大行皇帝請明加詳正國子博士領步兵校尉知儀禮沈文阿等謂應劭風俗通前帝謚未定臣子稱大行以別嗣主近檢梁儀自梓宮將登轀輬版奏皆登某謚皇帝登轀輬伏尋今祖祭已奉策謚哀策既在庭遣祭不應猶稱大行且哀策篆書藏於玄宮謂依梁儀稱謚以傳無窮詔可之

天嘉元年八月癸亥尚書儀曹請今月晦皇太后服安吉君禫除儀注沈洙議謂至親朞斷加降故再朞而再周之喪斷二十五月但重服不可頓除故變之

以纖縞創巨不可便愈故稱之以祥禫禫者淡也所以漸祛其情至加父在爲
母出適後之子則屈降之以朞朞而除服無復衰麻緣情有本同之義許以心
制心制既無杖絰可除不容復改玄縿既是心憂則無所更淡其心也且禫杖
朞者十五月已有禫制今申其免懷之慼故斷以再周止二十五月而已所以
宋元嘉立義心喪以二十五月爲限大明中王皇后父喪又申明其制齊建元
中太子穆妃喪亦同用此禮唯王儉古今集記云心制終二十七月又爲王逡
所難何佟之儀注用二十五月而除案古循今宜以再周二十五月爲斷今皇
太后於安吉君心喪之期宜除於再周無復心禫之禮詔可之隋制諸岳崩瀆
竭天子素服避正寢撤膳三日遣使祭崩竭之山川牲用太牢
皇帝本服大功已上親及外祖父母皇后父母諸官正一品喪皇帝不視事三
日皇帝本服五服內親及嬪百官正二品已上喪並一舉哀太陽虧國忌日皇
帝本服小功緦麻親百官三品已上喪皇帝皆不視事一日
皇太后皇后爲本服五服內諸親及嬪一舉哀皇太子爲本服五服之內親及

東宮三師三少宮臣三品已上一舉哀

梁天監元年齊臨川獻王所生妾謝墓被發不至埏門蕭子晉傳重諮禮官何佟之佟之議以爲改葬服緦見柩不可無服故也此止侵壙土不及於椁可依新宮火處三日哭假而已帝以爲得禮二年何佟之議追服三年無禫尚書議並以佟之言爲得

又二年始興王嗣子喪博士管咺議使國長從服緦麻

四年掌凶禮嚴植之定儀注以亡月遇閏後年中祥疑所附月帝曰閏蓋餘分月節則各有所隸若節屬前月則宜以前月爲忌節屬後月則宜以後月爲忌祥逢閏則宜取遠日

又四年安成國刺稱廟新建欲剋今日遷立所生吳太妃神主國王既有妃喪欲使臣下代祭明山賓議以爲不可宜待王妃服竟親奉盛禮

五年貴嬪母車喪議者疑其儀明山賓以爲貴嬪既居母憂皇太子出貴嬪別第一舉哀以申聖情庶不乖禮帝從之

又五年祠部郎司馬褧牒貴嬪母車亡應有服制謂宜唯公子爲母麻衣之制既葬而除帝從之
六年申明葬制凡墓不得造石人獸碑唯聽作石柱記名位而已
七年安成王慈太妃喪周捨牒使安成始興諸王以成服日一日爲位受弔帝曰喪無二主二王既在遠嗣子宜祭攝事周捨牒嗣子著細布衣絹領帶單衣用十五升葛凡有事及歲時節朔望並於靈所朝夕哭三年不聽樂
十四年舍人朱异議禮年雖未及成人已有爵命者則不爲殤封陽侯年雖中殤已有拜封不應殤服帝可之於是諸王服封陽侯依成人之服
大同六年皇太子啓謹案下殤之小功不行婚冠嫁三嘉之禮則降服之大功理不得有三嘉今行三嘉之禮竊有小疑帝曰禮云大功之末可以冠子父小功之末可以冠子嫁子娶婦己雖小功既卒哭可以冠娶妻下殤之小功則不可晉代蔡謨謝沈丁纂馮懷等遂云降服大功可以嫁女宋代裴松之何承天又云女有大功之服亦得出嫁范堅荀伯子等雖復率意致難亦未能折太始

六年虞龢立議大功之末乃可娶婦于時博詢咸同龢議齊永明十一年有大司馬長子之喪武帝子女同服大功左丞顧杲之議云大功之末非直皇女嬪降無疑皇子娉納亦在非疑凡此諸議皆是公背正文務爲通耳徐爰王文憲並云朞服降爲大功皆不可以婚嫁於義乃爲不乖而又不釋其意天監十年信安公主當出適而有臨川長子大功之慘具論此義粗已詳悉太子今又啓審大功之末及下殤之小功行婚冠嫁三吉之事案禮所言下殤小功本是期服故不得有三吉之禮況本服是期降爲大功理當不可人間行者是用鄭玄逆降之義雜記云大功之末可以冠子嫁子此謂本服大功子則小功踰月以後於情差輕所以許有冠嫁此則小功之末通得取婦前所云大功之末可以冠子嫁子此是簡出大功之身不得取婦故有小功之末可以冠子嫁子非直子得冠嫁亦得取婦故有出沒婚禮國之大典宜有畫一今宗室及外戚不得復輒有干啓禮官不得輒爲曲議可依此以爲法

後齊定令親王公主太妃妃及從三品已上喪者借白鼓一面喪畢進輸王郡

公主太妃儀同三司已上及令僕皆聽立凶門柏歷三品已上及五等開國通
用方相四品已下達於庶人以魌頭旌則一品九旒二品三品七旒四品五品
五旒六品七品三旒八品已上達於庶人唯旐而已其建旐三品已上及開國
子男其長至軫四品五品至輪六品至于九品至較勳品達於庶人不過七尺
王元軌子欲改葬祖及祖母列上未知所服邢子才議曰禮改葬緦麻鄭玄注
臣爲君子爲父妻爲夫唯三人而已然嫡曾孫孫承重者曾祖父母祖父母改
葬既並三年之服皆應服緦而止言三人若非遺漏便是舉其略耳
開皇初高祖思定典禮太常卿牛弘奏曰聖教陵替國章殘缺漢晉爲法隨俗
因時未足經國庇人弘風施化且制禮作樂事歸元首江南王儉偏隅一臣私
撰儀注多違古法就廬非東階之位凶門豈設重之禮兩蕭累代舉國遵行後
魏及齊風牛本隔殊不尋究遙相師祖故山東之人浸以成俗西魏已降師旅
弗遑賓嘉之禮盡未詳定今休明啓運憲章伊始請據前經革茲俗弊詔曰可
弘因奏徵學者撰儀禮百卷悉用東齊儀注以爲準亦微採王儉禮修畢上之

詔遂班天下咸使遵用焉其喪紀上自王公下逮庶人著令皆爲定制無相差越正一品薨則鴻臚卿監護喪事司儀令示禮制二品已上則鴻臚丞監護司儀丞示禮制五品已上薨卒及三品已上有朞親已上喪並掌儀一人示禮制官人在職喪聽斂以朝服有封者斂以冕服未有官者白帢單衣婦人有官品者亦以其服斂棺內不得置金銀珠玉諸重一品懸隔六五品已上四五品已下二轜車三品已上油幰朱絲絡網施襈兩箱畫龍幰竿諸末垂六旒蘇七品已上油幰施襈兩箱畫雲氣垂四旒蘇八品已下達於庶人鼈甲車無幰襈旒蘇畫飾執紼一品五十人三品已上四十人四品三十人並布幘深衣三品已上四引四披六鐸六翣五品已上二引二披四鐸四翣九品已上二鐸二翣四品已上用方相七品已上用魌頭在京師葬者去城七里外三品已上立碑螭首龜趺趺上高不得過九尺七品已上立碣高四尺圭首方趺若隱淪道素孝義著聞者雖無爵奏聽立碣

三年及朞喪不數閏大功已下數之以閏月亡者祥及忌日皆以閏所附之月

爲正

凶服不入公門朞喪已下不解官者在外曹𦄍緣紗帽若重喪被起者皁絹下

帬帽若入宮殿及須朝見者冠服依百官例

齊衰心喪已上雖有奪情並終喪不弔不賀不預宴朞喪未練大功未葬不弔

不賀並終喪不預宴小功已下假滿依例居五服之喪受冊及之職儀衞依常

式唯鼓樂從而不作若以戎事不用此制自秦兼天下朝覲之禮遂廢及周封

蕭督爲梁王訖於隋恆稱藩國始有朝見之儀梁王之朝周入畿大冢宰命有

司致積其餼五牢米九十筥醯醢各三十五甕酒十八壺米禾各五十車薪芻

各百車既至大司空設九儐以致館梁王束帛乘馬設九介以待之禮成而出

明日王朝受享於廟既致享大冢宰又命公一人玄冕乘車陳九儐以束帛乘

馬致食于賓及賓之從各有差致食訖又命公一人弁服乘車執贄設九儐以

勞賓王設九介迎於門外明日朝服乘車還贄于公公皮弁迎於大門授贄受

贄並於堂之中楹又明日王朝服設九介乘車備儀衞以見于公事畢公致享

明日三孤一人又執贄勞於梁王明日王還贄又明日王見三孤如見三公明日卿一人又執贄勞王王見卿又如三孤於是三公三孤六卿又各餼賓並屬官之長爲使牢米束帛同三公

開皇四年正月梁主蕭巋朝于京師次於郊外詔廣平王楊雄吏部尚書韋世康持節以迎衞尉設次於驛館雄等降就便幕巋服通天冠絳紗袌端珽立於東階下西面文武陪侍如其國雄等立於門右東面巋攝内史令柳顧言出門請事世康曰奉詔勞於梁帝顧言入告巋出迎於館門之外西面再拜持節者導雄與巋俱入至於庭下巋北面再拜受詔訖雄等乃出於館門外道右東向巋送於門外西面再拜及奉見高祖冠通天冠服絳紗袌御大興殿如朝儀巋服遠遊冠朝服以入君臣並拜禮畢而出

古者天子征伐則宜於社造于祖類于上帝還亦以牲徧告梁天監初陸璉議定軍禮遵其制帝曰宜者請征討之宜造者稟謀於廟類者奉天時以明伐並明不敢自專陳幣承命可也璉不能對嚴植之又爭之於是告用牲幣反亦如

之
後齊天子親征纂嚴則服通天冠文物充庭有司奏更衣乃入冠武弁弁左貂
附蟬以出誓訖擇日備法駕乘木輅以造于廟載遷廟主於齋車以俟行次宜
于社有司以毛血釁軍鼓載帝社石主於車以俟行次擇日陳六軍備大駕類
于上帝次擇日祈后土神州岳鎭海瀆源川等乃爲坎盟督將列牲於坎南北
首有司坎前讀盟文割牲耳承血皇帝受牲耳徧授大將乃寘于坎又歃血歃
徧又以寘坎禮畢埋牲及盟書又卜日建牙旗於墠祭以太牢及所過名山大
川使有司致祭將屆戰所卜剛日備玄牲列軍容設柴於辰地爲墠而禡祭大
司馬奠矢有司奠毛血樂奏大䕋之音禮畢徹牲柴燎戰前一日皇帝禱祖司
空禱社戰勝則各報以太牢又以太牢賞用命戰士于祖引功臣入旌門郎神
庭而授版焉又罰不用命於社郎神庭行戮訖振旅而還格廟詣社訖擇日行
飮至禮文物充庭有司執簡紀年號月朔陳六師凱入格廟之事飮至策勳之
美因述其功不替賞典焉

隋制行幸所過名山大川則有司致祭岳瀆以太牢山川以少牢親征及巡狩則類上帝宜社造廟還禮亦如之將發軔則軷祭其禮有司於國門外委土爲山象設埋埳有司刳羊陳俎豆駕將至委奠幣薦脯醢加羊於軷西首又奠酒解羊幷饌埋於埳駕至太僕祭兩軹及軌前乃飮授爵遂轢軷上而行

大業七年征遼東煬帝遣諸將於薊城南桑乾河上築社稷二壇設方壝行宜社禮帝齋於臨朔宮懷荒殿預告官及侍從各齋于其所十二衞士並齋帝袞冕玉輅備法駕禮畢御金輅服通天冠還宮又於宮南類上帝積柴於燎壇設高祖位於東方帝服大裘以冕乘玉輅祭奠玉帛並如宜社諸軍受胙畢帝就位觀燎乃出又於薊城北設壇祭馬祖於其上亦有燎又於其日使有司幷祭先牧及馬步無鐘鼓之樂衆軍將發帝御臨朔宮親授節度每軍大將亞將各一人騎兵四十隊隊百人置一纛十隊爲團團有偏將一人第一團皆青絲連明光甲鉄具裝青纓拂建狻猊旗第二團絳絲連朱犀甲獸文具裝赤纓拂建貔貅旗第三團白絲連明光甲鉄具裝素纓拂建辟邪旗第四團烏絲連玄犀

甲獸文具裝建纓拂建六駮旗前部鼓吹一部大鼓小鼓及鼙長鳴中鳴等各十八具搁鼓金鉦各二具後部鐃吹一部鐃二面哥簫及笳各四具節鼓一面吳吹篳篥橫笛各四具大角十八具又步卒八十隊分爲四團團有偏將一人第一團每隊給青隼盪幡一第二團每隊黃隼盪幡一第三團每隊白隼盪幡一第四團每隊蒼隼盪幡一長槊楯弩及甲眊等各稱兵數受降使者一人給二馬軺車一乘白獸幡及節各一騎吏三人車輻白從十二人承詔慰撫不受大將制戰陣則爲監軍軍將發候大角一通步卒第一團出營東門東向陣第二團出營南門南向陣第三團出營西門西向陣第四團出營北門北向陣陣四面團營然後諸團嚴駕立大角三通則鐃鼓俱振騎第一團引行隊間相去各十五步次第二團次前部鼓吹次弓矢一隊合二百騎建蹲獸旗䭾槊二張大將在其下次誕馬二十匹次大角次後部鐃次第三團次第四團次受降使者次及輜重戎車散兵等亦有四團第一輜重出收東面陣分爲兩道夾以行第二輜重出收南面陣夾以行第三輜重出收西面陣夾以行第四輜重出收

北面陣夾以行亞將領五百騎建騰豹旗殿軍後至營則第一團騎陣於東面第二團騎陣於南面鼓吹翊大將居中騎馬南向第三團騎陣於西面第四團騎陣於北面合爲方陣四團外向步卒翊輜重入於陣內以次安營營定四面陣者引騎入營亞將率驍騎遊奕督察其安營之制以車外布間設馬槍次施兵幕內安雜畜事畢大將亞將各一就牙帳其馬步隊與軍中散兵交爲兩番五日而代於是每日遣一軍發相去四十里連營漸進二十四日續發而盡首尾相繼鼓角相聞旌旗亘九百六十里天子六軍次發兩部前後先置又亘八十里通諸道合三十軍亘一千四十里諸軍各以帛爲帶長尺五寸闊二寸題其軍號爲記御營內者合十二衞三臺五省九寺並分隸內外前後左右六軍亦各題其軍號不得自言臺省王公已下至于兵丁廝隸悉以帛爲帶綴於衣領名軍記帶諸軍並給幡數百有事使人交相去來者執以行不執幡而離本軍者佗軍驗軍記帶知非部兵則所在斬之是歲也行幸望海鎮於禿黎山爲壇祀黃帝行禡祭詔太常少卿韋霽博士褚亮奏定其禮皇帝及諸預祭臣近

侍官諸軍將皆齋一宿有司供帳設位爲埋埳神坐西北內壝之外建二旗於南門外以熊席設帝軒轅神坐於壝之外冑弓矢於坐側建槊於坐後皇帝出甲次入門羣官定位皆再拜奠禮畢還宮

隋制常以仲春用少牢祭馬祖於大澤諸預祭官皆於祭所致齋一日積柴於燎壇禮畢就燎仲夏祭先牧仲秋祭馬社仲冬祭馬步並於大澤皆以剛日牲用少牢如祭馬祖埋而不燎

開皇二十年太尉晉王廣北伐突厥四月己未次於河上禡祭軒轅黃帝以太牢制幣陳甲兵行三獻之禮

後齊命將出征則太卜詣太廟灼靈龜授鼓旗於廟皇帝陳法駕服袞冕至廟拜於太祖徧告訖降就中階引上將操鉞授柯曰從此上至天將軍制之又操斧授柯曰從此下至泉將軍制之將軍既受斧鉞對曰國不可從外理軍不可從中制臣既受命有鼓旗斧鉞之威願無一言之命於臣帝曰苟利社稷將軍裁之將軍就車載斧鉞而出皇帝推轂度閫曰從此以外將軍制之

周大將出征遣太祝以羊一祭所過名山大川明帝武成元年吐谷渾寇邊帝常服乘馬遣大司馬賀蘭祥於太祖之廟司憲奉鉞進授大將大將拜受以授從者禮畢出受甲兵

隋制皇太子親戎及大將出師則以猳豘一釁鼓皆告社廟受斧鉞訖不得反宿於家開皇八年晉王廣將伐陳內史令李德林攝太尉告於太祖廟禮畢又命有司宜於太社

古者三年練兵入而振旅至於春秋蒐獮亦以講其事焉梁陳時依宋元嘉二十五年蒐宣武場其法置行軍殿於幕府山南岡幷設王公百官幕先獵一日遣馬騎布圍右領軍將軍督右左領軍將軍督左大司馬董正諸軍獵日侍中三奏一奏搥一鼓爲嚴三嚴訖引仗爲小駕鹵簿皇帝乘馬戎服從者悉絳衫幘黃麾警蹕鼓吹如常儀獵訖宴會享勞比校多少戮一人以懲亂法會畢還宮

後齊常以季秋皇帝講武於都外有司先萊野爲場爲二軍進止之節又別墠

於北場輿駕停觀遂命將領士教衆爲戰陣之法凡爲陣少者在前長者在後
其還則長者在前少者在後長者持弓矢短者持旌旗勇者持鉦鼓刀楯爲前
行戰士次之槊者次之弓箭爲後行將帥先教士目使習見旌旗指麾之蹤發
起之意旗臥則跪教士耳使習金鼓動止之節聲鼓則進鳴金則止教士心使
知刑罰之苦賞賜之利教士手使習持五兵之使戰鬭之備教士足使習跪及
行列嶮泥之塗前五日皆請兵嚴於場所依方色建旗爲和門都墠之中及四
角皆建五采牙旗應講武者各集於其軍戒鼓一通軍士皆嚴備二通將士貫
甲三通步軍各爲直陣以相俟大將各處軍中立旗鼓下有司陳小駕鹵簿皇
帝武弁乘革輅大司馬介冑乘奉引入行殿百司陪列位定二軍迭爲客主先
舉爲客後舉爲主從五行相勝法爲陣以應之
後齊春蒐禮有司規大防建獲旗以表獲車蒐前一日命布圍領軍將軍一人
督左甄護軍將軍一人督右甄大司馬一人居中節制諸軍天子陳小駕服通
天冠乘木輅詣行宮將親禽服戎服鈒戟者皆嚴武衛張甄圍旗鼓相望銜枚

而進甄常開一方以令三驅圍合吏奔騎令曰鳥獸之肉不登於俎者不射皮革齒牙骨角毛羽不登於器者不射甄合大司馬鳴鼓促圍衆軍鼓譟鳴角至期處而止大司馬屯北旌門二甄帥屯左右旌門天子乘馬從南旌門入親射禽謁者以獲車收禽載還陳於獲旗之北王公已下以次射禽皆送旗下事畢大司馬鳴鼓解圍復屯殿中郎中率其屬收禽以實獲車天子還行宮命有司每禽擇取三十一日乾豆二日賓客三日充君之庖其餘即於圍下量犒將士禮畢改服鉞者韜刀而還夏苗秋獮冬狩禮皆同河清中定令每歲十二月半後講武至晦遂除二軍兵馬右入千秋門左入萬歲門並至永巷南下至昭陽殿北二軍交一軍從西上閤一軍從東上閤並從端門南出閶闔門前橋南戲射並訖送至城南郭外罷

後齊三月三日皇帝常服乘輿詣射所升堂即坐皇太子及羣官坐定登歌進酒行爵皇帝入便殿更衣以出驊騮令進御馬有司進弓矢帝射訖還御坐射懸侯又畢羣官乃射五埒一品二品三十發（一發調馬十發射下十發射上三發射鞷三發射帖三發射獸頭）三品二

十五發（一發調馬五發射下十發射上三發射麞三發射帖三發射獸頭）四品二十發（一發調馬五發射下八發射上二發射麞二發射帖二發射獸頭）五品十五發（一發調馬四發射下五發射上二發射麞二發射帖一發射獸頭）侍官御仗已上十發（一發調馬四發射下五發射上）季秋大射皇帝備大駕常服御七寶輦射七埒正三品已上第一埒一品五十發（一發調馬十五發射下二十五發射上三發射麞三發射帖三發射獸頭）二品四十六發（一發調馬十五發射下二十二發射上二發射麞三發射帖三發射獸頭）從三品四品第二埒三品四十二發（一發調馬十二發射下二十二發射上二發射麞二發射帖三發射獸頭）四品三十七發（一發調馬十一發射下十九發射上一發射麞二發射帖三發射獸頭）五品第三埒三十二發（一發調馬九發射下十七發射上一發射麞二發射帖二發射獸頭）六品第四埒二十七發（一發調馬八發射下十六發射上一發射麞一發射帖）七品第五埒二十一發（一發調馬六發射下十二發射上一發射麞一發射帖）八品第六埒十六發（一發調馬四發射下九發射上一發射麞一發射帖）九品第七埒十發（一發調馬三發射下四發射上一發射麞一發射帖）大射置大將（太尉公爲之）射司馬各一人錄事二人七埒各置埒將射正參軍各一人埒士四人威儀一人乘白馬以導的別參軍一人懸侯下府參軍一人又各置令史埒士等員以司其事

後周仲春教振旅大司馬建大麾於萊田之所鄉稍之官以旂物鼓鐸鉦鐃各帥其人而致誅其後至者建麾於後表之中以集衆庶質明偃麾誅其不及者

乃陳徒騎如戰之陣大司馬北面誓之軍中皆聽鼓角以爲進止之節田之日於所萊之北建旗爲和門諸將帥徒騎序入其門有司居門以平其人即入而分其地險野則徒前而騎後易野則騎前而徒後即陣皆坐乃設驅逆騎有司表貉於陣前以太牢祭黃帝軒轅氏於狩地爲墠建二旗列五兵於坐側行三獻禮遂蒐田致禽以祭社仲夏教茇舍如振旅之陣遂以苗田如蒐法致禽以享礿仲秋教練兵如振旅之陣遂以獮田如蒐法致禽以祀方仲冬教大閱如振旅之陣遂以狩田如蒐法致禽以享烝

孟秋迎太白候太白夕見於西方先見三日大司馬戒期遂建旗於陽武門外司空除壇兆有司薦毛血登歌奏昭夏在位者拜事畢出其日中後十刻六軍士馬俱介冑集旗下左右武伯督十二帥嚴街侍臣文武俱介冑奉迎樂師撞黃鐘右五鐘皆應皇帝介冑警蹕以出如常儀而無鼓角出國門而軷祭至則舍於次太白未見五刻中外皆嚴皇帝就位六軍鼓譟行三獻之禮每獻鼓譟如初獻事訖燔燎賜胙畢鼓譟而還

隋制大射祭射侯於射所用少牢軍人每年孟秋閱戎具仲冬教戰法及大業三年煬帝在榆林突厥啓民及西域東胡君長並來朝貢帝欲誇以甲兵之盛乃命有司陳冬狩之禮詔虞部量拔延山南北周二百里並立表記前狩二日兵部建旗於表所五里一旗分爲四十軍軍萬人騎五千匹前一日諸將各帥其軍集於旗下鳴鼓後至者斬詔四十道使並揚旗建節分申佃令即留軍所監獵布圍圍闕南面方憒而前帝服紫袴褶黑介幘乘闟豬車其飾如木輅重輞漫輪蚪龍繞轂漢東京鹵簿所謂獵車者也駕六黑騮太常陳鼓笳鐃簫角於帝左右各百二十百官戎服騎從鼓行入圍諸將並鼓行越圍乃設驅逆騎千有二百闟豬停軔有司斂大綏王公已下皆整弓矢陳於駕前有司又斂小綏乃驅獸出過於帝前初驅過有司整御弓矢以前待詔再驅過備身將軍奉進弓矢三驅過帝乃從禽鼓吹皆振坐而射之每驅必三獸以上帝發抗大綏次王公發則抗小綏次諸將發射之無鼓驅逆之騎乃止然後三軍四夷百姓皆獵凡射獸自左膘而射之達於右腢爲上等達右耳本爲次等自左髀達于

右驂爲下等羣獸相從不得盡殺已傷之獸不得重射又逆向人者不射其面出表者不逐之佃將止虞部建旗於圍內從駕之鼓及諸軍鼓俱振卒徒皆譟諸獲禽者獻於旗所致其左耳大獸公之以供宗廟使歸薦腊于京師小獸私之

齊制季冬晦選樂人子弟十歲以上十二以下爲侲子合二百四十人一百二十人赤幘皁褠衣執鼗一百二十人赤布袴褶執鞞角方相氏黃金四目熊皮蒙首玄衣朱裳執戈揚楯又作窮奇祖明之類凡十二獸皆有毛角鼓吹令率之中黃門行之宂從僕射將之以逐惡鬼于禁中其日戊夜三唱開諸里門儺者各集被服器仗以待事戊夜四唱開諸城門二衞皆嚴上水一刻皇帝常服卽御座王公執事官第一品已下從六品已上陪列預觀儺者鼓譟入殿西門偏於禁內分出二上閤作方相與十二獸儛戲喧呼周偏前後鼓譟出殿南門分爲六道出於郭外

隋制季春晦儺磔牲於宮門及城四門以禳陰氣秋分前一日禳陽氣季冬傍

磔大儺亦如之其牲每門各用羝羊及雄雞一選侲子如後齋冬八隊二時儺則四隊問事十二人赤幘褠衣執皮鞭工人二十二人其一人方相氏黃金四目蒙熊皮玄衣朱裳其一人爲唱師著皮衣執棒鼓角各十有司預備雄雞羝羊及酒於宮門爲坎未明鼓譟以入方相氏執戈楊楯周呼鼓譟而出合趣顯陽門分詣諸城門將出諸祝師執事預副牲匈磔之於門酌酒禳祝舉牲并酒埋之

後齊制日蝕則太極殿西廂東向堂東廂西向各設御座羣官公服晝漏上水一刻內外皆嚴三門者閉中門單門者掩之蝕前三刻皇帝服通天冠卽御座直衞如常不省事有變聞鼓音則避正殿就東堂服白袷單衣侍臣皆赤幘帶劍升殿侍諸司各於其所赤幘持劍出戶向日立有司各率官屬並行宮內諸門掖門屯衞太社鄴令以官屬圍社守四門以朱絲繩繞繫社壇三匝太祝令陳辭責社太史令二人走馬露版上尚書門司疾上之又告清都尹鳴鼓如嚴鼓法日光復圓止奏解嚴

後魏每攻戰尅捷欲天下知聞迺書帛建於竿上名爲露布其後相因施行開皇中迺詔太常卿牛弘太子庶子裴政撰宣露布禮及九年平陳元帥晉王以驛上露布兵部奏請依新禮宣行承詔集百官四方客使等並赴廣陽門外服朝衣各依其列內史令稱有詔在位者皆拜宣訖拜蹈舞者三又拜郡縣亦同

隋書卷八

隋書卷八考證

禮儀志三三品二十五發注十發射上三發射𩊚○監本脫上三發射四字從宋本增

隋書卷八考證

隋書卷九

唐太尉揚州都督監修國史上柱國趙國公臣長孫無忌等撰

志第四

禮儀四

周大定元年靜帝遣兼太傅上柱國杞國公椿大宗伯大將軍金城公煕奉皇帝璽紱策書禪位于隋司錄虞慶則白請設壇於東第博士何妥議以爲受禪登壇以告天也故魏受漢禪設壇於繁昌爲在行旅郊壇乃闕至如漢高在汜光武在鄗盡非京邑所築壇自晉宋揖讓皆在都下莫不並就南郊更無別築之義又後魏卽位登朱雀觀周帝初立受朝於路門雖自我作古皆非禮也今卽府爲壇恐招後誚議者從之二月甲子椿等乘象輅備鹵簿持節率百官至門下奉策入次百官文武朝服立于門南北面高祖冠遠遊冠府寮陪列記室入白禮曹導高祖府寮從出大門東廂西向椿奉策書煕奉璽紱出次節導而進高祖揖之入門而左椿等入門而右百官隨入庭中椿南向讀冊書畢進授

高祖高祖北面再拜辭不奉詔上柱國李穆進喻朝旨又與百官勸進高祖不
納椿等又奉策書進而敦勸高祖再拜俯受策以授高熲受璽以授虞慶則退
就東階位使者與百官皆北面再拜搢笏三稱萬歲有司請備法駕高祖不許
改服紗帽黃袍入幸臨光殿就閤內服衮冕乘小輿出自西序如元會儀禮部
尚書以案承符命及祥瑞牒進東階下納言跪御前以聞內史令奉宣詔大赦
改元曰開皇是日命有司奉冊祀于南郊
後齊將崇皇太后則太尉以玉帛告圜丘方澤以幣告廟皇帝乃臨軒命太保
持節太尉副之設九儐命使者受璽綬冊及節詣西上閤其日昭陽殿文物具
陳臨軒訖使者就位持節及璽綬稱詔二侍中拜進受節及冊璽綬以付小黃
門黃門以詣閤皇太后服褘衣處昭陽殿公主及命婦陪列於殿皆拜小黃門
以節綬入女侍中受以進皇太后皇太后與受以授左右復坐反節於使者使
者受節出冊皇后如太后之禮
後齊冊皇太子則皇帝臨軒司徒爲使司空副之太子服遠遊冠入至位使者

入奉冊讀訖皇太子跪受冊於使以授中庶子又受璽綬於尚書以授庶子稽首以出就冊則使者持節至東宮宮臣內外官定列皇太子階東西面若幼則太師抱之主衣二人奉空頂幘服從以受冊明日拜章表於東宮殿庭中庶子中舍人乘軺車奉章詣朝堂謝擇日齋於崇正殿服冕乘石山安車謁廟擇日羣臣上禮又擇日會明日三品以上牋賀

冊諸王以臨軒日上水一刻吏部令史乘馬齎召版詣王第王乘高車鹵簿至東掖門止乘軺車既入至席尚書讀冊訖以授王又授章綬事畢乘軺車入鹵簿乘高車詣閶闔門伏闕表謝報訖拜廟還第就第則鴻臚卿持節吏部尚書授冊侍御史授節使者受而出乘軺車持節詣王第入就西階東面王入立於東階西面使者讀冊博士讀版王俛伏興進受冊章綬茅土俛伏三稽首還本位謝如上儀在州鎮則使者受節冊乘軺車至州如王第

諸王三公儀同尚書令五等開國太妃妃公主恭拜冊軸一枚長二尺以白練衣之用竹簡十二枚六枚與軸等六枚長尺二寸文出集書書皆篆字哀冊贈

冊亦同諸王五等開國及鄉男恭拜以其封國所在方取社壇方面土包以白茅內青箱中函方五寸以青塗飾封授之以爲社

隋臨軒冊命三師諸王三公並陳車輅餘則否百司定列內史令讀冊訖受冊者拜受出又引次受冊者如上儀若冊開國郊社令奉茅土立於仗南西面每受冊訖授茅土焉

後齊皇帝加元服以王帛告圓丘方澤以幣告廟擇日臨軒中嚴羣官位定皇帝著空頂介幘以出太尉盥訖升脫空頂幘以黑介幘奉加訖太尉進太保之右北面讀祝訖太保加冕侍中繫玄紘脫絳紗袍加衮服事畢太保上壽羣官三稱萬歲皇帝入温室移御坐會而不上壽後日文武羣官朝服上禮酒十二鍾米十二囊牛十二頭又擇日親拜圓丘方澤謁廟

皇太子冠則太尉以制幣告七廟擇日臨軒有司供帳於崇正殿中嚴皇太子空頂幘公服出立東階之南西面使者入立西階之南東面皇太子受詔訖入室盥櫛出南面使者進揖詣冠席西面坐光祿卿盥訖詣太子前疏櫛使者又

盥奉進賢三梁冠至太子前東面祝脫空頂幘加冠太子與入室更衣出又南面就席光祿卿盥櫛使者又盥祝脫三梁冠加遠遊冠太子又入室更衣設席中楹之西使者揖就席南面光祿卿洗爵酌醴使者詣席前北面祝太子拜受醴卽席坐祭之啐之奠爵降階復本位西面三師三少及在位羣官拜事訖又擇日會宮臣又擇日謁廟

隋皇太子將冠前一日皇帝齋於大興殿皇太子與賓贊及預從官齋於正寢其日質明有司告廟各設筵於阼階皇帝袞冕入拜卽御座賓揖皇太子進升筵西向坐贊冠者坐櫛設纚賓盥訖進加緇布冠贊冠進設頍纓賓揖皇太子適東序衣玄衣素裳以出贊冠者又坐櫛賓進加遠遊冠改服訖賓又受冕太子適東序改服以出賓揖皇太子南面立賓進受醴進筵前北面立祝皇太子拜受觶賓復位東面答拜贊冠者奉饌於筵前皇太子祭奠禮畢降筵進當御東面拜納言承詔詣太子戒訖太子拜贊冠者引太子降自西階賓少進字之贊冠者引皇太子進立於庭東面諸親拜訖贊冠者拜太子皆答拜與賓贊俱

復位納言承詔降令有司致禮賓贊又拜皇帝降復阼階拜皇太子已下皆拜
皇帝出更衣還宮皇太子從至闕因入見皇后拜而還
後齊皇帝納后之禮納采問名納徵訖告圓丘方澤及廟如加元服是日皇帝
臨軒命太尉爲使司徒副之持節詣皇后行宮東向奉璽綬冊以授中常侍皇
后受冊於行殿使者出與公卿以下皆拜有司備迎禮太保太尉受詔而行主
人公服迎拜於門使者入升自賓階東面主人升自阼階西面禮物陳於庭設
席於兩楹閒童子以璽書版升主人跪受送使者拜于大門之外有司先於昭
陽殿兩楹閒供帳爲同牢之具皇后服大嚴繡衣帶綬珮加幜女長御引出升
畫輪四望車女侍中負璽陪乘鹵簿如大駕皇帝服袞冕出升御座皇后入門
大鹵簿住門外小鹵簿入到東上閤施步鄣降車席道以入昭陽殿前至席位
姆去幜皇后先拜後起皇帝後拜先起帝升自西階詣同牢坐與皇后俱坐各
三飯訖又各酳二爵一巹奏禮畢皇后興南面立皇帝御太極殿王公已下拜
皇帝興入明日后展衣於昭陽殿拜表謝又明日以榛栗棗脩見皇太后於昭

陽殿擇日羣官上禮又擇日謁廟皇帝使太尉先以太牢告而後徧見羣廟

皇太子納妃禮皇帝遣使納采有司備禮物會畢使者受詔而行主人迎于大門外禮畢會於聽事其次問名納吉並如納采納徵則使司徒及尚書令爲使備禮物而行請期則以太常宗正卿爲使如納采親迎則太尉爲使三日妃朝皇帝於昭陽殿又朝皇后於宣光殿擇日羣官上禮佗日妃還又佗日皇太子拜閤

隋皇太子納妃禮皇帝臨軒使者受詔而行主人俟於廟使者執鴈主人迎拜於大門之東使者入升自西階立於楹間南面納采訖乃行問名儀事畢主人請致禮於從者禮有幣馬其次擇日納吉如納采又擇日以玉帛乘馬納徵又擇日告期又擇日命有司以特牲告廟冊妃皇太子將親迎皇帝臨軒醮而誡曰往迎爾相承我宗事勗帥以敬對曰謹奉詔既受命羽儀而行主人几筵於廟妃服褕翟立於東房主人迎於門外西面拜皇太子答拜主人揖皇太子先入主人升立於阼階西面皇太子升進當房戶前北面跪奠鴈俛伏興拜降出

妃父少進西面戒之毋於西階上施衿結帨及門內施鞶申之出門妃升輅乘以几姆加幜皇太子乃御輪三周御者代之皇太子出大門乘輅羽儀還宮妃三日雞鳴夙興以朝奠笲於皇帝皇帝撫之又奠笲於皇后皇后撫之席於戶牖閒妃立於席西祭奠而出

後齊娉禮一曰納采二曰問名三曰納吉四曰納徵五曰請期六曰親迎皆用羔羊一口鴈一隻酒黍稷稻米麪各一斛自皇子王已下至於九品皆同流外及庶人則減其半納徵皇子王用玄三匹纁二匹束帛十匹大璋一第一品已下至從三品用璧玉四品已下皆無獸皮二第一品已下至從五品用豹皮二六品已下至從九品用鹿皮錦綵六十匹一品錦綵四十匹二品三十匹三品二十匹四品雜綵十六匹五品十匹六品七品五匹絹二百匹一品一百四十匹二品一百二十匹三品一百匹四品八十匹五品六十匹六品七品五十匹八品九品三十匹羔羊一口羊四口犢二頭酒黍稷稻米麪各十斛一品至三品減羊二口酒黍稷稻米麪各減六斛四品五品減一犢酒黍稷稻米麪又減二斛六品已下無犢酒黍稷稻米麪各一斛諸王之子已封未封禮皆同第一品新婚從車皇子百乘一品五十乘第二第三品三十乘第四第五品二十乘第六第七品十乘八品達於庶人五乘各依其秩之節

梁大同五年臨城公婚公夫人於皇太子妃爲姑姪進見之制議者互有不同令曰纁鴈之儀既稱合於二姓酒食之會亦有姻不失親若使榛栗腶修贄饋必舉副笄編珈盛飾斯備不應婦見之禮獨以親闕頃者敬進酏醴已傳婦事之則而奉盤沃盥不行侯服之家是知繁省不同質文異世臨城公夫人於妃既是姑姪宜停省

後齊將講於天子先定經於孔父廟置執經一人侍講二人執讀一人擿句二人錄義六人奉經二人講之旦皇帝服通天冠玄紗袍乘象輅至學坐廟堂上講訖還便殿改服絳紗袍乘象輅還宮講畢以一太牢釋奠孔父配以顏回列軒懸樂六佾舞行三獻禮畢皇帝服通天冠絳紗袍升阼即坐宴畢還宮皇太子每通一經亦釋奠乘石山安車三師乘車在前三少從後而至學焉梁天監八年皇太子釋奠周捨議以爲釋奠仍會既惟大禮請依東宮元會太子著絳紗袍樂用軒懸預升殿坐者皆服朱衣帝從之又有司以爲禮云凡爲人子者升降不由阼階案今學堂凡有三階愚謂客若降等則從主人之階今先師在

堂義所尊敬太子宜登阼階以明從師之義若釋奠事訖宴會之時無復先師
之敬太子升堂則宜從西階以明不由阼義吏部郎徐勉議鄭玄云由命士以
上父子異宮宮室既異無不由阼階之禮請釋奠及宴會太子升堂並宜由東
階若輿駕幸學自然中陛又檢東宮元會儀注太子升崇正殿不欲東西階責
東宮典儀列云太子元會升自西階此則相承爲謬請自今東宮大公事太子
升崇正殿並由阼階其預會賓客依舊西階
大同七年皇太子表其子寧國臨城公入學時議者以與太子有齒胄之義疑
之侍中尚書令臣敬容尚書僕射臣纘尚書臣僧旻臣之遴臣筠等以爲參點
並事宣尼回路同諮泗水鄒魯稱盛洙汶無譏師道既光得一資敬無虧亞貳
況於兩公而云不可制曰可
後齊制新立學必釋奠禮先聖先師每歲春秋二仲常行其禮每月旦祭酒領
博士已下及國子諸學生已上大學四門博士升堂助教已下大學諸生階下
拜孔揖顏日出行事而不至者記之爲一負雨霑服則止學生每十日給假皆

以景日放之郡學則於坊內立孔顏廟博士已下亦每月朝云

隋制國子寺每歲以四仲月上丁釋奠於先聖先師年別一行鄉飲酒禮州郡學則以春秋仲月釋奠州郡縣亦每年於學一行鄉飲酒禮學生皆乙日試書景日給假焉

梁元會之禮未明庭燎設文物充庭臺門闢禁衞皆嚴有司各從其事太階東置白獸樽羣臣及諸蕃客並集各從其班而拜侍中奏中嚴王公卿尹各執珪璧入拜侍中乃奏外辦皇帝服袞冕乘輿以出侍中扶左常侍扶右黃門侍郎一人執曲直華蓋從至階降輿納舄升坐有司御前施奉珪藉王公以下至阼階脫舄劍升殿席南奉贄珪璧畢下殿納舄佩劍詣本位主客郎徙珪璧於東廂帝興入徙御坐於西壁下東向設皇太子王公已下位又奏中嚴皇帝服通天冠升御坐王公上壽禮畢食食畢樂伎奏太官進御酒主書賦黃甘逮二品已上尚書騶騎引計吏郡國各一人皆跪受詔侍中讀五條詔計吏每應諾訖令陳便宜者聽詣白獸樽以次還坐宴樂罷皇帝乘輿以入皇太子朝則遠遊

冠服乘金輅鹵簿以行預會則劍履升坐會訖先與天監六年詔曰頃代以來
元日朝畢次會羣臣則移就西壁下東向坐求之古義王者讌萬國唯應南面
何更居東面於是御座南向以西方爲上皇太子以下在北壁坐者悉西邊東
向尚書令以下在南方坐者悉東邊西向舊元日御座東向酒壺在東壁下御
座既南向乃詔壺於南蘭下又詔元日受五等贄珪璧並量付所司周捨案周
禮冢宰大朝覲贊玉幣尚書古之冢宰頃王者不親撫玉則不復須冢宰贊助
尋尚書主客曹郎既冢宰隸職今元日五等奠玉既竟請以主客郎受鄭玄注
覲禮云既受之後出付玉人於外漢時少府職主珪璧請主客受玉付少府掌
帝從之又尚書僕射沈約議正會儀注御出乘輿至太極殿前納舄升階尋路
寢之設本是人君居處不容自敬宮室案漢氏則乘小車升殿請自今元正及
大公事御宜乘小輿至太極階仍乘版輿升殿制可
陳制先元會十日百官並習儀注令僕已下悉公服監之設庭燎街闕城上殿
前皆嚴兵百官各設部位而朝宮人皆於東堂隔綺疏而觀宮門既無籍外人

但絳衣者亦得入觀是日上事人發白獸罇自餘亦多依梁禮云

後齊正日侍中宣詔慰勞州郡國使詔牘長一尺三寸廣一尺雌黃塗飾上寫詔書三計會日侍中依儀勞郡國計吏問刺史太守安不及穀價麥苗善惡人間疾苦又班五條詔書於諸州郡國使人寫以詔牘一枚長二尺五寸廣一尺三寸亦以雌黃塗飾上寫詔書正會日依儀宣示使人歸以告刺史二千石一曰政在正身在愛人去殘賊擇良吏正決獄平徭賦二曰人生在勤勤則不匱其勸率田桑無或煩擾三曰六極之人務加寬養必使生有以自救沒有以自給四曰長吏華浮奉客以求小譽逐末捨本政之所疾宜謹察之五曰人事意氣干亂奉公外內溷淆綱維不設所宜糾劾正會日侍中黃門宣詔勞諸郡上計勞訖付紙遣陳土宜字有脫誤者呼起席後立書迹濫劣者飲墨水一升文理孟浪無可取者奪容刀及席既而本曹郎中考其文迹才辭可取者錄牒吏部簡同流外三品敘元正大饗百官一品已下流外九品已上預會一品已下正三品已上開國公侯伯散品公侯及特命之官下代刺史並升殿從三品已

下從九品已上及奉正使人比流官者在階下勳品已下端門外
隋制正旦及冬至文物充庭皇帝出西房卽御座皇太子鹵簿至顯陽門外入
賀復詣皇后御殿拜賀訖還宮皇太子朝訖羣官客使入就位再拜上公一人
詣西階解劍升賀降階帶劍復位而拜有司奏諸州表羣官在位者又拜而出
皇帝入東房有司奏行事訖乃出西房坐定羣官入就位上壽訖上下俱拜皇
帝舉酒上下舞蹈三稱萬歲皇太子預會則設坐於御東南西向羣臣上壽畢
入解劍以升會訖先興
後齊元日中宮朝會陳樂皇后褘衣乘輿以出於昭陽殿坐定內外命婦拜皇
后興妃主皆跪皇后坐妃主皆起長公主一人前跪拜賀禮畢皇后入室乃移
幄坐於西廂皇后改服褕狄以出坐定公主一人上壽訖就坐御酒食賜爵並
如外朝會
隋儀如後齊制而又有皇后受羣臣賀禮則皇后御坐而內侍受羣臣拜以入
承令而出羣臣拜而罷

後齊皇太子月五朝未明二刻乘小輿出爲三師降至承華門升石山安車三師軺車在前三少在後自雲龍門入皇帝御殿前設拜席位至柏閣齋帥引洗馬中庶子從至殿前席南北面再拜

天保元年皇太子監國在西林園冬會羣議皆東面二年於北城第內冬會又議東面吏部郎陸卬疑非禮魏收改爲西面邢子才議欲依前曰凡禮有同者不可令異詩說天子至於大夫皆乘四馬況以方面之少何可皆不同乎若太子定西面者王公卿大夫士復何面邪南面人君正位今一官之長無不南面太子聽政亦南面坐議者言皆晉舊事太子在東宮西面爲避尊位非爲向臺殿也子才以爲東晉博議依漢魏之舊太子普臣四海不以爲嫌又何疑於東面禮世子絕旁親世子冠於阼冢子生接以太牢漢元著令太子絕馳道此皆禮同於君又晉王公世子攝命臨國乘七旒安車駕用三馬禮同三公近宋太子乘象輅皆有同處不以爲嫌況東面者君臣通禮獨何爲避明爲向臺所以然也近皇太子在西林園在於殿猶且東面於北城非宮殿之處更不得邪諸

人以東面爲尊宴會須避案燕禮燕義君位在東賔位則在西君位在阼階故
有武王踐阼篇不在西也禮乘君之車不敢曠左君在惡空其位左亦在東不
在西也君在阼夫人在房鄭注人君尊東也前代及今皇帝宴會接客亦東堂
西面若以東面爲貴皇太子以儲后之禮監國之重別第宴臣賓自得申其正
位禮者皆東宮臣屬公卿接宴觀禮而已若以西面爲卑實是君之正位太公
不肯北面說丹書西面則道之西面乃尊也君位南面有東有西何可皆避且
事雖少異有可相比者周公臣也太子子也周公爲冢宰太子爲儲貳明堂尊
於別第朝諸侯重於宴臣賓南面貴於東面臣踈於子冢宰輕於儲貳周公攝
政得在明堂南面朝諸侯今太子監國不得於別第異宮東面宴客情所未安
且君行以太子監國君宴不以公卿爲賓明父子無嫌君臣有嫌案儀注親王
受詔冠婚皇子皇女皆東面今不約王公南面而獨約太子何所取邪議者南
尊改就西面轉君位更非合禮方面既少難爲節文東西二面君臣通用太子
宜然於禮爲允魏收議云去天保初皇太子監國冬會羣官於西園都亭坐從

東面義取於向中宮臺殿故也二年於宮冬會坐乃東面收竊以爲疑前者遂
有別議議者同之邢尚書以前定東面之議復申本懷此乃國之大禮無容不
盡所見收以爲太子東宮位在於震長子之義也案易八卦正位向中皇太子
今居北城於宮殿爲東北南面而坐於義爲背也前者立議據東宮爲本又案
東宮舊事太子宴會多以西面爲禮此又成證非徒言也不言太子常無東南
二面之坐但用之有所至如西園東面所不疑也未知君臣車服有同異之議
何爲而發就如所云但知禮有同者不可令異不知禮有異者不可令同苟別
君臣同異之禮恐重紙累札書不盡也子才竟執東面收執西面援引經據大
相往復其後竟從西面爲定時議又疑宮吏之姓與太子名同子才又謂曰案
曲禮大夫士之子不與世子同名鄭注云若先之生亦不改漢法天子登位布
名於天下四海之內無不咸避案春秋經衞石惡出奔晉在衞侯衎卒之前衎
卒其子惡始立明石惡於長子同名諸侯長子在一國之內與皇太子於天子
禮亦不異鄭言先生不改蓋以此義衞石惡宋向戌皆與君同名春秋不譏皇

太子雖有儲貳之重未爲海內所避何容便改人姓然事有消息不得皆同於古宮吏至微而有所犯朝名從事亦是難安宜聽出宮尙書更補佗職制曰可

後周制正之二日皇太子南面列軒懸宮官朝賀及開皇初皇太子勇準故事張樂受朝宮臣及京官北面稱慶高祖誚之是後定儀注西面而坐唯宮臣稱慶臺官不復總集煬帝之爲太子奏降章服宮官請不稱臣詔許之

後齊立春日皇帝服通天冠青介幘青紗袍佩蒼玉青帶青袴青襪舄而受朝於太極殿尙書令等坐定三公郎中詣席跪讀時令訖典御酌酒巵置郎中前郎中拜還席伏飮禮成而出立夏季夏立秋讀令則施御座於中楹南向立冬如立春於西廂東向各以其時之色服儀並如春禮

後齊每策秀孝中書策秀才集書策考貢士考功郎中策廉良皇帝常服乘輿出坐於朝堂中楹秀孝各以班草對其有脫誤書濫孟浪者起立席後飮墨水脫容刀

後齊宴宗室禮皇帝常服別殿西廂東向七廟子孫皆公服無官者單衣介幘

集神武門宗室尊卑次于殿庭七十者二人扶拜八十者扶而不拜升殿就位皇帝與宗室伏皇帝坐乃興拜而坐尊者南面卑者北面皆以西爲上八十者一坐再至進絲竹之樂三爵畢宗室避席待詔而後復位乃行無算爵正晦汎舟則皇帝乘輿鼓吹至行殿升御坐乘版輿以與王公登舟置酒非預汎者坐於便幕

仲春令辰陳養老禮先一日三老五更齋於國學皇帝進賢冠玄紗袍至璧雍入總章堂列宮懸王公已下及國老庶老各定位司徒以羽儀武賁安車迎三老五更于國學並進賢冠玄服黑舄素帶國子生黑介幘青衿單衣乘馬從以至皇帝釋劍執珽迎於門內三老至門五更去門十步則降車以入皇帝拜三老五更攝齊答拜皇帝揖進三老在前五更在後升自右階就筵三老坐五更立皇帝升堂北面公卿升自左階北面三公授几杖卿正履國老庶老各就位皇帝拜三老羣臣皆拜不拜五更乃坐皇帝西面肅拜五更進珍羞酒食親袒割執醬以饋執爵以酳以次進五更又設酒醼於國老庶老皇帝升御坐三老

乃論五孝六順典訓大綱皇帝虛躬請受禮畢而還又都下及外州人年七十

已上賜鳩杖黃帽有勑卽給不爲常也

後周保定三年陳養老之禮以太傅燕國公于謹爲三老有司具禮擇日高祖

幸太學以食之事見謹傳

隋書卷九

隋書卷九考證

禮儀志四奠笄於皇帝皇帝撫之又奠笄於皇后皇后撫之○一本笄俱訛笄

按笄符袁切竹器儀禮士昏禮舅坐撫之與答拜婦還又拜降階受笄腶脩

升進北面拜奠於席禮記婦執笄棗栗段脩以見

隋書卷九考證

隋書卷十

唐太尉揚州都督監修國史上柱國趙國公臣長孫無忌等撰

志第五

禮儀五

輿輦之別蓋先王之所以列等威也然隨時而變代有不同梁初尚遵齊制其後武帝既議定禮儀乃漸有變革始永明中步兵校尉伏曼容奏宋大明中尚書左丞荀萬秋議金玉二輅並建碧旂象革木輅並建赤旂非時運所上又非五方之色今五輅五牛及五色幡旗並請準齊所尚青色時議所駁不行及天監三年乃改五輅旗同用赤而旒不異以從行運所尚也七年帝曰據禮玉輅以祀金輅以賓而今大祀並乘金輅詔下詳議周捨以爲金輅以之齋車本不關於祭祀於是改陵廟皆乘玉輅大駕則太僕卿御法駕則奉車郎馭其餘四輅則使人執轡以朱絲爲之執者武冠朱衣又齊永明制玉輅上施重屋棲寶鳳皇綴金鈴鑷珠璫玉蚌佩四角金龍銜五綵旄又畫麒麟頭加於馬首者十

二年帝皆省之初齊武帝造大小輦並如軺車但無輪轂下橫轅軛梁初漆畫代之後帝令上可加笨輦形如犢車自茲始也中方八尺左右開四望金爲龍首飾其五末謂轅轂頭及衡端也金鸞棲軛其下施重層以空青雕鏤爲龍鳳象漆木橫前名爲望板其下交施三十六橫小輿形似軺車金裝漆畫但施八橫元正大會乘出上殿西堂舉哀亦乘之行則從後一名輿車羊車一名輦其上如軺小兒衣青布袴褶五辮髻數人引之時名羊車小史漢氏或以人牽或駕果下馬梁貴賤通得乘之名曰牽子

畫輪車一乘駕牛乘用如齊制舊史言之詳矣

衣書車十二乘駕牛漢皁蓋朱裏過江加綠油幢朱絲絡青交路黃金塗五末一曰副車梁朝謂之衣書車

皇太子鸞輅駕三馬左右騑朱班輪倚獸較伏鹿軾九旒畫降龍青蓋畫幡文輈黃金塗五末近代亦謂之鸞輅卽象輅也梁東宮初建及太子釋奠元正朝會則乘之以畫輪爲副若常乘畫輪以軺衣書車爲副畫輪車上開四望綠油

幢朱繩絡兩箱裏飾以錦黃金塗五末二千石四品已上及列侯皆給軺車駕牛伏兔箱青油幢朱絲絡轂輞皆黑漆天監二年令三公開府尚書令則給鹿幡軺施耳後戸皁輞尚書僕射左右光祿大夫侍中中書監令祕書監則給鳳轄軺後戸皁輞領護國子祭酒太子詹事尚書侍中列卿散騎常侍給聊泥軺無後戸漆輪車騎驃騎及諸王除刺史帶將軍給龍雀軺以金銀飾御史中丞給方蓋軺形如小傘

諸王三公有勳德者皆特加皁輪車駕牛形如犢車但烏漆輪轂黃金雕裝上加青油幢朱絲絡通幰或四望上臺三夫人亦乘之以揭幢湼幰爲副王公加禮者給油幢給車駕牛朱輪華轂天監二年令上臺六宮長公主公主諸王太妃妃皆乘清油輿幢通幰車揭幢湼幰爲副采女皇女諸王嗣子侯夫人皆乘赤油揭幢車以湼幰爲副侍女直乘湼幰之乘諸王三公並乘通幰平乘車竹箕子壁仰櫝榆爲輞如今犢車帞舉幰通覆上方州刺史並乘通幰平肩輿從橫施八橫亦得金渡裝較天子至于下賤通乘步輿方四尺上施隱膝以及襻

舉之無禁限載輿亦如之但不施脚以其就席便也優禮者人輿以升殿司徒謝朏以脚疾優之
五牛旗左青赤右白黑黄居其中蓋古之五時副車也舊有五色立車五色安車合十乘名爲五時車建旗十二各如車色立車則正豎其旗安車則斜拄馬亦隨五時之色白馬則朱其鬣尾左右騑驂金鍐鏤錫黄屋左纛如金根之制行則從後名五時副車晉過江不恆有事則權以馬車代之建旗其上後但以五色木牛象車豎旗於牛背使人輿之旗常纏不舒唯天子親戎乃舒其斾周還以爲晉武帝平吳後造五牛之旗非過江始爲也
指南車大駕出爲先啓之乘漢初置俞兒騎並爲先驅左太冲曰俞騎騁路指南司方後廢其騎而存其車
記里車駕牛其中有木人執槌車行一里則打一槌
鼓吹車上施層樓四角金龍銜旒蘇羽葆凡鼓吹陸則樓車水則樓船在殿庭則畫笥虡爲樓樓上有翔鷺棲烏或爲鵠形

陳承梁末王琳縱火延燒車府至天嘉元年勅守都官尚書寶安侯到仲舉議造玉金象革木等五輅及五色副車皆金薄交龍爲輿倚較文貔伏軾虯首銜軛左右吉陽筩鸞雀立衡樸文畫輈綠油蓋黃紋裏相思橑金華末斜注旂旗於車之左各依方色加棨戟於車之右韜以黻繡之衣獸頭幡長丈四尺懸於戟杪玉輅正副同駕六馬餘輅皆駕四馬馬並黃金爲乂髦插以翟尾玉爲鏤鍚又以綵畫赤油長三尺廣八寸繫兩軸頭古曰飛軨改以綵畫蛙蟆幡綴兩軸頭卽古飛軨遺象也五輅兩箱後皆用玳瑁爲鶡翅加以金銀雕飾故俗人謂之金鶡車兩箱之裏衣以紅錦金花帖釘上用紅紫錦爲後檐青絞純帶夏用簟冬用綺繡褥此後漸修具依梁制

後魏天興初詔議曹郎董謐撰朝饗儀始制軒冕未知古式多違舊章孝文帝時儀曹令李韶更奏詳定討論經籍議改正之唯備五輅各依方色其餘車輦猶未能具至熙平九年明帝又詔侍中崔光與安豐王延明博士崔瓚採其議大造車服定制五輅並駕五馬皇太子乘金輅朱蓋赤質四馬三公及王朱屋

青表制同於幹名曰高車駕三馬庶姓王侯及尚書令僕已下列卿已上並給
軺車駕用一馬或乘四望通幰車駕一牛自斯以後條章粗備北齊咸取用焉
其後因而著令並無增損
王庶姓王儀同三司已上親公主雉尾扇紫傘皇宗及三品已上官青傘朱裏
其青傘碧裏達於士人不禁
正從第一品執事官散官及儀同三司諸公主得乘油色朱絡網車車牛飾得
用金塗及純銀二品三品得乘卷通幰車車牛飾用金塗四品已下七品已上
得乘偏幰車車牛飾用銅
尚書令給哄士十五人左右僕射御史中丞各十二人周氏設六官置司輅之
職以掌公車之政辨其名品與其物色
皇帝之輅十有二等一曰蒼輅以祀昊天上帝二曰青輅以祀東方上帝三曰
朱輅以祀南方上帝及朝日四曰黃輅以祭地祇中央上帝五曰白輅以祀西
方上帝及夕月六曰玄輅以祀北方上帝及感帝祭神州此六輅通漆之而已

不用他物爲飾皆疏面旒就以方色俱十有二（疏面刻皮當顱）七曰玉輅以享先皇加元服納后八曰碧輅以祭社稷享諸先帝大貞於龜食三老五更享食諸侯及耕藉九曰金輅以祀星辰祭四望視朔大射賓射饗羣臣巡犧牲養國老十曰象輅以望秩羣祀視朝燕諸侯及羣臣燕射養庶老適諸侯家巡省臨太學幸道法門十一曰革輅以巡兵即戎十二曰木輅以田獵行鄉畿此六輅又以六色漆而畫之用玉碧金象革物以飾諸末皆錫面金鉤就以五采俱十有二（錫面鏤金當顱鉤以屬勒鞶纓）

皇后之車亦十二等一曰重翟以從皇帝（重翟羽爲車蕃）祀郊禖享先皇朝皇太后二曰厭翟以祭陰社（次其羽也）三曰翟輅以採桑（翟羽飾之）四曰翠輅以從皇帝見賓客（翠羽飾之）五曰雕輅以歸寧（刻諸末也）六曰篆輅以臨諸道法門（篆諸飾也）六輅皆錫面朱總（總以朱絲爲之置馬勒直兩耳與兩鑣也）金鉤七曰蒼輅以適命婦家八曰青輅九曰朱輅十曰黃輅十一曰白輅十二曰玄輅五時常出入則供之六輅皆疏面繢總（以繢爲之）

諸公之輅九方輅（各象方之色）碧輅篆輅皆錫面鞶纓九就金鉤象輅犀輅貝輅革

輅篆輅木輅皆疏面鞶纓九就凡就皆以朱白蒼三采諸侯自方輅而下八又無碧輅諸伯自方輅而下七又無金輅諸子自方輅而下六又無象輅諸男自方輅而下五又無犀輅凡就各如其命諸公夫人之輅車九厭翟翟輅翠輅皆錫面朱總金鉤雕輅篆輅皆勒面刻自黑韋為當顱繢總朱輅黃輅白輅玄輅皆雕面刻漆韋為當顱鷖總總青黑色繒其著如朱總諸侯夫人自翟輅而下八諸伯夫人自翠輅而下七諸子夫人自雕輅而下六諸男夫人自篆輅而下五鞶纓就數各視其君

公孤卿大夫皆以中之色乘祀輅士乘祀車

三公之輅車九祀輅犀輅貝輅篆輅木輅夏篆夏縵墨車輚車自篆已上金塗諸末疏錫鞶纓金鉤木輅已下銅飾諸末疏鞶纓皆九就三孤自祀輅而下八無犀輅六卿自祀輅而下七又無貝輅上大夫自祀輅而下六又無篆輅中大夫自祀輅而下五又無木輅下大夫自祀輅而下四又無夏篆士車三祀車墨車輚車凡就各如其命之數自孤下就以朱綠二采

三妃三公夫人之輅九篆輅朱輅黃輅白輅玄輅皆勒面繢總夏篆夏縵墨車

輚車皆雕面鷖總三妉三孤內子自朱輅已下八六嬪六卿內子自黃輅而下七上媛婦中大夫孺人自玄輅而下五下媛婦大夫孺人自夏篆而下四御婉士婦人自夏縵而下三其鞶纓就各以其等皆篳筩漆之君以赤卿大夫士以玄君駕四三鞅六纓卿大夫駕三二鞅五纓士駕二一鞅四纓

輅之制重輪重較而加耳焉皇帝皇后之輅輿廣六尺有六寸輪高七尺畫輪轂軥衡以雲牙箱軾以虡文虡內畫以雜獸獸伏軾鹿倚較諸侯及夫人命夫命婦之輅車廣六尺有二寸輪崇六尺有六寸畫轂以雲牙軾以虡文虡內畫以雲華鹿倚較士不畫后夫人內子已下同去獸與鹿

凡旗太常畫三辰（日月五星）旂畫青龍（皇帝升龍諸侯交龍）旟畫朱雀旌畫黃麟旗畫白獸旐畫玄武皆加雲其旜物在軍亦書其事號加之以雲氣徽幟亦如之（通帛爲旜雜帛爲物在軍亦書其人官與姓名之事號徽幟亦書之但畫其所書之例）旌節又畫白獸而析羽於其上

司常掌旗物之藏通帛之旗六以供郊丘之祀一曰蒼旗二曰青旗三曰朱旗四曰黃旗五曰白旗六曰玄旗畫繢之旗六以充玉輅之等一曰三辰之常二

曰青龍之旗三曰朱鳥之旟四曰黃麟之旌五曰白獸之旗六曰玄武之旐皆
左建旗而右建闟戟又有繼旗四以施軍旅一曰麾以供軍將二曰旞以供師
帥三曰旝以供旅帥四曰旆以供倅長諸公方輅碧輅建旂金輅建旟象輅建
物木輅建旐諸侯自金輅而下如諸公之旗諸伯自象輅而下如諸侯之旗諸
子自犀輅而下如諸伯之旗諸男自象輅而下如諸子之旗三公犀輅貝輅篆
輅建旜木輅建旐夏篆夏縵及輚車建物孤卿已下各以其輅建其旗

旌杠皇帝六刃諸侯五刃大夫四刃士三刃

旒皇帝曳地諸侯及軹大夫及轂士及軫几注毛於杠首曰綏析羽曰旌全羽
曰旞其幓皇帝諸侯加以弧韣闟戟方六尺而被之以黻唯皇帝諸侯輅建焉

闟戟杠綢與旗同 車之蓋圓以象天輿方以象地輪輻三十以象日月蓋橑二十有八
以象列宿設和鸞以節趨行被旗旒以表貴賤其取象也大其彰德也明是以
王者尙之

皇帝皇后在喪之車五一曰木車初喪乘之二曰素車卒哭乘之三曰藻車既

練乘之四曰䡴車祥而乘之五曰漆車禫而乘之及平齊得其輿輅藏於中府
盡不施用至大象初遣鄭譯閱視武庫得魏舊物取尤異者並加雕飾分給六
宮有乾象輦羽葆圓蓋畫日月五星二十八宿天街雲罕山林奇怪及遊麟飛
鳳朱雀玄武騶虞青龍駕二十四馬以給天中皇后助祭則乘又有大樓輦車
龍輈十二加以玉飾四轂六衡方輿圓蓋金鷄樹羽寶鐸旒蘇鸞雀立衡六螭
龍銜軛建太常畫升龍日月駕二十牛又有象輦左右金鳳白鹿仙人羽葆旒
蘇金鈴玉佩初駕二象後以六駝代之并有遊觀小樓等輦駕十五馬車等合
十餘乘皆魏天興中之所制也宣帝至是咸復御之復令天下車皆以渾成木
為輪
開皇元年內史令李德林奏周魏輿輦乖制請皆廢毀高祖從之唯留魏太和
時儀曹令李韶所制五輅齊天保所遵用者又留魏熙平中太常卿穆紹議皇
后之輅其從祭則御金根車親桑則御雲母車並駕四馬歸寧則御紫罽車遊
行則御安車弔問則御紺罽軿車並駕三馬於後著令制五輅

玉輅青質以玉飾諸末重箱盤輿左青龍右白虎金鳳翅畫虡文鳥獸黃屋左纛金鳳在軾前八鸞在衡二鈴在軾龍輈前設鄣塵青蓋黃裏繡飾博山鏡子樹羽輪皆朱斑重牙左建旗十有二旒皆畫升龍其長曳地右載闟戟長四尺廣三尺黻文旂首金龍頭銜結綬及鈴緌駕蒼龍金鍐方釳插翟尾五隼鏤錫鞶纓十有二就（錫馬當顱鏤金爲之鞶馬大帶纓馬鞅皆以五彩飾之就成也一帀爲一就）祭祀納后則供之

金輅赤質以金飾諸末左建旟右建闟戟（旟畫鳥隼）餘與玉輅同駕赤騮朝覲會同饗射飲至則供之

象輅黃質以象飾諸末左建旌右建闟戟（旌畫黃麟）駕黃騮行道則供之

革輅白質鞔之以革左建旗右建闟戟（旗畫白獸）駕白駱巡守臨兵事則供之

木輅漆之左建旐右建闟戟（旐畫龜蛇）駕黑騮田獵則供之

五輅之蓋旌旗之質及鞶纓皆從輅之色蓋之裏俱用黃其鏤錫五輅同

安車飾重輿曲壁紫油纁朱裏通幰朱絲絡網朱鞶纓朱覆髮具絡駕赤騮臨幸則供之

四望車制同犢車金飾青油纁朱裏通幰拜陵臨弔則供之

皇后皇太后重翟青質金飾諸末朱輪金根朱牙其箱飾以重翟羽青油纁朱裏通幰繡紫帷朱絲絡網繡紫絡帶八鑾在衡錫鞶纓十二就金鑁方釳插翟尾朱總總以朱爲之如馬纓而小著馬勒在兩耳兩鑣也駕蒼龍受冊從郊禖享廟則供之

厭翟赤質金飾諸末輪畫朱牙其箱飾以次翟羽紫油纁朱裏通幰紅錦帷朱絲絡網紅錦絡帶其餘如重翟駕赤騮親桑則供之

翟車黃質金飾諸末輪畫朱牙其車側飾以翟羽黃油纁黃裏通幰白紅錦帷朱絲絡網白紅錦絡帶其餘如重翟駕黃騮歸寧則供之諸鞶纓之色皆從車質

安車赤質金飾紫通幰朱裏駕四馬臨幸及弔則供之

皇太子金輅赤質金飾諸末重較箱畫虡文鳥獸黃屋伏鹿軾龍輈金鳳一在軾前設鄣塵朱蓋黃裏輪畫朱牙左建旂九旒右載闟戟旂首金龍頭銜結綬及鈴緌駕赤騮四八鑾在衡二鈴在軾金鑁方釳插翟尾五隼鏤錫鞶纓九就

從祀享正冬大朝納妃則乘之
軺車金飾諸末紫通幰朱裏駕一馬五日常朝及朝饗宮臣出入行道乘之
四望車金飾諸末紫油纁通幰朱裏朱絲絡網駕一馬弔臨則乘之
公及一品象輅黃質以象飾諸末建旟畫以鳥隼受冊告廟升壇上任親迎及葬則乘之
侯伯及二品三品革輅白質以革飾諸末建旟畫熊獸受冊告廟親迎及葬則乘之
子男及四品木輅黑質以漆飾之建旐畫以龜蛇受冊告廟親迎及葬則乘之
象輅已下旒及就數各依爵品雖依禮製名未及創造開皇三年閏十二月並詔停造而盡用舊物至九年平陳又得輿輦舊著令者以付有司所不載者並皆毀棄雖從儉省而於禮多闕十四年詔又以見所乘車輅因循近代事非經典令更議定於是命有司詳考故實改造五輅及副玉輅青質祭祀乘之金輅赤質朝會禮還乘之象輅黃質臨幸乘之革輅白質戎事乘之木輅玄質耕藉

乘之五輅皆朱班輪龍輈重輿建十二旒並畫升龍左建闟戟旂旒與輅同色樊纓十有二就王五等開國第一第二品及刺史輅朱質朱蓋斑輪左建旂旂畫龍一升一降右建闟戟第三第四品輅朱質朱蓋左建旜通帛爲之旂旜皆赤其旒及樊纓就數各依其品大業元年更製車輦五輅之外設副車詔尚書令楚公楊素吏部尚書奇章公牛弘工部尚書安平公宇文愷內史侍郎虞世基禮部侍郎許善心太府少卿何稠朝請郎閻毗等詳議奏決於是審擇前朝故事定其取捨云

玉輅禋祀所用飾以玉白虎通云玉輅大輅也周禮巾車氏所掌鏤錫樊纓十有再就建太常十有二旒虞氏謂之鸞車夏后氏謂之鉤車殷謂之大輅周謂之乘輅大戴禮著其形式上蓋如規象天二十八橑象列星下方輿象地三十輻象一月前視則覩鑾和之聲側觀則覩四時之運昔成湯用而郊祀因有山車之瑞亦謂桑根車蔡邕獨斷論漢制度凡乘輿車皆有六馬羽蓋金爪黃屋左纛鏤錫方釳重轂繁纓黃繒爲蓋裏也左纛以氂牛尾建於竿上其大如斗

立于左騑也鏤錽高闊各五寸上如傘形施於髮上而插翟尾也方釳當顱蓋
馬冠也繁纓膺前索也重轂重施轂也應劭漢官大輅龍旂畫龍於旂上也董
巴志謂爲瑞山車秦謂金根即殷輅矣司馬彪志亦云漢備五輅或謂德車其
所駕馬皆如方色唯晉太常鄉摯虞獨疑大輅謂非玉輅摯虞之說理實可疑
而歷代通儒混爲玉輅詳其施用義亦不殊左建太常案釋名日月爲常畫日
月於旗端言常明也又云自夏始也奚仲爲夏車正加以旂常於是旒就有差
用明尊卑之別也董巴所述全明漢制天子建太常十二斿曳地日月升龍象
天明也今之玉輅參用舊典消息取捨裁其折中以青爲質玉飾其末重箱盤
輿左龍右獸金鳳翅畫虡文輒左立纛金鳳一在軾前八鸞在衡二鈴在軾龍
輈之上前設鄣塵青蓋黃裏繡游帶金博山綴以鏡子下垂八佩樹四十葆羽
輒皆朱斑重牙復轄左建太常十有二旒皆畫升龍日月其長曳地右載闟戟
長四尺闊三尺黻文旗首金龍頭銜鈴及綏垂以結綬駕蒼龍金錽方釳插翟
尾五隼鏤錫鞶纓十有二就皆五綵罽以爲文飾天子祭祀納后則乘之馭士

二十八人餘輅準此

副車案蔡邕獨斷五輅之外乃復設五色安車立車各一乘皆駕四馬是爲五時副車俗人名曰五帝車者蓋副車也故張良狙擊秦皇帝誤中副車漢家制度亦備副車司馬彪云德車駕六後駕四是爲副車魏志亦云天子命太祖駕金根六馬設五時副車江左乃闕至梁始備開皇中不置副車平陳得之毀而弗用至是復並設之副玉輅色及旗章一同正輅唯降二等駕用四馬馭士二十四人餘四副準此

金輅案尙書卽綴輅也周官金輅鏤錫繁纓九就建大旂以賓同姓以封夫禮窮則通下得通於上也故天子乘之接賓宴同姓諸侯受而出封是以漢太子諸王皆乘金輅及安車並朱斑輪倚獸較伏鹿軾黑櫎文畫藩靑蓋金華施橑朱畫轅金塗飾非皇子爲王不錫此乘皆左右騑駕三馬旂九旒畫降龍皇孫乘綠車亦駕之魏晉制太子及諸王皆駕四馬依摯虞議天子金輅次在第二又云金輅以朝象輅以賓則是晉用輅與周異矣宋起居注泰始四年尙書令

建安王休仁議天子之元子士也故齒胄於辟雍欲使知教而後尊不得生而貴矣旣命之後禮同上公故天子賜之金輅但減旂章爲等級象及革木賜異姓諸侯在朝卿士亦準斯例此則皇太子及帝子王者通得乘之自晉過江王公以下車服卑雜唯有太子禮秩崇異又乘山石安車義不經見事無所出賜金輅者此爲古制降乘輿二等駕用四馬唯天子五輅通駕六馬旗旌旗旐並十二旒左建旟案爾雅錯革鳥曰旟郭璞云此謂全剝鳥皮毛置之竿上也舊說刻爲革鳥孫叔敖云革急也言畫急疾鳥於旒上也周官所謂鳥隼爲旟亦是急義今之金輅赤質黃金飾諸末左建旟畫飛隼右建闟戟鞶纓鳳翅等並同玉輅駕赤騮臨朝會同饗射飲至則用之皇太子輅古者金飾宋齊以來並乘象輅宇文愷閻毗奏案宋大明六年初備五輅有司奏云秦改周輅創制金根漢魏因循其形莫改而金玉二輅雕飾略同造次瞻覩殆無差別若錫於東儲在禮嫌重非所以崇峻陛級表示等威今皇太子宜乘象輅碧旂九葉進不斥尊退不逼下酌時沿古於禮爲中觀宋此義乃無副車新置五輅金玉同體

至象已下，卽爲差降所以太子不得乘金輅欲示等威故令給象今取周禮之
名依漢家之制天子五輅形飾並同旒及繁纓例皆十二黃屋左纛金根重轂
無不悉同唯應五方色以爲殊耳若用此輅給於太子革木盡皆不可何況金
象者乎旣製副車駕用四馬至於金輅自有等差春秋之義降下以兩今天子
金輅駕用六馬十二旒太子金輅駕用四馬降龍九旒制頗同於副車又有旌
旗之別幷嫡皇孫及親王等輅並給金輅而減其雕飾合於古典臣謂非嫌制
曰可於是太子金輅赤質制同副車具體而小亦駕四馬馭士二十人皇嫡孫
金輅綠質降太子一等去盤輿重轂轅上起箱末以金飾旌長七刃七旒駕用
四馬馭士一十八人親王金輅以赤爲質餘同於皇嫡孫唯在其國及納妃親
迎則給之常朝則乘象輅
象輅案尙書卽先輅也周禮象輅朱繁纓五就建大赤以朝異姓以封左建旌
案爾雅注旄首曰旌許愼所說游車載旌廣雅云天子旌高九刃諸侯七刃大
夫五刃周書王會張羽鳧旌禮記云龍旂九旒天子之旌也今象輅以黃爲質

象飾諸末左建旌畫綠麟右建闟戟駕黃駵祀后土則用之
革輅案釋名天子車也周禮革輅龍勒條纓五就建大白用之即戎以封四衞古者革輓而漆之更無他飾又有戎輅之革廣車之革闕車之革輕車之革此皆兵車所謂五戎然革輅亦名戎輅天子在軍所乘廣車橫陣車也闕車補闕車也飾並以革故師供革車各以其革摯虞議云革輅第四左建旌案釋名熊獸爲旗周官龍旂九旒以象大火今革輅白質輓之以革左建旗畫騶虞右建闟戟駕白駱巡守臨兵則用之三品已下並乘革輅朱色爲質馭士十六人
木輅案尚書即次輅也周官木輅緇樊鵠纓建麾以畋以封藩國晉摯虞云畋輅第五唯宋泰始詔乘木輅以耕稼徐爰釋疑略曰天子五輅晉遷江左闕其三唯有金輅以郊木輅即戎宋大明時始備其數
凡五輅之蓋旌旗之質及鞶纓皆從方色蓋裏並黃雕飾如一沈約曰金象革木禮圖不載其形今旒數羽葆並同玉輅左建旐案周官龜蛇爲旐釋名云龜知氣兆之吉凶也許慎云旐有四斿以象營室今木輅黑質漆之左建旐畫玄

武右建闟戟駕黑騂畋獵用之四品方伯乘木輅赤質駕士十四人
安車案禮卿大夫致事則乘之其制如輜輧蔡邕獨斷有五色安車皆畫輪重
轂今畫輪重輿曲壁紫油幢絳裹通幰朱絲絡網赤鞶纓駕四馬省問臨幸則
乘之皇太子安車班輪赤質制略同乘輿亦駕四馬
四望車案晉中朝大駕鹵簿四望車駕牛中道東宮舊儀皇太子及妃皆有畫
輪四望車今四望車制同犢車黃金飾青油幢朱裏紫通幰紫絲網駕一牛拜
陵臨弔則用之皇太子四望車綠油幢青通幰朱絲絡網
耕根車案沈約云親幸耕籍御之三蓋車一名芝車又名耕根車置耒耜於軾
上即潘岳所謂紺轅屬於黛耜者也開皇無之駕出親耕則乘木輅蓋依宋泰
始之故事也今耕根車以青爲質三重施蓋羽葆雕裝並同玉輅駕六馬其軾
平以青囊感耒而加於上籍千畝行三推禮則親乘焉
羊車案晉司隸校尉劉毅奏護軍羊琇私乘者也開皇無之至是始置焉其制
如軺車金寶飾紫錦幰朱絲網馭童二十人皆兩鬟髻服青衣取年十四五者

爲謂之羊車小史駕以果下馬其大如羊
屬車案古者諸侯貳車九乘秦滅九國兼其車服故爲八十一乘漢遵不改武
帝祠太一甘泉則盡用之明帝上原陵又用之法駕三十六乘小駕十二乘開
皇中大駕十二乘法駕減半大業初屬車備八十一乘並如犢車紫通幰朱絲
絡網黃金飾駕一牛在鹵簿中單行正道至三年二月帝嫌其多問起部郎閻
毗毗曰臣共宇文愷參詳故實此起於秦遂爲後式故張衡賦云屬車九九是
也次及法駕三分減一此漢制也故文帝紀奉天子法駕迎代邸如淳曰屬車
三十六乘是也又據宋孝建時有司奏議晉遷江左唯設五乘尚書令建平王
宏曰八十一乘無所準憑江左五乘儉不中禮但帝王旂旒之數皆用十二今
宜準此設十二乘開皇平陳因以爲法令憲章往古大駕依秦法駕依漢小駕
依宋以爲差等帝曰大駕宜用三十六法駕宜用十二小駕除之可也
輦案釋名人所輦也漢成帝遊後庭則乘之徐爰釋問云天子御輦侍中陪乘
今輦制象軺車而不施輪通幰朱絡飾以金玉用人荷之

副輦加笨制如犢車亦通幰朱絡謂之蓬輦自梁武帝始也
輿案說文云篋竹輿也周官曰周人上輿漢室制度以雕玉爲之方徑六尺今
輿制如輦而但小耳宮苑宴私則御之
小輿幰方形同幄帳自閤出升正殿則御之
軺車案六韜一名遙車蓋言遙遠四顧之車也漢武帝迎申公弟子二人乘軺
傳從此又是馳傳車也晉氏鹵簿御史軺車行中道晉公卿禮秩云尚書令軺
黑耳後戶今軺車青通幰駕二馬王侯入學五品朝婚通給之司隸刺史及縣
令詔使品第六七則並駕一馬
犢車案魏武書贈楊彪七香車二乘用牛駕之蓋犢車也長沙耆舊傳曰劉壽
常乘通幰車今犢車通幰自王公已下至五品已上並給乘之三品已上青幰
朱裏五品已上紺幰碧裏皆白銅裝唯有慘及弔喪者則不張幰而乘鐵裝車
六品已下不給任自乘犢車弗許施幰初五品已上乘偏幰車其後嫌其不美
停不行用以亘幰代之三品已上通幰車則青壁一品軺車油幰朱網唯車輅

一等聽勑始得乘之

馬珂三品已上九子四品七子五品五子

皇后重翟車案周禮正后亦有五輅一曰重翟二曰厭翟三曰安車四曰翟車五曰輦車漢制后法駕乘重翟車今重翟青質金飾諸末畫輪金根朱牙重轂其箱飾以重翟羽青油幢朱裏通幰紫繡帷朱絲絡紫繡帶八鑾在衡鏤錫鞶纓十有二就金鍐方釳插翟尾朱總綴於馬勒及兩金鑣之上駕蒼龍受冊從祀郊禖享廟則供之

厭翟赤質金飾諸末朱輪畫朱牙其箱飾以次翟羽紫油幢朱裏通幰紅錦帷朱絲絡網紅錦帶其餘如重翟駕赤騮採桑則供之

翟車黃質金飾諸末輪畫朱牙其箱飾以翟羽黃油幢黃裏通幰白紅錦帷朱絲絡網白紅錦帶其餘如重翟駕黃騮歸寧則供之諸鞶纓之色皆從車質

安車金飾紫通幰朱裏駕四馬臨幸及弔則供之

輦車金飾同於蓬輦通幰班輪駕用四馬宮苑近行則乘之皇后屬車三十六

乘初宇文愷閻毗奏定請減乘輿之半禮部侍郎許善心奏駁曰謹案周禮后
備六服幷設五輅采章之數並與王同屬車之制不應獨異又宋孝建時議定
輿輦天子屬車十有二乘至大明元年九月有司奏皇后副車未有定式詔下
禮官議正其數博士王爕之議鄭玄云后象王立六宮亦正寢而燕寢五推其
所立每與王同謂十二乘通關爲允宋帝從之遂爲後式今請依乘輿不須差
降制曰可
三妃乘翟車以赤爲質駕二馬九嬪已下並乘犢車青幰朱絡網
皇太子妃乘翟車以赤爲質駕三馬畫轅金飾犢車爲副紫幰朱絡網良娣已
下並乘犢車青幰朱裏
三公夫人公主王妃並犢車紫幰朱網絡五品已上命婦並乘青幰與其夫同

隋書卷十

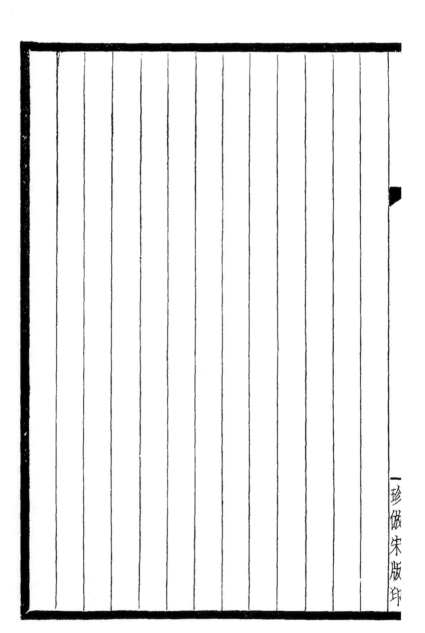

隋書卷十考證

禮儀志五金㚇鏤鍚〇監本鍚訛錫按詩經鉤膺鏤鍚傳鏤鍚有金鏤其鍚也箋眉上曰鍚刻金飾之今當盧也疏以鏤金加於馬面之鍚左傳鍚鸞和鈴昭其聲也注鍚在馬額陸德明音義鍚音羊　臣映斗按鍚金旁從昜與金錫之錫金旁從易音昔者各爲一字音義並殊詩箋所謂當盧卽下文之當顱詩疏所謂馬面之鍚卽下文之鍚面本卷鍚字甚多率訛作錫今悉改正

三曰旆〇各本作旆通考作旆音伐

行道則供之〇通考行道作祀后土

駕白駱〇監本駱訛輅宋本同　臣映斗按上文是革輅所駕之馬爾雅白馬黑鬣駱則爲白駱無疑通考作白駵孫炎爾雅注駵赤色也詩經集傳赤身黑鬣曰駵無由稱白駵也

張良狙擊〇監本狙訛徂史記留侯世家作狙注服虔曰伺也候也

羊車晉司隸校尉劉毅奏護軍羊琇私乘者也開皇無之至是始置焉〇臣映

斗

按周禮攷工記羊車二柯有參分柯之一注羊車善也若今定張車宮中所用晉書輿服志羊車一名輦車又衞玠傳少時乘羊車於洛陽市北史齊武成帝以斛律金舊老每朝賜羊車上殿本志亦載羊車一名輦漢氏或以人牽或駕果下馬然則羊車之制古矣

隋書卷十考證

隋書卷十一

唐太尉揚州都督監修國史上柱國趙國公臣長孫無忌等撰

志第六

禮儀六

梁制乘輿郊天祀地禮明堂祠宗廟元會臨軒則黑介幘通天冠平冕俗所謂平天冠者也其制玄表朱綠裏廣七寸長尺二寸加於通天冠上前垂四寸後垂三寸前圓而後方垂白玉珠十有二旒其長齊肩以組爲纓各如其綬色傍垂黈纊琉珠以玉瑱其衣皁上絳下前三幅後四幅衣畫而裳繡衣則日月星辰山龍華蟲火宗彝畫以爲繢裳則藻粉米黼黻以爲繡凡十二章素帶廣四寸朱裏以朱繡裨飾其側中衣以絳緣領袖赤皮爲韠蓋古之韍也絳袴襪赤舄佩白玉垂朱黃大綬黃赤縹紺四采革帶帶劍緄帶以組爲之如綬色黃金辟邪首爲帶鐍而飾以白玉珠又有通天冠高九寸前加金博山述黑介幘絳紗袍皁緣中衣黑舄是爲朝服元正賀畢還儲更衣出所服也其釋奠先聖則

皁紗袍絳緣中衣絳袴襪黑舄臨軒亦服衮冕未加元服則空頂介幘拜陵則
箋布單衣介幘又有五梁進賢冠遠遊平上幘武冠單衣黑介幘宴會則服之
單衣白帢以代古之疑衰皮弁爲弔服爲羣臣舉哀臨喪則服之
天監三年何佟之議公卿以下祭服裏有中衣即今之中單也案後漢輿服志
明帝永平二年初詔有司採周官禮記尚書乘輿服從歐陽說公卿以下服從
大小夏侯說祭服絳緣領袖爲中衣絳袴襪示其赤心奉神今中衣絳緣足有
所明無俟於袴既非聖法謂不可施遂依議除之
四年有司言平天冠等一百五條自齊以來隨故而毁未詳所送何佟之議禮
祭服敝則焚之於是並燒除之其珠玉以付中署
七年周捨議詔旨以王者衮服宜畫鳳皇以示差降按禮有虞氏皇而祭深衣
而養老鄭玄所言皇則是畫鳳皇羽也又按禮所稱雜服皆以衣定名猶加衮
冕則是衮衣而冕明有虞言皇者是衣名非冕明矣畫鳳之旨事實灼然制可
又王僧崇云今祭服三公衣身畫獸其腰及袖又有青獸形與獸同義應是蜼

即宗彝也兩袖各有禽鳥形類鸞鳳似是華蟲今畫宗彝即是周禮但鄭玄云
蜼蝸屬昂鼻長尾是獸之輕小者謂宜不得同獸尋冕服無鳳應改爲雉又裳
有圓花於禮無礙疑是畫師加葩蘤耳藻米黼黻並乖古制今請改正井去圓
花帝曰古文日月星辰此以一辰攝三物也山龍華蟲又以一山攝三物也藻
火粉米又以藻攝三物也是爲九章今袞服畫龍則宜應畫鳳明矣孔安國云
華者花也則爲花非疑若一向畫雉差降之文復將安寄鄭義是所未允又帝
曰禮王者祀昊天上帝則大裘而冕祀五帝亦如之又云莞席之安而蒲越稾
秸之用斯皆至敬無文貴誠重質今郊用陶匏與古不異而大裘蒲秸獨不復
存其於質敬恐有未盡且一獻爲質其劍佩之飾及公卿所著冕服可共詳定
五經博士陸瑋等並云祭天猶存掃地之質而服章獨取黼黻爲文於義不可
今南郊神座皆用莔席此獨莞類未盡質素之理宜以稾秸爲下藉蒲越爲上
席又司服云王祀昊天服大裘明諸臣禮不得同自魏以來皆用袞服今請依
古更制大裘制可瑋等又尋大裘之制唯鄭玄注司服云大裘羔裘也旣無所

出未可爲據案六冕之服皆玄上纁下今宜以玄繒爲之其制式如裘其裳以纁皆無文繡冕則無旒詔可又乘輿宴會服單衣黑介幘舊三日九日小會初出乘令輅服之八年帝改去還皆乘輦服白紗帽

九年司馬筠等參議禮記玉藻云諸侯玄冕以祭裨冕以朝雜記又云大夫冕而祭於公弁而祭於己今之尚書上異公侯下非卿士止有朝衣本無冕服但既預齋祭不容同在於朝宜依太常及博士諸齋官例著皁衣絳襈中單竹葉冠若不親奉則不須入廟帝從之

十一年尚書參議按禮跣韈事由燕坐履不宜陳尊者之側今則極敬之所莫不皆跣清廟崇嚴既絕恆禮凡有履行者應皆跣韈詔可

陳永定元年武帝卽位徐陵白所定乘輿御服皆採梁之舊制又以爲冕旒後漢用白玉珠晉過江服章多闕遂用珊瑚雜珠飾以翡翠侍中顧和奏今不能備玉珠可用白琁從之蕭驕子云白琁蚌珠是也帝曰形制依此今天下初定務從節儉應用繡織成者並可彩畫金色宜塗珠玉之飾任用蚌也至天嘉初

悉改易之定令具依天監舊事然亦往往改革今不同者皆隨事於注言之不言者蓋無所改制云

皇太子金璽龜鈕朱綬三百二十首 朝服遠遊冠金博山佩瑜玉翠綬垂組朱衣絳紗袍皁緣白紗巾衣白曲領帶鹿盧劍火珠首素革帶玉鉤燮獸頭鞶囊其大小會祠廟朔望五日還朝皆朝服常還上宮則朱服若釋奠則遠遊冠玄朝服絳緣中單絳袴袜玄舄講則著介幘又有三梁進賢冠其侍祀則平冕九旒袞衣九章白紗絳緣中單絳繒韠赤舄絳韈若加元服則中舍執冕從皇太子舊有五時朝服自天監之後則朱服在上省則烏帽永福省則白帽云

諸王金璽龜鈕纁朱綬一百六十首 朝服遠遊冠介朱衣絳紗袍皁緣中衣素帶黑舄佩山玄玉垂組大帶獸頭鞶腰劍若加餘官則服其加官之服

開國公金章龜鈕玄朱綬二百四十首 朝服紗朱衣進賢三梁冠佩山玄玉獸頭鞶腰劍

開國侯伯金章龜鈕青朱綬一百二十首 朝服紗朱衣進賢三梁冠佩水蒼玉獸頭

鞶腰劍

開國子男金章龜鈕青綬首二百 朝服紗朱衣進賢三梁冠佩水蒼玉獸頭鞶腰劍

縣鄉亭關內關中及名號侯金印龜鈕紫綬朝服進賢二梁冠獸頭鞶腰劍關內關中及名號侯則珪鈕

關外侯銀印珪鈕青綬朝服進賢二梁冠獸頭鞶腰劍

諸王嗣子金印珪鈕紫綬首八十 朝服進賢二梁冠佩山玄玉獸頭鞶腰劍

開國公侯嗣子銀印珪鈕青綬首八十 朝服進賢二梁冠佩水蒼玉獸頭鞶腰劍

太宰太傅太保司徒司空金章龜鈕紫綬首八十 朝服進賢三梁冠佩山玄玉獸頭鞶腰劍陳令加有相國丞相服制同

大司馬大將軍太尉諸位從公者金章龜鈕紫綬首八十 朝服武冠佩山玄玉獸頭鞶腰劍直將軍則不帶劍

凡公及位從公言以將軍及以左右光祿開府儀同者隨本位號其文則曰某位號儀同之章各五等諸侯助祭郊廟

皆平冕九旒青玉爲珠有前無後各以其綬色爲組纓旁垂黈纊衣玄上纁下畫山龍已下九章備五采大佩赤舄朐屨錄尚書無章綬品秩悉以餘官總司其任服則餘官之服猶執笏紫荷其在都坐則東面最上

尚書令僕射尚書銅印墨綬朝服納言幘進賢冠佩水蒼玉（尚書則無印綬）腰劍紫荷執笏（陳尚書令僕射金章龜鈕紫綬八十首獸頭鞶尚書無印綬及鞶餘並同梁）

侍中散騎常侍通直常侍員外常侍朝服武冠貂蟬（侍中左插常侍右插）皆腰劍佩水蒼玉（其員外常侍不給佩）舊至尊朝會登殿侍中常侍夾御御下輿則扶左右侍中驂乘則不帶劍中書監令祕書監銅印墨綬朝服進賢兩梁冠佩水蒼玉腰劍獸頭鞶（陳制銀章龜鈕青綬八十首獸頭鞶腰劍餘同梁）

左右光祿大夫皆與加金章紫綬同其但加金紫者謂之金紫光祿但加銀青者謂之光祿大夫（陳令有特進進賢二梁冠朝服佩水蒼玉腰劍梁令不載）

光祿太中中散大夫太常光祿弘訓太僕太僕廷尉宗正大鴻臚大司農少府大匠諸卿丹陽尹太子保傅大長秋太子詹事銀章龜鈕青綬獸頭鞶朝服進

賢冠二梁佩水蒼玉卿大夫助祭則冠平冕五旒黑玉爲飾有前無後各以其綬采爲組纓旁垂黈纊衣玄上纁下畫華蟲七章皆佩五采大佩赤舃絇屨陳宮卿改云慈訓餘皆同梁又有大舟卿服章同

驃騎車騎衞將軍中軍冠軍輔國將軍四方中郎將金章紫綬中郎將則青綬朝服武冠佩水蒼玉陳令鎮衞驃騎車騎中軍中衞中撫軍中權四征四鎮四安四翊四平將軍金章獸鈕其冠軍四方中郎將金章豹鈕並紫綬八十首獸頭鞶朝服武冠佩水蒼玉自中軍已下諸將軍及冠軍四方中郎將並官不給佩

領護軍中領護軍五營校尉銀印青綬朝服武冠佩水蒼玉獸頭鞶其屯騎夾御日假給佩餘校不給陳令領護金章龜鈕紫綬八十首中領護銀章龜鈕青綬八十首其五營校尉銀印珪鈕青綬八十首官不給佩餘並同梁

弘訓衞尉衞尉陳宮卿云慈訓服同諸卿但武冠司隸校尉陳無官服左右衞驍騎游擊前左右後軍將軍龍驤寧朔建威振威奮威揚威廣威武威建武振武奮武揚武廣武等將軍積弩積射強弩將軍監軍銀章青綬朝服武冠佩水蒼玉獸頭鞶驍游已下並不給佩驍游夾侍日假給陳令左右衞銀章龜鈕不給劍左右驍騎游擊雲騎游騎前左右後軍將軍左右中郎將銀印

珪鈕，餘服飾同梁。亦官不給佩。其驍游、雲騎、夾御，日假給。其積弩、積射、強弩，銅印環鈕，墨綬，帶劍，餘服同梁。又有忠武、軍師、武臣、爪牙、龍騎、雲麾、鎮兵、翊帥、宣惠、宣毅、智威、仁威、勇威、信威、嚴威、智武、仁武、勇武、信武、嚴武，金章，豹鈕，紫綬八十首，官不給。輕車、鎮朔、武旅、貞毅、朔威、寧遠、安遠、征遠、振遠、宣遠等將軍，金章，貔鈕，紫綬，並獸頭鞶，朝服，武冠，佩水蒼玉。

國子祭酒，阜朝服，進賢二梁冠，佩水蒼玉。

御史中丞、都水使者，銀印，墨綬，朝服，進賢二梁冠，獸頭鞶，腰劍，佩水蒼玉。陳中丞銀章龜鈕，青綬八十首，二梁冠，餘同梁。其都水，陳梁改爲大舟卿，服在諸卿中見。

謁者僕射，銅印環鈕，墨綬八十首，朝服，高山冠，獸頭鞶，佩水蒼玉，腰劍。

諸軍司，銀章龜鈕，青綬，朝服，武冠，獸頭鞶。

給事中、黃門侍郎、散騎、通直、員外散騎侍郎、奉朝請、太子中庶子、庶子、武衛將軍、武騎常侍，朝服，武冠，腰劍。陳令庶子已上簪筆。其武衛不劍，正直夾御，白布袴褶。

中書侍郎，朝服，進賢一梁冠，腰劍。冗從僕射、太子衛率，銅印，墨綬，獸頭鞶，朝服，武冠。陳衛率銀章龜鈕，青綬，不劍。冗從銅印環鈕，墨綬，腰劍，餘並同梁。

武賁中郎將、羽林監，銅印環鈕，墨綬，朝服，武冠，獸頭鞶，腰劍。其在陛牙及備鹵

簿著髦尾絳紗縠單衣
護匈奴中郎將護羌戎夷蠻越烏丸西域校尉銀印珪鈕青綬朝服武冠獸頭
鞶陳令無此官其庶子鎮蠻寧蠻平戎西戎校尉平越中郎將服章同
安夷撫夷護軍州郡國都尉奉車駙馬騎都尉諸護軍銀印珪鈕青綬獸頭鞶
朝服武冠陳安遠鎮蠻護軍州郡國都尉奉車駙馬騎都尉諸護軍服章同無餘文
州刺史銅印墨綬獸頭鞶腰劍絳朝服進賢二梁冠陳銅章龜鈕青綬餘同梁
郡國太守相內史銀章龜鈕青綬獸頭鞶單衣介幘加中二千石依卿尹冠服
劍佩
尚書左右丞祕書丞銅印環鈕黃綬獸爪鞶朝服進賢一梁冠
尚書祕書著作郎太子中舍人洗馬舍人朝服進賢一梁冠腰劍
諸王友文學朱服進賢一梁冠陳令諸王師服同
治書侍御史侍御史朝服腰劍法冠治書侍御史則有銅印環鈕墨綬陳又有殿中蘭臺侍御史朝服法冠腰劍簪筆
諸博士給皁朝服進賢兩梁冠佩水蒼玉

太學博士正限八人著佩限外六人不給
廷尉律博士無佩並簪筆
國子助教阜朝服進賢一梁冠簪筆
公府長史獸頭鞶諸卿尹丞黃綬獸爪鞶簪筆
諸縣署令秩千石者獸爪鞶銅印環鈕墨綬朝服進賢兩梁冠長史朱服諸卿
尹丞建康令玄服
公府掾屬主簿祭酒朱服進賢一梁冠公府令史亦同領護軍長史朱服獸頭
鞶諸軍長史單衣介幘獸頭鞶諸卿部丞獄丞並阜朝服一梁冠黃綬獸爪鞶
簪筆
太子保傅詹事丞阜朝服一梁冠簪筆獸爪鞶黃綬
郡國相內史丞長史單衣介幘長史獸頭鞶其丞黃綬獸爪鞶
諸縣署令長相單衣介幘獸頭鞶銅印環鈕墨綬朝服進賢一梁冠諸署令朱
衣武冠州都大中正郡中正單衣介幘

太子門大夫獸頭鞶陵令長獸爪鞶銅印環鈕墨綬朝服進賢一梁冠令長朱服率更家令僕朝服兩梁冠獸頭鞶腰劍
黃門諸署令僕長丞朱服進賢一梁冠銅印環鈕墨綬丞黃綬黃門宂從僕射監太子寺人監銅印環鈕墨綬朝服武冠獸頭鞶
公府司馬領護軍司馬諸軍司馬護匈奴中郎將護羌戎夷蠻越烏丸戊己校尉長史司馬銅印環鈕墨綬獸頭鞶朝服武冠諸軍司馬單衣平巾幘長史介幘陳令公府司馬領護軍司馬諸軍司馬鎮安蠻安遠護軍蠻戎越校尉中郎將長史司馬其服章與梁官同
公府從事中郎朱服進賢一梁冠諸將軍開府功曹主簿單衣介幘革帶廷尉建康正監平銅印環鈕墨綬皁零辟朝服法冠獸爪鞶
左右衞司馬銅印環鈕墨綬單衣帶平巾幘獸頭鞶
諸府參軍單衣平巾幘
諸州別駕治中從事主簿西曹從事玄朝服進賢一梁冠簪筆常公事單衣介幘朱衣

直閤將軍朱服武冠銅印珪鈕青綬獸頭鞶
直閤將軍諸殿主帥朱服武冠正直絳衫從則裲襠衫諸開國郎中令大農公
傅中尉銅印環鈕青綬朝服進賢兩梁冠中尉武冠皆獸頭鞶
諸開國三將軍銅印環鈕青綬朝服武冠限外者不給印陳制墨綬餘並同梁
開國掌書中尉司馬陵廟食官廄牧長典醫典府丞銅印常侍侍郎世子庶子
謁者中大夫舍人不給印典書典祠學官令典膳丞長銅印限外者不給印
左右常侍侍郎典衛中尉司馬朝服武冠典書典祠學官令朝服進賢一梁冠
餘悉朱服一梁冠常侍侍郎典書典祠學官令簪筆腰劍
太子衛率率更家令丞銅印環鈕黃綬皁朝服進賢一梁冠獸爪鞶
太子常從武賁督銅印環鈕墨綬朝服武冠獸爪鞶
殿中將軍員外將軍朱服武冠
州郡國都尉司馬銅印環鈕墨綬朱服武冠獸頭鞶
諸謁者朝服高山冠

中書通事舍人門下令史主書典書令史門下朝廷局書令史太子門下通事
守舍人主書典守舍人二宮齋內職左右職局齋幹已上朱服武冠
殿中內外局監太子內外監殿中守舍人銅印環鈕朱服武冠
內外監典事書吏朱服進賢一梁冠內監朝廷人領局典事外監統軍隊諮詳
發遣局典事武冠外監及典事書吏悉著朱衣唯正直及齋監拜受使不在例
其東宮內外監殿典事書吏依臺格五校三將軍主事內監主事外監主事
三校主事朱服武冠
尙書都令史都水參事門下書令史集書中書尙書祕書署作掌書主書主圖
主譜典客令史書令史監令僕射省事蘭臺殿中蘭臺謁都令史公府令史書
令史太子導客次客守舍人及諸省典事朱衣進賢一梁冠
尙書都筦度支筦左右校吏朱服進賢一梁冠
諸縣署丞太子諸署丞王公侯諸署及公主家令丞僕銅印環鈕黃綬朱服進
賢一梁冠太官太醫丞武冠

諸縣尉銅印環鈕單衣介幘黃綬獸爪鞶節騎郎朱服武冠其在陛列及備鹵簿者髦尾絳紗縠單衣御節郎黃鉞郎朝服赤介幘簪筆典儀唱警唱奏事持兵主麾等諸職公事及備鹵簿朱服武冠殿中中郎將校尉都尉銀印珪鈕青綬朱服武冠獸頭鞶

城門候銅印環鈕墨綬朱服武冠獸頭鞶

部曲督司馬吏部曲將銅印環鈕朱服武冠司馬吏假墨綬獸爪鞶

太中中散諫議大夫議郎中郎郎中舍人朱服進賢一梁冠

諸門郎僕射佐吏東宮門吏其郎朱服僕射皁零辟朝服進賢冠吏却非冠佐吏著進賢冠

總章協律銅印環鈕艾綬獸爪鞶朱服武冠

黃門後閤舍人主書齋帥監食主食主客扶侍鼓吹朱服武冠鼓吹進賢冠齋帥墨綬獸頭鞶

殿中司馬銅印環鈕墨綬朱服武冠獸頭鞶

總章監鼓吹監銅印環鈕艾綬朱服武冠
諸四品將兵都尉牙門將崇毅材官折難輕騎揚烈威遠寧遠宣威光威驤威威烈威虜平戎綏遠綏狄綏邊綏戎獸威威武烈威毅武奮武討寇討虜殄難討難討夷厲威橫野陵江鷹揚執訊蕩寇蕩虜蕩難蕩逆殄虜掃虜掃難掃逆掃寇厲鋒武奮武牙廣野領兵滿五十人給銀章不滿五十除板而已不給章朱服武冠以此官爲刺史太守皆青綬此條已下皆陳制與梁不同
典儀但帥典儀正帥朱衣武冠其本資有殿但正帥得帶艾綬獸頭鞶殿但帥正帥艾綬獸頭鞶朱服武冠殿帥羽儀帥員外帥朱衣武冠
威雄猛烈振信勝略風力光等十威將軍武猛略勝力毅健烈威銳勇等十武將軍並銀章熊鈕青綬獸頭鞶武冠朝服
猛毅烈威銳震進智威勝駿等十猛將軍銀章羆鈕青綬獸頭鞶武冠朝服
壯武勇烈猛銳威毅志意力等十壯將軍驍雄桀猛烈武勇銳名勝迅等十驍將軍雄猛威明烈信武勇毅壯健等十雄將軍並銀章羔鈕青綬獸頭鞶武冠

朝服
忠勇烈猛銳壯毅捍信義勝等十忠將軍明智略遠勇烈威勝進銳毅等十明將軍光烈明英遠勝銳命勇武野等十光將軍飈勇猛烈銳奇決起略勝出等十飈將軍並銀章鹿鈕青綬獸頭鞶武冠朝服
龍驤武視雲旗風烈電威雷音馳銳進銳羽騎突騎折衝冠武和戎安壘起猛英果掃虜掃狄武銳摧鋒開遠略遠貞威決勝清野堅銳輕銳拔山雲勇振旅等三十號將軍銀印菟鈕青綬獸頭鞶朝服武冠
超武鐵騎樓船宣猛樹功剋狄平虜稜威戎昭威戎伏波雄戟長劍衝冠雕騎佽飛勇騎破敵剋敵威虜前鋒武毅開邊招遠全威破陣蕩寇殄虜橫野馳射等三十號將軍銅印環鈕墨綬獸頭鞶朝服武冠幷左十二件將軍除並假給章印綬板則止朱服武冠而已其勳選除亦給章印
建威牙門期門已下諸將軍並銅印環鈕墨綬獸頭鞶
朱服武冠板則無印綬止冠服而已其在將官以功次轉進應署建威已下諸

號不限板除悉給印綬若武官署位轉進登上條九品馳尉已上諸戎號亦不限板除悉給印綬

千人督校督司馬武賁督牙門將騎督督守將兵都尉太子常從督別部司馬

假司馬假銅印環鈕朱服武冠墨綬獸頭鞶

武猛中郎將校尉都尉銅印環鈕朱服武冠其以此官爲千人司馬道賁督已

上及司馬皆假墨綬獸頭鞶已上陳制梁所無及不同者

陛長甲僕射主事吏將騎廷上五牛旗假吏武賁在陛列及備鹵簿服錦文衣

武冠髦尾陛長者假銅印環鈕墨綬獸頭鞶

假旄頭羽林在陛列及備鹵簿服絳單衣上著韋畫腰襦假旄頭與輦迹禽前

驅由基強弩司馬給絳科單衣武冠其本位佩武猛都尉已上印者假墨綬別

部司馬已下假墨綬並獸頭鞶

殿中冗從武賁殿中武賁持鈒戟冗從武賁假青綬絳科單衣武冠陳令絳科單衣其本

位職佩武猛都尉等印假鞶綬依前條

持椎斧武騎武賁五騎傳詔武賁殿中羽林太官嘗食武賁稱飯宰人諸宮嘗

食武賁假墨綬給絳韝武冠（其佩武猛都尉等位印皆依上條假鞶綬之例）

其在陛列及備鹵簿五騎武賁服錦文衣[illegible]尾宰人服離支衣領軍挺刃人烏總帽袴褶皮帶

絓是羽葆毦鼓吹悉改著進賢冠外給系毦鼓吹著武冠

諸宮鼓吹尚書廊下都坐門下使守藏守閤殿中威儀騶武賁常直殿門雲龍門者門下左右部武賁羽林騶給傳事者諸導騶門下中書守閤尚書門下武賁羽林騶蘭臺五曹節藏僕射廊下守閤威儀發符騶都水使者廊下守給騶謁者威儀騶諸宮謁者騶絳韝武冠衣服如舊大誰天門士卑科單衣樊噲冠衛士涅布韝却敵冠

諸將軍使持節都督執節史朱衣進賢一梁冠（自此條已下皆陳制梁所無）持節節史單衣介幘其纂戎戒嚴時同使持節制假節節史衣單介幘（凡節趺以石爲之持節皆刻爲鞶螭形假節及給鑾夷節皆刻爲狗頭趺）

諸王典籤帥單衣平巾幘（典籤書吏袴褶平巾幘）

諸王書佐單衣介幘

公府書佐朱衣進賢冠

諸王國舍人司理謁者閤下令史中衛都尉朱衣進賢一梁冠司理假銅印謁者高山冠令史已下武冠

太子太傅五官功曹主簿皁朝服進賢一梁冠

太子二傅門下主記錄事功曹書佐門下書佐記室帳下督都督省事法曹書佐太傅外都督皁衣進賢一梁冠

太子妃家令絳朝服進賢一梁冠

太子三校二將積弩殿中將軍衣服皆與上宮官同

太子正員司馬督題閣監銅印墨綬 三校內主事主章扶侍守舍人衣帶仗局服飾衣局珍寶朝廷主衣統奏事幹內局內幹朱衣武冠

諸公府御屬及省事錄尚書省事太子門下及內外監丞典事導客笭書吏次功典書函典書典經五經典書諸守宮舍人市買清慎食官督內直兵吏宣華

崇賢二門舍人諸門吏朱衣進賢一梁冠
太子妃傳令朱衣武冠執刀烏信幡
太子二傅騎吏玄衣赤幘武冠常行則袴褶執儀齋帥殿帥典儀帥傳令執刀
戟主蓋扇麾纖殿上持兵車郎扶車注疏萠床齋閤食司馬唱導飯主食殿前
帥殿前威儀武賁威儀散給使閤將鼓吹士帥副武冠絳褠案靴小輿持車軺
車給使平巾幘黃布袴褶赤罽帶
太子諸門將涅布褠樊噲冠
太子鹵簿戟吏赤幘武冠絳褠廉帥整陣禁防平巾幘白布袴褶靴角五音帥
長麾青布袴褶岑帽絳絞帶都伯平巾幘黃布袴褶
文官曹幹白紗單衣介幘尚書二臺曹幹亦同
武官問訊將士給使平巾幘白布袴褶
通天冠高九寸正豎頂少斜却乃直下鐵爲卷梁前有展筩冠前加金博山述
乘輿所常服

遠遊冠制似通天而前無山述有展筩横於冠前皇太子及王者後諸王服之
諸王加官者自服其官之冠服唯太子及王者後常冠焉太子則以翠羽爲緌
綴以白珠其餘但青絲而已
進賢冠古緇布冠遺象也斯蓋文儒者之服前高七寸後高三寸長八寸有五
梁三梁二梁一梁之別五梁唯天子所服其三梁已下爲臣高卑之別云
武冠一名武弁一名大冠一名繁冠一名建冠今人名曰籠冠卽古惠文冠也
天子元服亦先加大冠今左右侍臣及諸將軍武官通服之侍中常侍則加金
璫附蟬焉插以貂尾黃金爲飾云
高山冠一名側注高九寸鐵爲卷梁制似通天頂直豎不斜無山述展筩高山
者取其矜莊賓遠中外謁者僕射服之
法冠一名柱後或謂之獬豸冠高五寸以縰爲展筩鐵爲柱卷取其不曲撓也
侍御史廷尉正監平凡執法官皆服之
鶡冠猶大冠也加雙鶡尾豎插兩邊故以名焉武賁中郎將羽林監節騎郎在

陛列及鹵簿者服之

長冠一名齋冠高七寸廣三寸漆纚爲之制加版以竹爲裏漢高祖微時以竹皮爲此冠所謂劉氏冠後除竹用漆纚焉司馬彪曰長冠楚制也人間或謂之鵲尾冠非也後代以爲祭服尊敬之也至天監三年祠部郎沈宏議案竹葉冠是高祖爲亭長時所服安可緜代爲祭服哉禮士弁祭於公請令太常丞博士奉齋之服宜改用爵弁明山賓同宏議司馬褧云若必遵三王則懽所改非一長冠謂宜仍舊案今之宗丞博士之服未有可非帝竟不改

建華冠以鐵爲柱卷貫大銅珠九枚祀天地五郊明堂舞人服之

樊噲冠廣九寸高七寸前後出各四寸制似平冕凡殿門司馬衞士服之

却敵冠高四寸通長四寸後高三寸制似進賢冠凡宮殿門衞士服之

却非冠高五寸制似長冠宮殿門吏僕射冠之

幘尊卑貴賤皆服之文者長耳謂之介幘武者短耳謂之平上幘各稱其冠而制之尚書介幘僕射尚書幘收方三寸名曰納言未冠童子幘無屋施假髻者示

未成人也
幍傅子云先未有歧荀文若巾觸樹成歧時人慕之因而弗改今通爲慶弔之
服白紗爲之或單或裌初婚冠送餞亦服之
巾國子生服白紗爲之晉太元中國子生見祭酒博士單衣角巾執經一卷以
代手版宋末闕其制齊立學太尉王儉更造今形如之
帽自天子下及士人通冠之以白紗者名高頂帽皇太子在上省則烏紗在永
福省則白紗又有繒皁雜紗爲之高屋下帬蓋無定準
袴褶近代服以從戎今纂嚴則文武百官咸服之車駕親戎則縛袴不舒散也
中官紫褶外官絳褶腰皮帶以代鞶革
笏中世以來唯八座尚書執笏笏者白筆綴其頭以紫囊裹之其餘公卿但執
手版荷紫者以紫生爲裌囊綴之服外加於左肩周遷云昔周公負成王制此
衣至今以爲朝服蕭驕子云名契囊案趙充國傳云張子孺持囊簪筆事孝武
帝張晏云囊契囊也近臣負囊簪筆從備顧問有所記也

入殿門有籠冠者著之有纓則下之緣廂行得提衣省閤內得著履烏紗帽入齋閤及入度殿庭不得入提衣及捉服飾入閤則執手板自攝衣几席不得入齋正閤介幘不得上正殿及東西堂儀仗繖扇有幰牽車不得入臺門臺官問訊皇太子亦皆朱服著襪謁諸王單衣幘庶姓單衣帢詣三公必衣帢至黃閤下履過閤還著履

古者君臣佩玉尊卑有序綬者所以貫佩相承受也又上下施韍如蔽膝貴賤亦各有殊五霸之後戰兵不息佩非兵器韍非戰儀於是解去佩韍留其繫璲而已韍佩既廢秦乃以采組連結於璲轉相結受又謂之綬漢承用之至明帝始復制佩而漢末又亡絕魏侍中王粲識其形乃復造焉今之佩粲所制也

皇后謁廟服袿欘大衣蓋嫁服也謂之褘衣皁上皁下親蠶則青上縹下比深衣制隱領袖緣以絛首飾則假髻步搖俗謂之珠松是也簪珥步搖以黃金為山題貫白珠為文相繆八爵九華熊獸赤羆天鹿辟邪南山豐大特六獸諸爵獸皆以翡翠為華綬佩同乘輿

貴妃貴嬪貴姬是爲三夫人金章龜鈕紫綬八十首佩於寘玉獸頭鞶
淑媛淑儀淑容昭華昭儀昭容修華修儀修容是爲九嬪金章龜鈕青綬八十首
獸頭鞶佩采瓄玉
婕妤容華充華承徽列滎五職亞九嬪銀印珪鈕艾綬獸頭鞶
美人才人良人三職散位銅印環鈕墨綬獸頭鞶
皇太子妃金璽龜鈕纁朱綬一百六十首佩瑜玉獸頭鞶
良娣銀印珪鈕佩采瓄玉青綬八十首獸爪鞶
保林銀印珪鈕佩水蒼玉青綬八十首獸爪鞶
諸王太妃妃諸長公主公主封君金印龜鈕紫綬八十首佩山玄玉獸頭鞶
開國公侯太夫人銀印珪鈕青綬八十首佩水蒼玉獸頭鞶
公主三夫人大手髻七鏌蔽髻九嬪及公夫人五鏌世婦三鏌其長公主得有
步搖公主封君已上皆帶綬以綵組爲緄帶各以其綬色金辟邪首爲帶玦
公特進列侯卿校中二千石夫人紺繒幗黄金龍首銜白珠魚須擿長一尺爲

簪珥入廟佐祭者皁絹上下助蠶者縹絹上下皆深衣制緣自二千石夫人已上至皇后皆以蠶衣爲朝服

自晉左遷中原禮儀多缺後魏天興六年詔有司始制冠冕各依品秩以示等差然未能皆得舊制至太和中方考故實正定前謬更造衣冠尚不能周洽及至熙平二年太傅清河王懌黃門侍郎韋廷祥等奏定五時朝服準漢故事五郊衣幘各如方色焉及後齊因之河清中改易舊物著令定制云

乘輿平冕黑介幘垂白珠十二旒飾以五采玉以組爲纓色如其綬黈纊玉笄白玉璽黃赤綬五采黃赤縹綠紺純黃質長二丈九尺五百首廣一尺二寸小綬長三尺二寸與綬同采而首半之袞服皁衣絳裳裳前三幅後四幅織成爲之十二章緣絳中單織成緄帶朱紱佩白玉帶鹿盧劍絳袴襪赤舄未加元服則空頂介幘又有通天金博山冠則絳紗袍皁緣中單其五時服則五色介幘進賢五梁冠五色紗袍又有遠遊五梁冠並不通於下四時祭廟圓丘方澤明堂五郊封禪大雩出宮行事正旦受朝及臨軒拜王公皆服袞冕之服還宮及

齋則服通天冠耤田則冠冕璪十二旒佩蒼玉黄綬青帶青襪青舄拜陵則黑
介幘白紗單衣釋奠則服通天金博山冠玄紗袍春分朝日則青紗朝服青舄
秋分夕月則白紗朝服緗舄俱冠五梁進賢冠合朔服通天金博山冠絳紗袍
季秋講武出征告廟冠武弁黄金附蟬左貂䙝類宜社武弁朱衣纂嚴升殿服
通天金博山冠絳紗袍入温涼室冠武弁右貂附蟬絳紗服征還飲至服通天
冠廟中遣上將則衮冕還宮則通天金博山冠賞祖罰社則武弁左貂附蟬元
日冬至大小會皆通天金博山冠四時畋出宮服通天冠並赤舄明堂則五時
俱通天冠各以其色服東西堂舉哀服白帢
天子六璽文曰皇帝行璽封常行詔勑則用之皇帝之璽賜諸王書則用之皇
帝信璽下銅獸符發諸州征鎮兵下竹使符拜代徵召諸州刺史則用之並白
玉爲之方一寸二分螭獸鈕天子行璽封拜外國則用之天子之璽賜諸外國
書則用之天子信璽發兵外國若徵召外國及有事鬼神則用之並黄金爲之
方一寸二分螭獸鈕又有傳國璽白玉爲之方四寸螭獸鈕上交五蟠螭隱起

鳥篆書文曰受天之命皇帝壽昌凡八字在六璽外唯封禪以封石函又有督攝萬機印一鈕以木爲之長一尺二寸廣二寸五分背上爲鼻鈕鈕長九寸厚一寸廣七分腹下隱起篆書爲督攝萬機凡四字此印常在內唯以印籍縫用則左右郎中度支尚書奏取印訖輸內

皇太子平冕黑介幘垂白珠九旒飾以三采玉以組爲纓色如其綬金璽朱綬四采赤黃縹紺綬朱質長二丈一尺三百二十首廣九寸小綬長三尺二寸與綬同色而首半之袞服同乘輿而九章絳紱佩瑜玉玉具劍火珠標首絳袴袜赤舄非謁廟則不服未加元服則空頂黑介幘雙童髻雙玉導中舍人執遠遊冠以從其遠遊三梁冠黑介幘翠緌纓絳紗袍皁緣中單黑舄大朝所服亦服進賢三梁冠黑介幘皁朝服絳緣中單玄舄爲宮臣舉哀白帢單衣烏皮履未加元服則素服

皇太子璽黃金爲之方一寸龜鈕文曰皇太子璽宮中大事用璽小事用門下典書坊印

諸公卿平冕黑介幘青珠爲旒上公九三公八諸卿六以組爲纓色如其綬衣皆玄上纁下三公山龍八章降皇太子一等九卿藻火六章唯郊祀天地宗廟服之

遠遊三梁諸王所服其未冠則空項黑介幘開國公侯伯子男及五等散爵未冠者通如之

進賢冠文官二品已上並三梁四品已上並兩梁五品已下流外九品已上皆一梁致事者通著委貌冠主兵官及侍臣通著武弁侍臣加貂璫御史大理著法冠諸謁者太子中導客舍人著高山冠宮門僕射殿門吏亭長太子率更寺宮門督太子內坊察非吏諸門吏等皆著却非冠羽林武賁著鶡冠錄令已下尚書以上著納言幘又有赤幘卑賤者所服救日蝕文武官皆免冠著赤介幘對朝服賤者平巾赤幘示威武以助於陽也止雨亦服之請雨則服緗幘東耕則服青幘凡人則服綠幘

印綬二品已上並金章紫綬三品銀章青綬三品已上凡是五省官及中侍中省皆爲印不爲章四品得

印者銀印青綬五品六品得印者銅印墨綬四品已下凡是開國子男及五等散品名號侯皆爲銀章不爲印

七品八品九品得印者銅印黃綬金銀章印及銅印並方一寸皆龜鈕東西南北四藩諸國王章上藩用中金中藩用下金下藩用銀並方寸龜鈕佐官唯公府長史尚書二丞給印綬六品已下九品已上唯當曹爲官長者給印餘自非長官雖位尊並不給

諸王纁朱綬四采赤黃縹紺純朱質纁文織長二丈一尺二百四十首廣九寸開國郡縣公散郡縣公玄朱綬四采玄赤縹紺朱質玄文織長一丈八尺百八十首廣八寸開國縣侯伯散縣侯伯青朱綬四采青赤白縹朱質青文織長一丈六尺百四十首廣七寸開國縣子男散縣子男名號侯開國鄉男素朱綬三采青赤白朱質白文織長一丈四尺百二十首廣六寸一品二品紫綬三采紫黃赤純紫質長一丈八尺百八十首廣八寸三品四品青綬三采青白紅純青質長一丈六尺百四十首廣七寸五品六品墨綬二采青紺純紺質長一丈四尺百首廣六寸七品八品九品黃綬二采黃白純黃質長一丈二尺六十首廣

五寸官品從第二已上小綬間得施玉環凡綬先合單紡爲一絲絲四爲一扶扶五爲一首首五成一文采純爲質首多者絲細首少者絲麤官有綬者則有紛皆長八尺廣三寸各隨綬色若服朝服則佩綬服公服則佩紛官無綬者不合佩紛

鞶囊二品已上金鏤三品金銀縷四品銀縷五品六品綵縷七八九品綵縷獸爪鞶官無印綬者並不合佩鞶囊及爪

一品玉具劍佩山玄玉二品金裝劍佩水蒼玉三品及開國子男五等散品名號侯雖四五品並銀裝劍佩水蒼玉侍中已下通直郎已上陪位則像劍帶真劍者入宗廟及升殿若在仗內皆解劍一品及散郡公開國公侯伯皆雙佩二品三品及開國子男五等散品名號侯皆雙佩綬亦如之

百官朝服公服皆執手板尚書錄令僕射吏部尚書手板頭復有白筆以紫皮裹之名曰笏朝服綴紫荷錄令左僕射左荷右僕射吏部尚書右荷七品已上文官朝服皆簪白筆正王公侯伯子男卿尹及武職並不簪朝服冠幘各一綘

紗單衣白紗中單皁領褾皁襈革帶曲領方心蔽膝白筆舄韈兩綬劍佩簪導
鉤䚢爲具服七品已上服也公服冠幘紗單衣深衣革帶假帶履韈鉤䚢謂之
從省服八品已下流外四品已上服也
流外五品已下九品已上皆著褠衣爲公服
皇后璽綬佩同乘輿假髻步搖十二鏌八雀九華助祭朝會以褘衣祠郊禖以
褕狄小宴以闕狄親蠶以鞠衣禮見皇帝以展衣宴居以褖衣六服俱有蔽膝
織成緄帶皇太后皇后璽並以白玉爲之方一寸二分螭獸鈕文各如其號璽
不行用有令則太后以宮名衞尉印皇后則以長秋印
內外命婦從五品已上蔽髻唯以鏌數花釵多少爲品秩二品已上金玉飾三
品已下金飾內命婦左右昭儀三夫人視一品假髻九鏌金章紫綬服褕翟雙
佩山玄玉九嬪視三品五鏌蔽髻銀章青綬服鞠衣佩水蒼玉世婦視四品三
鏌銀印青綬服展衣無佩八十一御女視五品一鏌銅印墨綬服褖衣又有宮
人女官服制第二品七鏌蔽髻服闕翟三品五鏌鞠衣四品三鏌展衣五品一

鏁褖衣六品褖衣七品青紗公服俱大首髻八品九品俱青紗公服偏髾髻
皇太子妃璽綬佩同皇太子假髻步搖九鏁服褕翟從蠶則青紗公服
皇太子妃璽以黃金方一寸龜鈕文曰皇太子妃之璽若有封書則用內坊印
郡長公主公主王國太妃妃纁朱綬髻章服佩同內命婦一品郡長君七鏁蔽
髻玄朱綬闕翟章佩與公主同郡君縣主佩水蒼玉餘與郡長君同太子良娣
視九嬪服縣主青朱綬餘與良娣同女侍中五鏁假金印紫綬服鞠衣佩水蒼
玉縣君銀章青朱綬餘與女侍中同太子孺人同世婦太子家人子同御女鄉
主鄉君素朱綬佩水蒼玉餘與御女同外命婦章印綬佩皆如其夫若夫假章
印綬佩妻則不假一品二品七鏁蔽髻服闕翟三品五鏁服鞠衣四品五鏁服
展衣五品一鏁服褖衣內外命婦宮人女官從蠶則各依品次還著蔽髻皆服
青紗公服如外命婦綬帶鞶囊皆準其夫公服之例百官之母詔加太夫人者
朝服公服各與其命婦服同
後周設司服之官掌皇帝十二服祀昊天上帝則蒼衣蒼冕祀東方上帝及朝

日則青衣青冕祀南方上帝則朱衣朱冕祭皇地祇祀中央上帝則黃衣黃冕祀西方上帝及夕月則素衣素冕祀北方上帝祭神州社稷則玄衣玄冕享先皇加元服納后朝諸侯則象衣象冕十有二章日月星辰山龍華蟲六章在衣火宗彝藻粉米黼黻六章在裳凡十二等享諸先帝大貞於龜食三老五更享諸侯耕籍則服袞冕自龍已下凡九章十二等宗彝已下五章在衣藻火已下四章在裳衣重宗彝祀星辰祭四望視朔大射饗羣臣巡犧牲養國老則服山冕八章十二等衣裳各四章衣重火與宗彝羣祀視朝臨太學入道法門宴諸侯與羣臣及燕射養庶老適諸侯家則服鷩冕七章十二等衣三章裳四章衣重三章袞山鷩三冕皆裳重黼黻俱十有二等通以升龍為領褾冕通十有二旒巡兵即戎則服韋弁謂以韎韋為弁又以為裳衣也田獵行鄉畿則服皮弁謂以鹿子皮為弁白布衣而素裳也皇帝凶服斬衰(父母之喪上下達)其弔服錫衰以哭三公緦衰以哭諸侯(皆十五升抽其半錫者浣其布不浣其縷衰在內緦者浣其縷不浣其布衰在外也)疑衰以哭大夫(十四升)皆素弁(加爵弁之數)環絰(一服纏絰)凡大疫大荒大災則素服縞冠(凡疫病荒饑年災水旱也)

諸公之服九一曰方冕二曰袞冕九章宗彝已上五章在衣藻已下四章在裳
三曰山冕八章衣裳各四章衣重宗彝爲九等四曰鷩冕七章衣三章裳四章
衣重火與宗彝五曰火冕六章衣裳各三章衣重宗彝及藻裳重黻六曰毳冕
五章衣三章裳二章衣重藻粉米裳重黼黻山冕已下俱九等皆以山爲領褾
冕俱九旒七曰韋弁八曰皮弁九曰玄冠
諸侯服自方冕而下八無袞冕山冕八章衣裳各四章鷩冕七章衣三章裳四
章衣重宗彝火冕六章衣裳各三章衣重藻裳重黼毳冕五章衣三章裳二章
衣重粉米裳重黼黻鷩冕已下俱八等皆以華蟲爲領褾冕俱八旒
諸伯服自方冕而下七又無山冕鷩冕七章衣三章裳四章火冕六章衣裳各
三章裳重黻毳冕五章衣三章裳二章裳重黼黻火冕已下俱七等皆以火爲
領褾冕俱七旒
諸子服自方冕而下六又無鷩冕火冕六章衣裳各三章毳冕五章衣三章裳
二章裳重黻毳冕已下俱六等皆以宗彝爲領褾冕俱六旒

諸男服自方冕而下五又無火冕毳冕五章衣三章裳二章以藻爲領褾冕五旒

三公之服九一曰祀冕二曰火冕六章衣裳各三章衣重宗彝與藻裳重黻三曰毳冕五章衣三章裳二章衣重藻與粉米裳重黼黻四曰藻冕四章衣裳俱二章衣重藻與粉米裳重黼黻五曰繡冕三章衣一章裳二章衣重粉米裳重黼黻俱九等皆以宗彝爲領褾六曰爵弁七曰韋弁八曰皮弁九曰玄冠

三孤之服自祀冕而下八無火冕毳冕五章衣三章裳二章衣重粉米裳重黼黻藻冕四章衣裳各二章衣重藻與粉米裳重黼黻俱八等皆以藻爲領褾繡冕三章衣一章裳二章衣重粉米裳重黼黻爲八等

公卿之服自祀冕而下七又無毳冕藻冕四章衣裳各二章衣重粉米裳重黼黻爲七等皆以粉米爲領褾各七繡冕三章衣一章裳二章衣重粉米裳重黼黻爲七等

上大夫之服自祀冕而下六又無藻冕繡冕三章衣一章裳二章衣重粉米裳

重黼爲六等

中大夫之服自祀冕而下五又無皮弁繡冕三章衣一章裳二章衣重粉米爲

五等

下大夫之服自祀冕而下四又無爵弁繡冕三章衣一章裳二章衣重粉米爲

四等

士之服三一曰祀弁二曰爵弁三曰玄冠玄冠皆玄衣其裳上士以玄中士以黃下士雜裳謂前玄後黃也庶

士之服一玄冠庶士庶人在官府史之屬其服緇衣裳後令文武俱著常服冠形如魏帢無簪有

纓其凶服皆與庶人同其弔服諸侯於其卿大夫錫衰同姓緦衰於士疑衰其

當事則弁經否則皮弁公卿卿大夫之弔服錫衰弁經皮弁亦如士之弔服疑

衰素裳當事弁經否則徒弁

皇后衣十二等其翟衣六從皇帝祀郊禖享先皇朝皇太后則服翬衣素質五色祭

陰社朝命婦則服䍮衣青質五色祭羣小祀受獻繭則服鷩衣赤色采桑則服鳪衣黃色

從皇帝見賓客聽女教則服鵫衣白色食命婦歸寧則服翗衣玄色俱有十二等以

翬雉爲領褾各有二臨婦學及法道門命婦有時見命婦則蒼衣春齋及祭還則青衣夏齋及祭還則朱衣采桑齋及采桑還則黃衣秋齋及祭還則素衣冬齋及祭還則玄衣自青衣而下其領褾以相生之色

諸公夫人九服其翟衣雉皆九等俱以䙀雉爲領褾各九自䙀衣已下五曰䙀衣鷩衣鳪衣鵫衣翖衣幷朱衣黃衣素衣玄衣而九自朱衣而下其領褾亦同用相生之色

諸侯夫人自鷩而下八其翟衣雉皆八等俱以鷩雉爲領褾無䙀衣

諸伯夫人自鳪而下七其翟衣雉皆七等俱以鳪雉爲領褾又無鷩衣

諸子夫人自鵫而下六其翟衣俱以鵫雉爲領褾又無鳪衣

諸男夫人自翖而下五其翟衣雉皆五等俱以翖雉爲領褾又無鵫衣

三妃三公夫人之服九一曰鳪衣二曰鵫衣三曰翖衣四曰青衣五曰朱衣六曰黃衣七曰素衣八曰玄衣九曰髾衣似髮華皆九樹其雉衣亦皆九等以鳪雉爲領褾各九

三妐三孤之內子自鷩衣而下八雉衣皆八等以鷩雉爲領褾各八
六嬪六卿之內子自翖衣而下七雉衣皆七等以翖雉爲領褾各七
上媛上大夫之孺人自青衣而下六
中媛中大夫之孺人自朱衣而下五
下媛下大夫之孺人自黃衣而下四
御婉士之婦人自素衣而下三
中宮六尚一曰緅衣（其纁赤而微玄）諸命秩之服曰公服其餘常服曰私衣皇后華皆
有十二樹諸侯之大夫亦皆以命數爲之節三妃三公夫人已下又各依其命
一命再命者又俱以三爲節
皇后及諸侯夫人之服皆舃履三妃三公夫人已下翟衣則舃其餘皆屨舃履
各如其裳之色
皇后之凶服斬衰齊衰降旁朞已下弔服爲妃嬪三公之夫人孤卿內子之喪
錫衰（錫者十五升去其半無事其縷有事其布哀在內也）爲諸侯夫人之喪緦衰（緦亦十五升去其半有事其縷無事其布哀在

外也為媛御婉及夫人孺人士之婦人之喪疑衰十四升疑於吉皆吉笄無首象笄去首飾太陰虧則素服蕩天下之陰事諸侯之夫人及三妃與三公之夫人已下凶事則五衰自緦已上皆服之其弔諸侯夫人於卿之內子大夫孺人錫衰於己之同姓之臣緦衰於士之婦人疑衰皆吉笄無首其三妃已下及媛三公夫人已下及孺人其弔服錫衰御婉及士之婦人弔服疑衰疑衰同笄九族已下皆骨笄

韠皇帝三章龍火山諸侯二章去龍卿大夫一章以山皆織綵以成之

皇帝八璽有神璽有傳國璽皆寶而不用神璽明受之於天傳國璽明受之於運皇帝負扆則置神璽於筵前之右置傳國璽於筵前之左又有六璽其一皇帝行璽封命諸侯及三公用之其二皇帝之璽與諸侯及三公書用之其三皇帝信璽發諸夏之兵用之其四天子行璽封命蕃國之君用之其五天子之璽與蕃國之君書用之其六天子信璽徵蕃國之兵用之六璽皆白玉為之方一寸五分高寸螭獸鈕皇后璽文曰皇后之璽白玉為之方寸五分高寸麟鈕三公諸侯皆金印方寸二分高八分龜鈕七命已上銀四命已上銅皆龜鈕三命已上銅印銅鼻其

方皆寸其高六分文曰某公官之印
皇帝之組綬以蒼以青以朱以黃以白以玄以纁以紅以紫以緅以碧以綠十有二色諸公九色自黃以下諸侯八色自白以下諸伯七色自玄以下諸子六色自纁已下諸男五色自紅已下三公之綬如諸公三孤之綬如諸侯六卿之綬如諸伯上大夫之綬如諸子中大夫之綬如諸男下大夫綬自紫已下士之綬自緅已下其璽印之綬亦如之
保定四年百官始執笏常服上焉宇文護始命袍加下襴宣帝即位受朝於路門初服通天冠絳紗袍羣臣皆服漢魏衣冠大象元年制冕二十四旒衣服以二十四章爲準二年下詔天臺近侍及宿衛之官皆著五色衣以錦綺繢繡爲緣名曰品色衣有大禮則服冕內外命婦皆執笏其拜俛伏方與

隋書卷十一考證

禮儀志六著皁衣絳褠○宋本皁作帛按本志諸博士皁朝服從皁爲是

黑玉爲飾○監本黑玉二字闕從宋本補飾一本作珠

其在陛牙及備鹵簿者○臣映斗按周禮王會同之舍設梐枑梐枑亦作陛乐又本志下文其在陛列及備鹵簿者又作陛列各仍本文以備參考

猛毅烈威銳震進智威勝駿等十猛將軍○臣映斗按十猛謂以猛字分冠下十字之首如猛毅猛烈是也十字不當有兩威字疑是虎字唐諱虎作武又訛武作威耳

大誰天門士○按漢書注大誰卒主問非常之人云姓名是誰有大誰長

佩于窴玉○按本傳作于闐山多美玉抱朴子仙藥卷云得于闐國白玉俱作闐前漢游俠傳闐門注師古曰闐與窴同

隋書卷十一考證

隋書卷十二

唐太尉揚州都督監修國史上柱國趙國公臣長孫無忌等撰

志第七

禮儀七

高祖初即位將改周制乃下詔曰宣尼制法云行夏之時乘殷之輅弈葉共遵理無可革然三代所尚衆論多端或以爲所建之時或以爲所感之瑞或當其行色因以從之今雖夏數得天歷代通用漢尚於赤魏尚於黃驪馬玄牲已弗相踵明不可改建寅歲首常服於黑朕初受天命赤雀來儀兼姬周已還於茲六代三正迴復五德相生總以言之並宜火色垂衣已降損益可知尚色雖殊常兼前代其郊丘廟社可依袞冕之儀朝會衣裳宜盡用赤昔丹烏木運姬有大白之旂黃星土德曹乘黑首之馬在祀與戎其尚恆異今之戎服皆可尚黃在外常所著者通用雜色祭祀之服須合禮經宜集通儒更可詳議太子庶子攝太常少卿裴正奏曰竊見後周制冕加爲十二既與前禮數乃不同而色應

五行又非典故謹案三代之冠其名各别六等之冕承用區分璪玉五采隨班
異飾都無迎氣變色之文唯月令者起于秦代乃有青旂赤玉白駱黑衣與四
時而色變全不言於弁冕五時冕色禮既無文稽於正典難以經證且後魏已
來制度咸闕天興之歲草創繕修所造車服多參胡制故魏收論之稱爲違古
是也周氏因襲將爲故事大象承統咸取用之輿輦衣冠甚多迂怪今皇隋革
命憲章前代其魏周輦輅不合制者已勑有司盡令除廢然衣冠禮器尚且兼
行乃有立夏衮衣以赤爲質迎秋平冕用白成形既越典章須革其謬謹案續
漢書禮儀志云立春之日京都皆著青衣秋夏悉如其色逮于魏晉迎氣五郊
行禮之人皆同此制考尋故事唯幘從衣色今請冠及冕色並用玄唯應著幘
者任依漢晉制曰可於是定令採用東齊之法乘輿衮冕垂白珠十有二旒以
組爲纓色如其綬黈纊充耳玉笄玄衣纁裳衣山龍華蟲火宗彝五章裳藻粉
米黼黻四章衣重宗彝裳重黼黻爲十二等衣褾領織成升龍白紗內單黼領
青褾襈裾革帶玉鉤䚢大帶素帶朱裏紕其外上以朱下以綠韍隨裳色龍火

山三章鹿盧玉具劍火珠鏢首白玉雙佩玄組雙大綬六采玄黃赤白縹綠純玄質長二丈四尺五百首廣一尺小雙綬長二尺六寸色同大綬而首半之間施三玉環朱韈赤舄舄加金飾祀圓丘方澤感帝明堂五郊雩䄍封禪朝日夕月宗廟社稷藉田廟遣上將征還飲至元服納后正月受朝及臨軒拜王公則服之通天冠加金博山附蟬十二首施珠翠黑介幘玉簪導絳紗袍深衣製白紗內單皁領褾襈裾絳紗蔽膝白假帶方心曲領其革帶劍佩綬舄與上同若未加元服則雙童髻空頂黑介幘雙玉導加寶飾朔日受朝元會及冬會諸祭還則服之武弁金附蟬平巾幘餘服具服講武出征四時蒐狩大射禡類宜社賞祖罰社纂嚴則服之黑介幘白紗單衣烏皮履拜陵則服之白紗帽白練裠襦烏皮履視朝聽訟及宴見賓客皆服之白帢白紗單衣烏皮履舉哀則服之神璽寶而不用受命璽封禪則用之皇帝行璽封命諸侯及三師三公則用之皇帝之璽賜諸侯及三師三公書則用之皇帝信璽徵諸夏兵則用之天子行璽封命蕃國之君則用之天子之璽賜蕃國之君書則用之天子信璽徵蕃國

兵則用之常行詔敕則用內史門下印皇帝臨臣之喪三品已上服錫衰五等
諸侯緦衰四品已下疑衰
皇太子袞冕垂白珠九旒青纊充耳犀笄玄衣纁裳衣山龍華蟲火宗彝五章
裳藻粉米黼黻四章織成爲之白紗內單黼領青褾襈裾革帶金鉤䚢大帶素
帶不朱裏亦紕以朱綠黻隨裳色火山二章玉具劒火珠鏢首瑜玉雙佩朱組
雙大綬四采赤白縹紺純朱質長一丈八尺三百二十首廣九寸小雙綬長二
尺六寸色同大綬而首半之間施二玉環朱韈赤舄以金飾侍從皇帝祭祀及
謁廟元服納妃則服之
遠遊三梁冠加金附蟬九首施珠翠黑介幘纓翠緌犀簪導絳紗袍白紗內單
皁領褾襈裾白假帶方心曲領絳紗蔽膝韈舄其革帶劒佩綬與上同未冠則
雙童髻空頂黑介幘雙玉導加寶飾謁廟還宮元日朔日入朝釋奠則服之
遠遊冠公服絳紗單衣革帶金鉤䚢假帶方心紛長六尺四寸廣二寸四分色
同其綬金縷鞶囊韈履五日常朝則服之

白帢單衣烏皮履爲宮臣舉哀則服之

皇太子璽宮內大事用之小事用左右庶子印

皇太子臨弔三師三少則錫衰宮臣四品已上緦衰五品以下疑衰

袞冕青珠九旒以組爲纓色如其綬（自此已下纓皆如之）服九章同皇太子王國公開國公初受冊執贄入朝祭親迎則服之三公助祭者亦服之

鷩冕（侯八旒伯七旒）服七章衣華蟲火宗彝三章裳藻粉米黼黻四章（八旒者重宗彝）侯伯初受冊執贄入朝祭親迎則服之

毳冕（子六旒男五旒）服五章衣宗彝藻粉米三章裳黼黻二章（六旒者裳重黻）子男初受冊執贄入朝祭親迎則服之

絺冕（三品七旒四品六旒五品五旒）服三章（七旒者衣粉米一章爲三重裳黼黻二章各二重六旒者減黼一重五旒又減黻一重）正三品已下從五品已上助祭則服之

自王公已下章服皆繡爲之祭服冕皆簪導青纊充耳玄衣纁裳白紗內單黼領（絺冕已下內單青領）青褾襈裾革帶鉤艓大帶（王三公及公侯伯子男素帶不朱裏皆紕其外上以朱下以綠正三品已下從

五品已上素帶紕其垂外以玄內以黃紐約皆用青組朱韍凡韍皆隨裳色衮鷩毳火山二章絺山一章劍佩綬韈赤舄

爵弁玄纓無旒從九品已上助祭則服之其制服簪導玄衣纁裳無章白絹內單青領褾襈裾革帶大帶練帶紕其垂內外以緇紐約用青組爵韠韈赤履武弁平巾幘諸武職及侍臣通服之侍臣加金璫附蟬以貂爲飾侍左者左珥右者右珥

遠遊三梁冠黑介幘諸王服之

進賢冠黑介幘文官服之從三品已上三梁從五品已上兩梁流內九品已上一梁

法冠一名獬豸冠鐵爲柱其上施珠兩枚爲獬豸角形法官服之

高山冠謁者服之

却非冠門者及禁防伺非服之

黑介幘平巾黑幘應服者並上下通服之庖人則綠幘白帢白紗單衣烏皮履上下通服之

委貌冠未冠則雙童髻空頂黑介幘皆深衣青領烏皮履國子太學四門生服

之

朝服（亦名具服）冠幘簪導白筆絳紗單衣白紗內單皁領袖皁襈革帶鉤假帶曲領方心絳紗蔽膝韈舄綬劍佩從五品已上陪祭朝饗拜表凡大事則服之六品已下從七品已上去劍佩綬餘並同自餘公事皆從公服（亦名從省服）

冠幘簪導絳紗單衣革帶鉤䚢假帶方心韈履紛鞶囊從五品已上服之

絳褠衣公服（褠衣即單衣之不垂胡也袖狹形直如褠內餘同從省）流外五品已下九品已上服之

綬王纁朱綬四采赤黃縹紺純朱質纁文織長一丈八尺二百四十首廣九寸公玄朱綬四采玄赤縹紺純朱質玄文織長一丈八尺二百四十首廣九寸侯伯青朱綬四采青赤白縹純朱質青文織長一丈六尺百八十首廣八寸子男素朱綬三采青赤白純朱質白文織成一丈四尺百四十首廣七寸正從一品綠綟綬四采綠紫黃赤純綠質長一丈八尺二百四十首廣九寸從三品已上紫綬三采紫黃赤純紫質長一丈六尺百八十首廣八寸銀青光祿大夫朝議大夫及正從四品青綬三采青白紅純青質長一丈四尺百四十首廣七寸正

從五品墨綬二采青紺純紺質長一丈四尺百首廣六寸自王公已下皆有小雙綬長二尺六寸色同大綬而首半之正從一品施二玉環已下不合其有綬者則有紛皆長六尺四寸廣二寸四分各隨其綬色

鞶囊二品已上金縷三品金銀縷四品及開國男銀縷五品綵縷官無綬者則不合佩劒一品及五等諸侯並佩山玄玉五品已上佩水蒼玉

年高致仕及以理去官被召謁見皆服前官從省服州郡秀孝試見之日皆假進賢一梁冠絳公服

隱居道素之士被召入謁見者黑介幘白單衣革帶烏皮履

左右衛左右武衛左右武候大將軍領左右大將軍並武弁絳朝服劒佩綬侍從則平巾幘紫衫大口袴褶金玳瑁裝兩襠甲唯左右武衛大將軍執赤檉杖

左右衛左右武衛左右武候將軍領左右將軍左右監門衛將軍太子左右衛左右宗衛左右內等率左右監門郎將及諸副率並武弁絳朝服劒佩綬侍從則平巾幘紫衫大口袴金裝兩襠甲唯左右武衛將軍太子左右宗衛率執白

檀杖

直閤將軍直寢直齋太子直閤武弁絳朝服劔佩綬侍從則平巾幘絳衫大口袴褶銀裝兩襠甲

皇后首飾花十二樹皇太子妃公主王妃三師三公及公夫人一品命婦並九樹侯夫人二品命婦並八樹伯夫人三品命婦並七樹子夫人世婦及皇太子昭訓四品已上官命婦並六樹男夫人五品命婦五樹女御及皇太子良娣三樹自皇后已下小花並如大花之數幷兩博鬢也

皇后褘衣深青織成爲之爲翬翟之形素質五色十二等青紗內單黼領羅縠褾襈蔽膝隨裳色用翟爲章三等大帶隨衣色朱裏紕其外上以朱錦下以綠錦紐約用青組以青衣革帶青韈舄舄加金飾白玉佩玄組綬章采尺寸與乘輿同祭及朝會凡大事則服之

鞠衣黃羅爲之應服者皆同其蔽膝大帶及衣革帶舄隨衣色餘與褘衣同唯無雉

親蠶則服之應服者皆以助祭

青衣青羅爲之制與鞠衣同去花大帶及佩綬以禮見皇帝則服之

朱衣緋羅爲之制如青衣宴見賓客則服之
皇太后服與皇后同皇太后璽不行用若封令書則用宮官之印
皇后璽不行用若封令書則用內侍之印
皇太子妃褕翟青織成爲之爲搖翟之形青質五色九等青紗內單黼領羅縠褾襈蔽膝隨衣色以搖翟爲章三等大帶隨衣色下朱裏紕其外上以朱錦下以綠錦紐約用青組以青衣革帶青韈舄舄加金飾瑜玉佩純朱綬章采尺寸與皇太子同助祭朝會凡大事則服之亦有鞠衣
皇太子妃璽不行用若封書則用典內之印
公主王妃三師三公及公侯伯夫人服褕翟繡爲之公主王妃三師三公及公夫人爲九等侯夫人八等伯夫人七等助祭朝會凡大事則服之亦有鞠衣
子男夫人服闕翟緋羅爲之刻赤繒爲翟形不繡綴於服上子夫人六等男夫人五等助祭朝會凡大事則服之亦有鞠衣
諸王公侯伯子男之母與妃夫人同其郡縣君各視其夫及子若郡縣君品高及無夫子者準品

嬪及從三品已上官命婦青服制與褕翟同青羅爲之唯無雉助祭朝會凡大事則服之亦有

鞠衣

世婦及皇太子昭訓從五品已上官命婦服青服助祭從蠶朝會凡大事則服之

女御及皇太子良媛朱服制與青服同去佩綬助祭從蠶朝會凡大事則服之

六尚朱絲布公服助祭從蠶朝會凡大事則服之

六司六典及皇太子三司三典三掌青紗公服助祭從蠶朝會凡大事則服之

佩綬嬪同九卿世婦及皇太子昭訓同五品公主王妃同諸王三師三公五等國夫人及從五品已上官命婦皆準其夫無夫者準品定令訖

高祖元正朝會方御通天服郊丘宗廟盡用龍袞衣大裘毳黼皆未能備至平陳得其器物衣冠法服始依禮具然皆藏御府弗服用焉百官常服同於匹庶皆著黃袍出入殿省高祖朝服亦如之唯帶加十三環以爲差異蓋取於便事及大業元年煬帝始詔吏部尚書牛弘工部尚書宇文愷兼內史侍郎虞世基

給事郎許善心儀曹郎袁朗等憲章古制創造衣冠自天子逮于胥皁服章皆有等差若先所有者則因循取用弘等議定乘輿服合八等焉

大裘冕之制案周禮大裘之冕無旒三禮衣服圖大裘而冕王祀昊天上帝及五帝之服至秦除六冕唯留玄冕漢明帝永平中方始創制董巴志云漢六冕同制皆闊七寸長尺二寸前圓後方於是遂依此爲大裘冕制青表朱裏不施旒纊不通於下其大裘之服案周官注羔裘也其制準禮圖以羔正黑者爲之取同色繒以爲領袖其裳用纁而無章飾絳韈赤舄祀圓丘感帝封禪五郊明堂雩禮皆服之

袞冕之制案禮玉藻十有二旒大戴禮云冕而加旒以蔽明也琇纊塞耳以蔽聽也又禮含文嘉前後邃延不視邪也加以黈纊不聽讒也三王之冕既不通制故夫子云行夏之時服周之冕今以釆綖貫珠爲旒十二邃延者出冕前後而下垂之旒齊於髆纊齊於耳組爲纓玉笄導其爲服之制案釋名云袞卷也謂畫龍於上也是時虞世基奏曰後周故事升日月於旌旗乃闕三辰而章無

十二但有山龍華蟲作繪宗彝藻火粉米黼黻乃與三公不異開皇中就裹欲
生分別故衣重宗彝裳重黼黻合重二物以就九章爲十二等但每一物上下
重行袞服用九鷩服用七今重此三物乃非典故且周氏執謙不敢負於日月
所以綴此三象唯施太常天王袞衣章乃從九但天子譬日德在照臨辰爲帝
位月主正后負此三物合德齊明自古有之理應無惑周執謙道殊未可依重
用宗彝又乖法服今準尚書予欲觀古人之服日月星辰山龍華蟲作會宗彝
藻火粉米黼黻絺繡具依此於左右髆上爲日月各一當後領下而爲星辰又
山龍九物各重行十二又近代故實依尚書大傳山龍純青華蟲純黃作會宗
彝純黑藻純白火純赤以此相閒而爲五采鄭玄議已自非之云五采相錯非
一色也今並用織成於繡五色錯文準孔安國衣質以玄加山龍華蟲火宗彝
等並織成爲五物裳織以纁加藻粉米黼黻之四衣裳通數此爲九章兼上三
辰而備十二也衣褾領上各帖升龍漢晉以來率皆如此既是先王法服不可
乖於夏制徵而用之理將爲允墨敕曰可承以單衣又案董巴輿服志宗廟冕

服云絳領袖爲內單衣又車服雜記曰天子釋奠郊祭而單衣以絳緣今用白
紗爲內單黼領絳縹青裾及襈革帶玉鉤鰈大帶朱裏紕其外紐約用組上加
朱韍又案說文韠韍也所以蔽前禮記曰有虞氏韍夏后氏山殷火周龍章鄭
玄曰冕之韍也舜始作之以尊祭服禹湯至周增以文飾禮記曰君朱韠鄭曰
韠象裳色今依白武通注以蔽裳前上闊一尺象天數也下闊二尺象地數也
長三尺象三才也加龍章山火以備三代之法也於是制袞冕之服玄衣纁裳
合九章爲十二等白紗內單黼領青褾襈革帶玉鉤鰈大帶韍鹿盧玉具劒火
珠鏢首白玉雙佩玄組大小綬朱韈赤舄舄飾以金宗廟社稷籍田方澤朝日
夕月遣將授律征還飲至加元服納后正冬受朝臨軒拜爵皆服之
通天冠之制案董巴志冠高九寸形正豎頂少邪却後乃下直爲鐵卷梁前有
高山故禮圖或謂之高山冠也晉起居注成帝咸和五年制詔殿內曰平天通
天冠並不能佳可更修理之雖在禮無文故知天子所冠其來久矣又徐氏輿
服注曰通天冠高九寸黑介幘金博山徐爰亦曰博山附蟬謂之金顏今制依

此不通於下獨天子元會臨軒服之其服絳紗袍深衣製白紗內單皁領褾裾
襈絳紗蔽膝白假帶方心曲領其劔佩綬舄革帶皆與上同元冬饗會諸祭還
則服之四時視朔則內單領襈各隨其方色唯秋方色白以緣代之
遠遊冠之制案漢雜事曰太子諸王服之故淮南子曰楚莊王冠通梁組纓注
云通梁遠遊也晉令皇太子諸王給遠遊冠徐氏雜注曰天子雜服遠遊五梁
太子諸王三梁董巴志曰制如通天有展筩橫之幘上今制依此天子加金博
山九首施珠翠黑介幘金緣以承之翠緌纓犀簪導太子親王加金附蟬宗室
王去附蟬並不通於庶姓其乘輿遠遊冠服白紗單衣承以褏襦烏皮履拜山
陵則服之
武弁之制案徐爰宋志謂籠冠是也禮圖曰武士服之董巴輿服志云諸常侍
內常侍加黃金附蟬貂尾謂之惠文冠今制天子金博山三公已上玉冠枝四
品已上金枝侍臣加附蟬貂豐貂文官七品已上貂白筆八品已下及武官皆
不貂筆其乘輿武弁之服衣裳綬如通天之服講武出征四時蒐狩大射禡類

宜社賞祖罰社纂嚴皆服之
弁之制案五經通義高五寸前後玉飾詩云瑲弁如星董巴曰以鹿皮爲之尙書顧命四人綦弁執戈故知自天子至于執戈通貴賤矣魏臺訪議曰天子以五采玉珠十二飾之命參準此通用烏漆紗而爲之天子十二琪皇太子及一品九琪二品八琪三品七琪四品六琪五品五琪六品已下無琪唯文官服之不通武職案禮圖有結纓而無笄導少府少監何稠請施象牙簪導詔許之弁加簪導自玆始也乘輿鹿皮弁服緋大襦白羅裠金烏皮履革帶小綬長二尺六寸色同大綬而首半之間施三玉環白玉佩一隻視朝聽訟則服之凡弁服自天子已下內外九品已上弁皆以烏爲質並衣袴褶五品已上以紫六品已下以絳宿衛及在仗內加兩襠螣蛇絳褠衣連裳典謁贊引流外冗吏通服之以縵後制鹿皮弁以賜近臣
帽古野人之服也董巴云上古穴居野處衣毛帽皮以此而言不施衣冠明矣案宋齊之間天子宴私著白高帽士庶以烏其制不定或有卷荷或有下裠或

有紗高屋或有烏紗長耳後周之時咸著突騎帽如今胡帽垂裙覆帶蓋索髮之遺象也又文帝項有瘤疾不欲人見每常著焉相魏之時著而謁帝故後周一代將爲雅服小朝公宴咸許戴之開皇初高祖常著烏紗帽自朝貴已下至于冗吏通著入朝今復制白紗高屋帽其服練裙襦烏皮履宴接賓客則服之白帢案傅子魏太祖以天下凶荒資財乏匱擬古皮弁裁縑帛以爲之蓋自魏始也梁令天子爲朝臣等舉哀則服之今亦準此其服白紗單衣承以裙襦烏皮履舉哀臨喪則服之

幘案董巴云起於秦人施於武將初爲絳帕以表貴賤焉至漢孝文時乃加以高顏孝元帝額有壯髮不欲人見乃始進幘又董偃召見綠幘傅鞲東觀記云詔賜段熲赤幘大冠一具故知自上已下至于皁隸及將帥等皆通服之今天子畋獵御戎文官出遊田里武官自一品已下至于九品幷流外吏色皆同烏廚人以綠卒及馭人以赤轝輦人以黃駕五輅人逐其車色承遠遊進賢者施以掌導謂之介幘承武弁者施以笄導謂之平巾其乘輿黑介幘之服紫羅褶

南布袴玉梁帶紫絲鞋長靿韈畋獵豫遊則服之
皇太子服六等衮冕九旒朱組纓青纊琇耳犀簪導紺衣纁裳去日月星辰爲
九章白紗內單黼黻領青褾禩裾革帶金鉤鰈大帶韍二章玉具劒侍從祭祀
及謁廟加元服納妃則服之據晉咸寧四年故事衣色用玄改用紺舊章用織
成降以繡玉具劒故事以火珠鏢首改以白珠開皇中皇太子冕同天子貫白
珠及仁壽元年煬帝爲太子以白珠太逼表請從青珠於是太子衮冕與三公
王等皆青珠九旒旒短不及髆降天子二寸
遠遊冠金附蟬加寶飾珠翠九首珠纓翠緌犀簪導絳紗袍白紗內單皁領褾
禩裾白假帶方心曲領絳紗蔽膝韈舄革帶劒佩綬同衮冕未冠則雙童髻空
頂黑介幘雙玉導加寶飾珠翠二首謁廟還元日朔旦入朝釋奠則服之
始後周采用周禮皇太子朝賀皆衮冕九章服開皇初自非助祭皆冠遠遊冠
至此牛弘奏云皇太子冬正大朝請服衮冕帝問給事郎許善心曰太子朝謁
著遠遊冠有何典故對曰晉令皇太子給五時朝服遠遊冠至宋泰始六年更

議儀注儀曹郎丘仲起議案周禮公自袞冕已下至卿大夫之玄冕皆其朝聘之服也伏尋古之公侯尚得服袞以入朝見況皇太子儲副之尊謂宜式遵盛典服袞朝賀兼左丞陸澄議服冕以朝實著經典自秦除六冕之制後漢始備古章魏晉以來非祀宗廟不欲令臣下服於袞冕位爲公者必加侍官故太子入朝因亦不著但承天作副禮絕羣后宜遵前王之令典革近代之陋制皇太子朝請服冕自宋以下始定此儀至梁簡文之爲太子嫌於上逼還冠遠遊下及於陳皆依此法後周之時亦言服袞入朝至于開皇復遵魏晉故事臣謂袞冕之服章玉雖差一日而覲頗欲相類臣子之道義無上逼故晉武帝太始三年詔太宰安平王孚著侍內之服四年又賜趙燕樂安王等散騎常侍之服自斯以後台鼎貴臣並加貂璫武弁故皇太子遂著遠遊謙不逼尊於理爲允帝曰善竟用開皇舊式

遠遊三梁冠從省服絳紗單衣革帶金鉤𩋾假帶方心佩一隻紛長六尺四寸闊二寸四分色同於綬金縷鞶囊白韈烏皮履金飾五日常朝則服之

鹿皮弁九琪服絳羅襦白羅𧝊革帶履韈佩紛如從省服在宮聽政則服之

平巾黑幘玉冠枝金花飾犀簪導紫羅褶南布袴玉梁帶長靿韈侍從田狩則服之

白帢素單衣烏皮履爲宮臣舉哀弔喪則服之

諸王三公已下爲服之制袞冕九章服三公攝祭及諸王初受冊贄入朝助祭親迎則服之綬各依其色

鷩冕案禮圖王祭先公及卿之服天子九旒用玉二百一十六侯伯服以助祭七旒用玉八十新制依此服七章三品及公侯助祭則服之

毳冕案禮圖王祀四望山川之服天子七旒用玉百六十八子男服以助祭五旒用玉五十新制依此服五章四品及伯助祭則服之

絺冕案禮圖王者祭社稷五祀之服天子五旒用玉百二十孤卿服以助祭四旒用玉三十二新制依此服三章五品及子男助祭則服之

玄冕案禮圖王祭羣小祀及視朝服天子四旒用玉三十二諸侯服以祭其宗

廟三旒用玉十八新制依此服三章通給庶姓一品已下五品已上自製于家
祭其私廟三品省衣粉米加三重裳黼黻加二重四品減黼一重五品減黻一
重禮自玄冕以上加旒一等天子祭祀節級服之
開皇以來天子唯用袞冕自鷩之下不施於尊具依前式而六等之冕皆有黈
纊黃緜爲之其大如橘自皇太子以下三犀導青纓爵弁案董巴志同於爵形
一名冕有收持笄所謂夏收殷冔者也祠天地五郊明堂雲翹舞人服之禮云
朱干玉戚冕而舞大夏此之謂也禮圖云士助君祭服之色如爵頭無旒有纊
新制依此角爲簪導衣青裳縓並緌無章六品已下皆通服之
遠遊冠服王所服也衣裳內單如皇太子佩山玄玉金章龜鈕宋孝建故事亦
謂之璽令文曰印又並歸於官府身不自佩例以銅易之大綬四采小綬同色
施二玉環玉具劒烏皮舃舃加金飾唯帝子宗室封國王者服之
進賢冠案漢官云平帝元始五年令公卿列侯冠三梁二千石兩梁千石以下
一梁梁別貴賤自漢始也董巴釋曰如緇布冠文儒之服也前高七寸而却後

高三寸而立王莽之時以幘承之新制依此內外文官通服之三品已上三梁五品已上兩梁九品已上一梁用明尊卑之等也其朝服亦名具服絳紗單衣白紗內單玄領裾襈袖革帶金鉤䚢假帶曲領方心絳紗蔽膝白韈烏皮舄雙佩綬如遠遊之色自一品已下五品已上衣服盡同而綬依其品陪祭朝饗拜表凡大事皆服之六品七品去劒佩綬八品九品去白筆內單而用履代舄其五品已上一品已下又有公服亦名從省服並烏皮履去曲領內單白筆蔽膝開皇故事亦去鞶囊佩綬何稠請去大綬而偏垂一小綬綴於獸頭鞶囊獨一隻佩正當於後詔從之一品已下五品已上同

高山冠案董巴志云一日側注謁者僕射之所服也胡伯始以爲齊王冠秦滅齊以賜謁者傅子曰魏明帝以高山冠似通天乃毀變其形除去卷筩令如介幘幘上加物以象山峯行人使者通皆服之新制參用其事形如進賢於冠前加三峯以象魏制謁者大夫已下服之梁依其品

獬豸冠案禮圖曰法冠也一曰柱後惠文如淳注漢官曰惠蟬也細如蟬翼今

御史服之禮圖又曰獬豸冠高五寸秦制也法官服之董巴志曰獬豸神羊也蔡邕云如麟一角應劭曰古有此獸主觸不直故執憲者爲冠以象之秦滅楚以其冠賜御史此即是也開皇中御史戴却非冠而無此色新制又以此而代却非御史大夫以金治書侍御史以犀侍御史已下用羚羊角獨御史司隸服之

巾案方言云巾趙魏閒通謂之承露郭林宗傳曰林宗嘗行遇雨巾沾角折又袁紹戰敗幅巾渡河此則野人及軍旅服也制有二等今高人道士所著是林宗折角庶人農夫常服是袁紹幅巾故事用全幅皁而向後襆髮俗人謂之襆頭自周武帝裁爲四脚今通於貴賤矣簪導案釋名云簪建也所以建冠於髮也一曰笄笄係也所以拘冠使不墜也導所以導櫟鬢髮使入巾幘之裏也今依周禮天子以玉笄而導亦如之又史記曰平原君誇楚爲玳瑁簪班固與弟書云今遺仲升以黑犀簪士燮集云遺功曹史貢皇太子通天犀導故知天子獨得用玉降此通用玳瑁及犀今並準是唯弁用白牙笄導焉

貂蟬案漢官侍內金蟬左貂金取剛固蟬取高潔也董巴志曰內常侍右貂金璫銀附蟬內書令亦同此今宦者去貂內史令金蟬右貂納言金蟬左貂開皇時加散騎常侍在門下者皆有貂蟬至是罷之唯加常侍聘外國者特給貂蟬還則輸納於內省

白筆案徐氏雜注云古者貴賤皆執笏有事則書之故常簪筆今之白筆是遺象也魏略曰明帝時大會而史簪筆今文官七品已上通毦之武職雖貴皆不毦也

纓案儀禮曰天子朱纓諸侯丹組纓今冕天子已下皆朱纓又尉繚子曰天子玄纓諸侯素纓別尊卑也今不用素並從冠色焉

佩案禮天子佩白玉董巴司馬彪云君臣佩玉尊卑有序所以章德也今參用杜夔之法天子白玉太子瑜玉王山玄玉自公已下皆水蒼玉

綬案禮天子玄組綬侯伯朱組綬大夫純組綬世子綦組綬漢官云蕭何爲相國佩綠綬公侯紫卿二千石青令長千石黑今大抵準此天子以雙綬六采玄

黃赤白縹綠純玄質長二丈四尺五百首闊一尺雙小綬長二尺六寸色同大綬而首半之間施四玉環開皇用三今加一皇太子朱雙綬四采赤白縹紺純朱質長一丈八尺三百二十首闊九寸雙小綬長一尺六寸色同大綬而首半之間施三玉環開皇用二今加一三公綠綟綬四采綠黃縹紫純綠質黃文織之長一丈八尺二百四十首闊九寸與親王綬俱施二玉環諸王纁朱綬四采赤黃縹紺純朱質纁文織之長一丈八尺二百四十首闊九寸公玄朱綬四采赤縹玄紺純朱質玄文織之長一丈八尺二百四十首闊九寸侯伯青朱綬四采青赤白縹純朱質青文織之長一丈六尺百八十首闊八寸子男素朱綬三采青赤白純朱質素文織之長一丈四尺百四十首闊七寸二品已上纁紫綬四采纁紫赤黃純紫質纁文織之長一丈四尺百四十首闊八寸三品紺紫綬四采紫紺黃縹純紫質紺文織之長一丈六尺百八十首闊八寸四品青綬三采青白紅純青質長一丈四尺百四十首闊七寸五品墨綬二采青紺純紺質長一丈二尺百二十首闊六寸自王公已下皆有小綬二枚色同大綬而首半

之正從一品施二玉環凡有綬者皆有紛並長六尺四寸闊二寸四分隨於綬色

鞶囊案禮男鞶革女鞶絲東觀書詔賜鄧遵獸頭鞶囊一枚班固與弟書遺仲升獸頭旁囊金錯鉤也古佩印皆貯懸之故有囊稱或帶於旁故班氏謂爲旁囊綬印鈕也今雖不佩印猶存古制有佩綬者通得佩之無佩則不合採梁陳東齊制品極尊者以金織成二品以上服之次以銀織成三品已上服之下以綖織成五品已上服之分爲三等

革帶案禮博二寸禮圖曰璫綴於革帶阮諶以爲有章印則於革帶佩之東觀記楊賜拜太常詔賜自所著革帶故知形制尊卑不別今博三寸半加金鏤鰈蝗蜋鉤以相拘帶自大裘至於小朝服皆用之

劍案漢自天子至于百官無不佩刀蔡謨議曰大臣優禮皆劍履上殿非侍臣解之蓋防刃也近代以木未詳所起東齊著令謂爲象劍言象於劍周武帝時百官燕會並帶刀升座至開皇初因襲舊式朝服登殿亦不解焉十二年因蔡

徵上事始制凡朝會應登殿坐者劒履俱脫其不坐者勑召奏事及須升殿亦
就席解劒乃登納言黃門內史令侍郎舍人旣夾侍之官則不脫其劒皆真刃
非假旣合舊典弘制依定又準晉咸康元年定令故事自天子已下皆衣冠帶
劒今天子則玉具火珠鏢首餘皆玉鏢首唯侍臣帶劒上殿自王公以下非殊
禮引升殿皆就席解而後升六品以下無佩綬者皆不帶
曲領案釋名在單衣內襟領上橫以雍頸七品已上有內單者則服之從省服
及八品已下皆無
珽案禮天子搢珽方正於天下也又五經異義天子笏曰珽珽直無所屈也今
制准此長尺二寸方而不折以球玉爲之
笏案禮諸侯以象大夫魚須文竹士以竹本象可也凡有指畫於君前受命書
於笏笏畢用也五經要義曰所以記事防忽忘禮圖云度二尺有六寸中博二
寸其殺六分去一晉宋以來謂之手板此乃不經今還謂之笏以法古名自西
魏以降五品已上通用象牙六品已下兼用竹木

屨舄案圖云複下曰舄單下曰屨夏葛冬皮近代或以重皮而不加木失於乾
腊之義今取乾腊之理以木重底冕服者色赤冕衣者色烏屨同烏色諸非侍
臣皆脫而升殿凡舄唯冕服及具服著之屨則諸服皆用唯褶服以靴靴胡屨
也取便於事施於戎服
諸建華鵕鸃鷸冠委貌長冠樊噲却敵巧士術氏却非等前代所有皆不採用
皇后服四等有褘衣鞠衣青服朱服
褘衣深青質織成領袖文以翬翟五采重行十二等首飾花十二鈿小花毦十
二樹并兩博鬢素紗內單黼領羅縠褾襈色皆以朱蔽膝隨裳色以緅爲緣用
翟三章大帶隨衣裳飾以朱綠之錦青緣革帶青韈舄舄以金飾白玉佩玄組
綬章采尺寸同於乘輿祭及朝會凡大事皆服之
鞠衣黃羅爲質織成領袖小花十二樹蔽膝革帶及舄隨衣色餘準褘衣親蠶
服也
青服去花大帶及佩綬金飾屨禮見天子則服之

朱服制如青服宴見賓客則服之
有金璽盤螭鈕文曰皇后之璽冬正大朝則并黃琮各以笥貯進於座隅
皇太后服同於后服而貴妃以下並亦給印
貴妃德妃淑妃是爲三妃服褕翟之衣首飾花九鈿并二博鬢金章龜鈕文從
其職紫綬一百二十首長一丈七尺金縷織成獸頭鞶囊佩于寘玉
順儀順容順華修儀修容修華充儀充容充華是爲九嬪服闕翟之衣首飾花
八鈿并二博鬢金章龜鈕文從其職紫綬一百首長一丈七尺金縷織成獸頭
鞶囊佩采瓄玉
婕妤銀縷織成獸頭鞶囊首飾花七鈿他如嬪服
美人才人服鞠衣首飾花六鈿并二博鬢銀印珪鈕文從其職青綬八十首長
一丈六尺綵縷織成獸爪鞶囊佩水蒼玉
寶林服展衣首飾花五鈿并二博鬢銀印環鈕文如其職艾綬八十首長一丈
六尺鞶囊佩玉同於婕妤

承衣刀人采女皆服褖衣無印綬參準宋泰始四年及梁陳故事增損用之

皇太子妃服褕翟之衣青質五采織成爲搖翟以備九章首飾花九鈿幷二博鬢金璽龜鈕文如其職素紗內單黼領羅縹襈色皆用朱蔽膝二章大帶同褘衣青綠革帶朱韈青舄舄加金飾佩瑜玉纁朱綬一百六十首長二丈獸頭鞶囊凡大禮見皆服之唯侍親桑則用鞠衣之服花鈿佩綬與褕衣同準宋孝建二年故事而增損之

良娣鞠衣之服銀印珪鈕文如其職佩采瓄玉青綬八十首長一丈六尺獸爪鞶囊餘同世婦

保林八子展衣之服銅印環鈕文如其職佩水蒼玉艾綬八十首長一丈六尺獸爪鞶囊自良娣等準宋大明六年故事而損益之

諸王太妃妃長公主公主三公夫人一品命婦褕翟之服繡爲九章首飾花九鈿佩山玄玉獸頭鞶囊綬同夫色

公夫人縣主二品命婦亦服褕翟繡爲八章首飾八鈿侍從親桑同用鞠衣自

此之下佩皆水蒼玉
侯伯夫人三品命婦亦服揄翟繡爲七章首飾七鈿
子夫人四品命婦服闕翟之衣刻赤繒爲翟綴於服上以爲六章首飾六鈿
男夫人五品命婦亦服闕翟之衣刻繒爲翟綴於服上以爲五章首飾五鈿若
當從侍親桑皆同鞠衣議既定帝幸修文殿覽之乃令何稠起部郎閻毗等造
樣上呈二年總了始班行焉軒冕之盛貫古今矣三年正月朔旦大陳文物時
突厥染干朝見慕之請襲冠冕帝不許明日率左光祿大夫褥但特勤阿史那
職御左光祿大夫特勤阿史那伊順右光祿大夫意利發史蜀胡悉等並拜表
固請衣冠帝大悅謂弘等曰昔漢制初成方知天子之貴今衣冠大備足致單
于解辮此乃卿之功也弘愷善心世基何稠閻毗等賜帛各有差並事出優厚
是後師旅務殷車駕多行幸百官行從唯服袴褶而軍旅間不便至六年後詔
從駕涉遠者文武官等皆戎衣貴賤異等雜用五色五品已上通着紫袍六品
已下兼用緋綠胥吏以青庶人以白屠商以皁士卒以黃

卓彼上天宮室混成玄戈居其左上將居其右弧矢揚威羽林置陳易曰天垂象聖人則之昔軒轅氏之有天下也以師兵爲營衛降至三代其儀大備西漢武帝每上甘泉則列鹵簿車千乘騎萬匹其居前殿則植戟懸楯以戒不虞其所由來者尚矣

梁武受禪于齊侍衛多循其制正殿便殿閣及諸門上下各以直閤將軍等直領又置刀鈒御刀御楯之屬直御左右兼有御仗鋋矟赤氅角抵勇士青氅衛仗長刀刀劒細仗羽林等左右二百七十六人以分直諸門行則儀衛左右又有左右夾轂蜀客楯劒格獸羽林八從遊盪十二不從遊盪直從細射廉察刀戟腰弩大弩等隊凡四十九隊亦分直諸門上下行則量爲儀衛東西掖端大司馬東西華承明大通等門又各二隊及防殿三隊雖行幸不從又有八馬遊盪馬左右夾轂左右馬百騎等各二隊及騎官閱武馬容雜伎馬容及左右馬騎直隊行則侍衛左右分爲警衛車駕晨夜出入及涉險皆作函鹵簿應宿衛軍騎皆執兵持滿各當其所保護方面天明及度險乃奏解函擷鼓而依常列

乘輿行則有大駕法駕小駕大駕以郊饗上天臨馭九伐法駕以祭方澤祀明
堂奉宗廟藉千畝小駕以敬園陵親蒐狩大駕則公卿奉引大將軍驂乘太僕
馭法駕小駕皆侍中驂乘奉車郎馭公卿不引其餘行幸送往勞旋則槊仗近
讌則隊仗三駕法天二仗法地其動也參天而兩地也陳氏承梁亦無改革
齊文宣受禪之後警衛多循後魏之儀及河清中定令宮衞之制左右各有羽
林郎十二隊又有持鈒隊鋋槊隊長刀隊細仗隊楯鎩隊雄戟隊格獸隊赤氅
隊角抵隊羽林隊步遊盪隊馬遊盪隊又左右各武賁十隊左右翊各四隊又
步遊盪馬遊盪左右各三隊是爲武賁又有直從武賁左右各六隊在左者爲
前驅隊在右者爲後拒隊又有募員武賁隊強弩隊左右各一隊在左者皆左
衞將軍總之在右者皆右衞將軍總之以備警衞其領軍中領將軍侍從出入
則著兩襠甲手執檉杖左右衞將軍將軍則兩襠甲手執檀杖侍從左右則有
千牛備身左右備身刀劍備身之屬兼有武威熊渠鷹揚等備身三隊皆領左
右將軍主之宿衞左右而戎服執仗兵有斧鉞弓箭刀矟旌旗皆囊首五色節

文旆悉赭黄天子御正殿唯大臣夾侍兵仗悉在殿下郊祭鹵簿則督將平巾
幘緋衫甲大口袴
後周警衞之制置左右宮伯掌侍衞之禁各更直於內小宮伯貳之臨朝則分
在前侍之首並金甲各執龍環金飾長刀行則夾路車左右中侍掌御寢之禁
皆金甲左執龍環右執獸環長刀並飾以金次左右侍陪中侍之後並銀甲左
執鳳環右執麟環長刀次左右前侍掌御寢南門之左右並銀甲左執師子環
右執象環長刀次左右後侍掌御寢北門之左右並銀甲左執犀環右執兕環
長刀左右騎侍立於寢之東西階並銀甲左執羆環右執熊環長刀十二人兼
執師子彤楯列左右侍之外自左右侍以下刀並以銀飾左右宗侍陪左右前
侍之後夜則衞於寢庭之中皆服金塗甲左執豹環右執貔環長刀並金塗飾
十二人兼執師子彤楯列於左右騎侍之外自左右中侍已下皆行則兼帶黄
弓矢巡田則常服帶短刀如其長刀之飾左右庶侍掌非皇帝所御門閤之禁
並服金塗甲左執獬豸環右執貔環長劒並金飾十二人兼執師子彤楯列於

左右宗侍之外行則兼帶皓弓矢左右勳侍掌陪左右庶侍而守出入則服金塗甲左執吉良環右執猙環長劍十二人兼執師子彤楯列於左右庶侍之外行則兼帶盧弓矢巡田則與左右庶侍俱常服佩短劍如其長劍之飾諸侍官大駕則俱侍中駕及露寢半之小駕三分之一左右武伯掌內外衞之禁令兼六率之士皇帝臨軒則備三仗於庭服金甲執金鉦杖立於殿上東西階之側行則列兵於帝之左右從則服金甲被繡袍左右小武伯各二人貳之服執同於武伯分立於大武伯下及露門之左右塾行幸則加錦袍左右武賁率掌武賁之士其隊器服皆玄以四色飾之各總左右持鈒之隊皇帝臨露寢則立於左右三仗第一行之南北出則分在隊之先後其副率貳之左右旅賁率掌旅賁士其隊器服皆青以朱爲飾立於三仗第二行之南北其副率貳之左右射聲率掌射聲之士其器服皆朱以黃爲飾立於三仗第三行之南北其副率貳之左右驍騎率掌驍騎之士器服皆黃以皓爲飾立於三仗第四行之南北其副率貳之左右羽林率掌羽林之士其隊器服皆皓以玄爲飾立於三仗第五

行之南北其副率貳之左右遊擊率掌遊擊之士其器服皆玄以青爲飾其副
率貳之武賁已下六率通服金甲師子文袍執銀釦檀杖副率通服金甲獸文
袍各有倅長帥長相次陪列行則引前倅長通服銀甲豹文袍帥長通服銀甲
鶡文袍自副率已下通執獸環銀飾長刀凡大駕則盡行中駕及露寢則半之
小駕半中駕常行軍旅則衣色尚烏
高祖受命因周齊宮衞微有變革戎服臨朝大仗則領左右大將軍二人分在
左右廂左右直寢左右直齋左右直後千牛備身左右備身等夾侍供奉於左
右及坐後左右衞大將軍左右直閤將軍以次左右衞將軍各領儀刀爲十二
行內四行親衞行別以大都督領次外四行勳衞以帥都督領次外四行翊衞
以都督領行各二人執金花師子楯猨刀一百四十人分左右帶橫刀後監門
直長十二人左青龍旗右白獸旗左右武衞開府各領三仗六行在大仗內行
別六十人大都督一人領之帥都督一人後之大駕則執黃麾仗其次戟二十
四左青龍幢右白獸幢罕畢各一鈒金二十四金節十二道蓋獸又絳引幡朱

幢爲持鈒前隊應蹕大都督二人領之在御前横街南左右武衛大將軍領大仗左右廂各六行行別三百六十人大都督一人領之及大業四年煬帝北巡出塞行宮設六合城方一百二十步高四丈二尺六合以木爲之方六尺外面一方有板離合爲之塗以青色壘六板爲城高三丈六尺上加女牆板高六尺開南北門又於城四角起樓敵二門觀門樓檻皆丹青綺畫又造六合殿千人帳載以槍車車載六合三板其車軨解合交叉卽爲馬槍每車上張幕幕下張平一弩傅矢五人更守兩車之門施車軨馬槍皆外其轅以爲外圍次內布鐵菱次內施蟄鞬每一蟄鞬中施弩牀長六尺闊三尺牀桄陛插鋼錐皆長五寸謂之蝦鬚皆施機關張則錐皆外向其牀上施璇機弩以繩連弩機人從外來觸繩則弩機旋轉向觸所而發其外又以矰周圍行宮三丈一鈴一柱柱舉矰去地二尺五寸當行宮南北門施槌磬連矰以機發之有人觸矰則衆鈴發響槌擊兩磬以知所警名爲擊磬八年征遼又造鉤陳以木板連如帳子張之則綺文卷之則直焉帝御營與賊城相對夜中設六合城周迴八里城及女垣合

高十仞上布甲士立仗建旗又四隅有闕面別一觀觀下開三門其中施行殿
殿上容侍臣及三衞仗合六百人一宿而畢望之若真高麗旦忽見謂之爲神
焉

隋書卷十二

隋書卷十二考證

禮儀志七法冠一名獬豸冠○臣映斗按豸當作廌左傳南冠而縶注南冠楚冠疏秦滅楚以其冠賜近臣御史服之異物志獬廌一角見人鬭觸不直者聞人爭咋不正者豸池爾反爾雅有足曰蟲無足曰豸然漢書已訛廌爲豸矣

今準尚書予欲觀古人之服○按尚書服作象

爲漆紗○監本爲訛焉從宋本改又漆宋本作桼廣韻桼俗漆字又木名山海經剛山多桼木

殷哻○監本哻作哻臣映斗按哻音汗坊本多以哻作哻今改正

隋書卷十二考證

隋書卷十三

唐太尉揚州都督監修國史上柱國趙國公臣長孫無忌等撰

志第八

音樂上

夫音本乎太始而生於人心隨物感動播於形氣形氣既著協於律呂宮商克諧名之爲樂樂者樂也聖人因百姓樂己之德正之以六律文之以五聲詠之以九歌舞之以八佾實升平之冠帶王化之源本記曰感於物而動故形於聲夫人者兩儀之播氣而性情之所起也恣其流湎往而不歸是以五帝作樂三王制禮標舉人倫削平淫放其用之也動天地感鬼神格祖考諧邦國樹風成化象德昭功啓萬物之情通天下之志若夫升降有則宮商垂範禮踰其制則尊卑乖樂失其序則親疎亂禮定其象樂平其心外敬內和合情飾貌猶陰陽以成化若日月以爲明也記曰大夫無故不撤懸士無故不撤琴瑟聖人造樂導迎和氣惡情屏退善心興起伊耆有葦籥之音伏犧有網罟之詠葛天八闋

神農五弦事與功偕其來已尚黃帝樂曰咸池帝嚳曰六英帝顓頊曰五莖帝堯曰大章帝舜曰簫韶禹曰大夏殷湯曰護武王曰武周公曰勺教之以風賦弘之以孝友大禮與天地同節大樂與天地同和禮意風猷樂情膏潤傳曰如有王者必世而後仁成康化致升平刑厝而不用也古者天子聽政公卿獻詩秦人有作罕聞斯道漢高祖時叔孫通爰定篇章用祀宗廟唐山夫人能楚聲又造房中之樂武帝裁音律之響定郊丘之祭頗雜謳謠非全雅什漢明帝時樂有四品一曰大予樂郊廟上陵之所用焉則易所謂先王作樂崇德殷薦之上帝以配祖考者也二曰雅頌樂辟雍饗射之所用焉則孝經所謂移風易俗莫善於樂者也三曰黃門鼓吹樂天子宴羣臣之所用焉則詩所謂坎坎鼓我蹲蹲儛我者也其四曰短簫鐃歌樂軍中之所用焉黃帝時岐伯所造以建武揚德風敵勵兵則周官所謂王師大捷則令凱歌者也又採百官詩頌以爲登歌十月吉辰始用烝祭董卓之亂正聲咸蕩漢雅樂郎杜夔能曉樂事八音七始靡不兼該魏武平荊州得夔使其刊定雅律魏有先代古樂自夔始也自此

迄晉用相因循永嘉之寇盡淪胡羯於是樂人南奔穆皇羅鐘磬苻堅北敗孝武獲登歌晉氏不綱魏圖將霸道武克中山太武平統萬或得其宮懸或收其古樂于時經營是迫雅器斯寢孝文頗爲詩歌以勗在位謠俗流傳布諸音律大臣馳騁漢魏旁羅宋齊功成奮豫代有制作莫不各揚廟舞自造郊歌宣暢功德輝光當世而移風易俗浸以陵夷梁武帝本自諸生博通前載未及下車意先風雅爰詔凡百各陳所聞帝又自糾擿前違裁成一代周太祖發跡關隴躬安戎狄羣臣請功成之樂式遵周舊依三材而命管承六典而揮文而下武之聲豈姬人之唱登歌之奏叶鮮卑之音情動於中亦人心不能已也昔仲尼返魯風雅斯正所謂有其藝而無其時高祖受命惟新八州同貫制氏全出於胡人迎神猶帶於邊曲及顏何驟請頗涉雅音而繼想聞韶去之彌遠若夫二南斯理八風揚節順序旁通妖淫屏棄宮徵流唱翱翔率舞弘仁義之道安性命之真君子益厚小人無悔非大樂之懿其孰能與於此者哉是以舜詠南風而虞帝昌紂歌北鄙而殷王滅大樂不紊則王政在焉故錄其不相因襲以備

于志周官大司樂一千三百三十九人漢郊廟及武樂三百八十人煬帝矜奢頗玩淫曲御史大夫裴蘊揣知帝情奏括周齊梁陳樂工子弟及人間善聲調者凡三百餘人並付太樂倡優獶雜咸來萃止其哀管新聲淫弦巧奏皆出鄴城之下高齊之舊曲云

梁氏之初樂緣齊舊武帝思弘古樂天監元年遂下詔訪百寮曰夫聲音之道與政通矣所以移風易俗明貴辨賤而韶護之稱空傳咸英之實靡託魏晉以來陵替滋甚遂使雅鄭混淆鐘石斯謬天人缺九變之節朝讌失四縣之儀朕昧旦坐朝思求厥旨而舊事匪存未獲釐正寤寐有懷所爲歎息卿等學術通明可陳其所見於是散騎常侍尚書僕射沈約奏答曰竊以秦代滅學樂經殘亡至于漢武帝時河間獻王與毛生等共採周官及諸子言樂事者以作樂記其內史丞王定傳授常山王禹劉向校書得樂記二十三篇與禹不同向別錄有樂歌詩四篇趙氏雅琴七篇師氏雅琴八篇龍氏雅琴百六篇唯此而已晉中經簿無復樂書別錄所載已復亡逸案漢初典章滅絕諸儒捃拾溝渠牆壁

之閒得片簡遺文與禮事相關者卽編次以爲禮皆非聖人之言月令取呂氏春秋中庸表記防記緇衣皆取子思子樂記取公孫尼子檀弓殘雜又非方幅典誥之書也禮旣是行己經邦之切故前儒不得不補綴以備事用樂書事大而用緩自非逢欽明之主制作之君不見詳議漢氏以來主非欽明樂旣非人臣急事故言者寡陛下以至聖之德應樂推之符實宜作樂崇德殷薦上帝而樂書淪亡尋案無所宜選諸生分令尋討經史百家凡樂事無大小皆別纂錄乃委一舊學撰爲樂書以起千載絕文以定大梁之樂使五英懷慙六莖興愧是時對樂者七十八家咸多引流略浩蕩其詞皆言樂之宜改不言改樂之法帝旣素善鍾律詳悉舊事遂自制定禮樂又立爲四器名之爲通通受聲廣九寸宣聲長九尺臨岳高一寸二分每通皆施三絃一曰玄英通應鍾絃用一百四十二絲長四尺七寸四分差強黃鍾絃用二百七十絲長九尺大呂絃用二百五十二絲長八尺四寸三分差弱二曰青陽通太簇絃用二百四十絲長八尺夾鍾絃用二百二十四絲長七尺五寸弱姑洗絃用一百四十二絲長七尺

一寸一分強三曰朱明通中呂絃用一百九十九絲長六尺六寸六分弱蕤賓絃用一百八十九絲長六尺三寸二分強林鐘絃用一百八十絲長六尺四寸四曰白藏通夷則絃用一百六十八絲長五尺六寸二分弱南呂絃用一百六十絲長五尺三寸二分大強無射絃用一百二十九絲長四尺九寸一分強因以通聲轉推月氣悉無差違而還相得中又制爲十二笛黃鐘笛長三尺八寸大呂笛長三尺六寸大簇笛長三尺四寸夾鐘笛長三尺二寸姑洗笛長三尺一寸中呂笛長二尺九寸蕤賓笛長二尺八寸林鐘笛長二尺七寸夷則笛長二尺六寸南呂笛長二尺五寸無射笛長二尺四寸應鐘笛長二尺三寸用笛以寫通聲飲古鐘玉律幷周代古鐘並皆不差於是被以八音施以七聲莫不和韻是時北中郎司馬何佟之上言案周禮王出入則奏王夏尸出入則奏肆夏牲出入則奏昭夏今樂府之夏唯變王夏爲皇夏蓋緣秦漢以來稱皇故也而齊氏仍宋儀注迎神奏昭夏皇帝出入奏永至牲出入更奏引牲之樂其爲舛謬莫斯之甚請下禮局改正周捨議以爲禮王入奏王夏大祭祀與朝會其

用樂一也而漢制皇帝在廟奏永至樂朝會之日別有皇夏二樂有異於禮爲乖宜除永至還用皇夏又禮尸出入奏肆夏賓入大門奏肆夏則所設惟在人神其與迎牲之樂不可濫也宋季失禮頓虧舊則神入廟門遂奏昭夏乃以牲牢之樂用接祖考之靈斯皆前代之深疵當今所宜改也時議又以爲周禮云若樂六變天神皆降神居上玄去還怳忽降則自至迎則無所可改迎爲降而送依前式又周禮云若樂八變則地祇皆出可得而禮地宜依舊爲迎神並從之又以明堂設樂大略與南郊不殊惟壇堂異名而無就燎之位明堂則徧歌五帝其餘同於郊式焉初宋齊代祀天地祭宗廟準漢祠太一后土盡用宮懸又太常任昉亦據王肅議云周官以六律五聲八音六舞大合樂以致鬼神以和邦國以諧兆庶以安賓客以悅遠人是謂六同一時皆作今六代舞獨分用之不厭人心遂依肅議祀祭郊廟備六代樂至是帝曰周官分樂饗祀虞書止鳴兩懸求之於古無宮懸之議何事人禮縟事神禮簡也天子襲衮而至敬不文觀天下之物無可以稱其德者則以少爲貴矣大合樂者是使六律與五聲

克諧八音與萬舞合節耳豈謂致鬼神祇用六代樂也其後卽言分樂序之以
祭以享此乃曉然可明蕭則失其旨矣推檢載籍初無郊禋宗廟徧舞六代之
文唯明堂位曰禘祀周公於太廟朱干玉戚冕而舞大武皮弁素積裼而舞大
夏納夷蠻之樂於太廟言廣魯於天下也夫祭尙於敬無使樂繁禮黷是以季
氏逮闇而祭繼之以燭有司跛倚其爲不敬大矣他日祭子路與焉質明而始
晏朝而退孔子聞之曰誰謂由也不知禮乎若依蕭議郊既有迎送之樂又有
登歌各頌功德徧以六代繼之出入方待樂終此則乖於仲尼韙晏朝之意矣
於是不備宮懸不徧舞六代逐所應須卽設懸則非宮非軒非判非特宜以至
敬所應施用耳宗廟省迎送之樂以其閟宮靈宅也齊永明中舞人冠幘並簪
筆帝曰筆笏蓋以記事受言舞不受言何事簪筆豈有身服朝衣而足綦讌履
於是去筆又晉及宋齊懸鐘磬大準相似皆十六架黃鐘之宮北方北面編磬
起西其東編鐘其東衡大於鎛不知何代所作其東鎛鐘太簇之宮東方西面
起北蕤賓之宮南方北面起東姑洗之宮西方東面起南所次皆如此面設建

鼓於四隅懸內四面各有柷敔帝曰著晉宋史者皆言太元元嘉四年四廂金石大備今檢樂府止有黃鐘姑洗蕤賓太簇四格而已六律不具何謂四廂備樂之文其義焉在於是除去衡鐘設十二鎛鐘各依辰位而應其律每一鎛鐘則設編鐘磬各一虡合三十六架植建鼓於四隅元正大會備用之乃定郊禋宗廟及三朝之樂以武舞爲大壯舞取易云大者壯也正大而天地之情可見也以文舞爲大觀舞取易云大觀在上觀天之神道而四時不忒也國樂以雅爲稱取詩序云言天下之事形四方之風謂之雅雅者正也止乎十二則天數也乃去階步之樂增撤食之雅焉衆官出入宋元徽三年儀注奏肅咸樂齊及梁初亦同至是改爲俊雅取禮記司徒論選士之序者而升之學曰俊士也二郊太廟明堂三朝同用焉皇帝出入宋孝建二年秋起居注奏永至齊及梁初亦同至是改爲皇雅取詩皇矣上帝臨下有赫也二郊太廟同用皇太子出入奏胤雅取詩君子萬年永錫爾胤也王公出入奏寅雅取尚書周官三公弘化寅亮天地也上壽酒奏介雅取詩君子萬年介爾景福也食舉奏需雅取易雲

上於天需君子以飲食宴樂也撤饌奏雍雅取禮記大饗客出以雍撤也並三
朝用之牲出入宋元徽二年儀注奏引牲齊及梁初亦同至是改爲滌雅取禮
記帝牛必在滌三月也薦毛血宋元徽三年儀注奏嘉薦齊及梁初亦同至是
改爲牷雅取春秋左氏傳牲牷肥腯也北郊明堂太廟並同用降神及迎送宋
元徽三年儀注奏昭夏齊及梁初亦同至是改爲諴雅取尚書至諴感神也皇
帝飲福酒宋元徽三年儀注奏嘉祚至齊不改梁初改爲永祚至是改爲獻雅
取禮記祭統尸飲五洗玉爵獻卿今之福酒亦古獻之義也北郊明堂太廟同
用就燎位宋元徽三年儀注奏昭遠齊及梁不改就埋位齊永明六年儀注奏
隸幽至是燎埋俱奏禋雅取周禮大宗伯以禋祀祀昊天上帝也其辭並沈約
所製今列其歌詩二十曲云

俊雅歌詩三曲四言

設官分職　髦俊攸俟　髦俊伊何　貴德尚齒　唐乂咸事　周寧多士

區區衞國　猶賴君子　漢之得人　帝猷乃理

開我八襲　闢我九重　珩佩流響　纓紱有容　袞衣前邁　列辟雲從
義兼東序　事美西雍　分階等肅　異列齊恭
重列北上　分庭異陛　百司揚職　九賓相禮　齊宋舅甥　魯衞兄弟
思皇藹藹　羣龍濟濟　我有嘉賓　實惟愷悌

皇雅三曲五言

帝德實廣運　車書靡不賓　執瑁朝羣后　垂旒御百神　八荒重譯至
萬國婉來親
華蓋拂紫微　勾陳繞大一　容裔被緹組　參差羅罕畢　星回照以爛
天行徐且謐
清蹕朝萬寓　端冕臨正陽　青絇黃金繶　袞衣文繡裳　既散華蟲采
復流日月光

胤雅一曲四言

自昔殷代　哲王迭有　降及周成　惟器是守　上天乃眷　大梁既受

灼灼重明　仰承元首　體乾作貳　命服斯九　置保置師　居前居後
前星北耀　克隆萬壽

寅雅一曲三言

禮莫違　樂具舉　延藩辟　朝帝所　執桓蒲　列齊莒　垂衮毳
紛容與　升有儀　降有序　齊簪紱　忘笑語　始矜嚴　終酣醑

介雅三曲五言

百福四象初　萬壽三元始　拜獻惟衮職　同心協卿士　北極永無窮
南山何足擬
壽隨百禮洽　慶與三朝升　惟皇集繁祉　景福互相仍　申錫永無遺
穰簡必來應
百味既含馨　六飲莫能尚　玉罍信湛湛　金巵頗搖漾　敬舉發天和
祥祉流嘉貺

需雅八曲七言

實體平心待和味　庶羞百品多爲貴　或鼎或鼒宣九沸
楚桂胡鹽芼芳卉　加籩列俎彫且蔚
五味九變兼六和　令芳甘旨庶且多　三危之露九期禾
圓案方丈粲星羅　皇舉斯樂同山河
九州上腴非一族　玄芝碧樹壽華木　終朝采之不盈掬
用拂腥膻和九穀　既甘且飫致遐福
人欲所大味爲先　興和盡敬咸在旃　碧鱗朱尾獻嘉鮮
紅毛綠翼墜輕翾　臣拜稽首萬斯年
擊鍾以俟惟大國　況乃御天流至德　侑食斯舉揚盛則
其禮不僭儀不忒　風猷所被深且塞
膳夫奉職獻芳滋　不麛不夭咸以時　調甘適苦別澠淄
其德不爽受福釐　於焉逸豫永無期
備味斯饗唯至聖　咸降人神禮爲盛　或風或雅流歌咏

負鼎言歸啓殷命　悠悠四海同茲慶
道我六穗羅八珍　洪鼎自爨匪勞薪　荊包海物必來陳
滑甘滫瀡味和神　以斯至德被無垠

雍雅三曲四言

明明在上　其儀有序　終事靡愆　收鉶撤俎　乃升乃降　和樂備舉
天德莫違　人謀是與　敬行禮達　茲焉讌語
我餕惟阜　我肴孔庶　嘉味既克　食吉斯飫　屬厭無爽　冲和在御
擊壤齊歡　懷生等豫　蒸庶乃粒　寔由仁恕
百司警列　皇在在陛　既飫且醑　卒食成禮　其容穆穆　其儀濟濟
凡百庶僚　莫不愷悌　奄有萬國　抑由天啓

滌雅一曲四言

將修盛禮　其儀孔熾　有腯斯牲　國門是置　不黎不瘠　靡愆靡忌
呈肌獻體　永言昭事　俯休皇德　仰綏靈志　百福具膺　嘉祥允洎

駿奔伊在　慶覃遐嗣

牷雅一曲四言

反本興敬　復古昭誠　禮容宿設　祀事孔明　華俎待獻　崇碑麗牲

充哉繭握　肅矣簪纓　其膋既啓　我豆既盈　庖丁遊刃　葛盧驗聲

多祉攸集　景福來升

諴雅一曲三言南郊降神用

懷忽慌　瞻浩蕩　盡誠潔　致虔想　出杳冥　降無象　皇情肅

具僚仰　人禮盛　神途敞　僾明靈　申敬饗　感蒼極　洞玄壤

諴雅一曲三言北郊迎神用

地德溥　崐丘峻　揚羽翟　鼓應棟　出尊祇　展誠信　招海瀆

羅岳鎮　惟福祉　咸昭晉

諴雅一曲四言南北郊明堂太廟送神同用

我有明德　馨非稷黍　牲玉孔備　嘉薦惟旅　金懸宿設　和樂具舉

禮達幽明　敬行罇俎　鼓鐘云送　遐福是與

獻雅一曲四言

神宮肅肅　天儀穆穆　禮獻旣同　膺此釐福　我有馨明　無愧史祝

禋雅一曲四言就燎

紫宮昭煥　太一微玄　降臨下土　尊高上天　載陳珪璧　式備牲牷

雲孤清引　栒虡高懸　俯昭象物　仰致高煙　肅彼靈祉　咸達皇虔

禋雅一曲四言就燎

戚樂斯舉　協徵調宮　靈饗慶洽　祉積化融　八變有序　三獻已終

坎牲瘞玉　酬德報功　振垂成呂　投壞生風　道無虛致　事由感通

於皇戚烈　比祚華嵩

普通中薦蔬之後改諸雅歌勅蕭子雲製詞旣無牲牢遂省滌雅牷雅云

南郊舞奏黃鍾取陽始化也北郊舞奏林鍾取陰始化也明堂宗廟所尙者敬

蕤賓是爲敬之名復有陰主之義故同奏焉其南北郊明堂宗廟之禮加有登

歌今又列其歌詩一十八曲云

南郊皇帝初獻奏登歌二曲三言

暾既明　禮告成　惟聖祖　主上靈　爵已獻　罍又盈　息羽籥

展歌聲　僾如在　結皇情

禮容盛　樽俎列　玄酒陳　陶匏設　獻清旨　致虔潔　王既升

樂已闋　降蒼昊　垂芳烈

北郊皇帝初獻奏登歌二曲四言

方壇既埳　地祇已出　盛典弗愆　羣望咸秩　乃升乃獻　敬成禮卒

靈降無兆　神饗載謐　允矣嘉祚　其升如日

至哉坤元　寔惟厚載　躬茲奠饗　誠交顯晦　或升或降　搖珠動佩

德表成物　慶流皇代　純嘏不愆　祺福是賚

宗廟皇帝初獻奏登歌七曲四言

功高禮洽　道尊樂備　三獻具舉　百司在位　誠敬罔愆　幽明同致

茫茫億兆　無思不遂　蓋之如天　容之如地
殷兆玉筐　周始邠王　於赫文祖　基我大梁　肇土七十　奄有四方
帝軒百祀　人思未忘　永言聖烈　祚我無疆
有夏多罪　殷人塗炭　四海倒懸　十室思亂　自天命我　殲凶殄難
既躍乃飛　言登天漢　爰饗爰祀　福祿攸贊
犧象既飾　罍俎斯具　我鬱載馨　黃流乃注　峨峨卿士　駿奔是務
佩上鳴階　纓還拂樹　悠悠億兆　天臨日煦
猗與至德　光被黔首　鑄鎔蒼昊　甄陶區有　肅恭三獻　對揚萬壽
比屋可封　含生無咎　匪徒七百　天長地久
有命自天　於皇后帝　悠悠四海　莫不來祭　繁祉具膺　八神聳衛
福至有兆　慶來無際　播此餘休　于彼荒裔
祀典昭潔　我禮莫違　八簋充室　六龍解騑　神宮肅肅　靈寢微微
嘉薦既饗　景福攸歸　至德光被　洪祚載輝

明堂徧歌五帝登歌五曲四言

歌青帝辭

帝居在震　龍德司春　開元布澤　含和尚仁　羣居既散　歲云陽止
飭農分地　人粒惟始　雕梁繡栱　丹楹玉墀　靈威以降　百福來綏

歌赤帝辭

炎光在離　火爲威德　執禮昭訓　持衡受則　靡草既凋　温風以至
嘉薦惟旅　時羞孔備　齊醍在堂　笙鏞在下　匪惟七百　無絶終始

歌黃帝辭

鬱彼中壇　含靈闡化　廻環氣象　輪無輟駕　布德焉在　四序將收
音宮數五　飯稷驂駵　宅屏居中　旁臨外宇　升爲帝尊　降爲神主

歌白帝辭

神在秋方　帝居西皓　允茲金德　裁成萬寶　鴻來雀化　參見火邪
幕無玄鳥　菊有黃華　載列笙磬　式陳彝俎　靈罔常懷　惟德是與

歌黑帝辭

德盛乎水　玄冥紀節　陰降陽騰　氣凝象閉　司智莅坎　駕鐵衣玄

祁寒坼地　晷度迴天　悠悠四海　駿奔奉職　祚我無疆　永隆人極

太祖太夫人廟舞歌

閟宮肅肅　清廟濟濟　於穆夫人　固天攸啓　祚我梁德　膺斯盛禮

文欃達嚮　重檐丹陛

飾我俎彝　潔我粢盛　躬事奠饗　推尊盡敬　悠悠萬國　具承茲慶

大孝追遠　兆庶攸詠

太祖太夫人廟登歌

光流者遠　禮貴彌申　嘉饗云備　盛典必陳　追養自本　立愛惟親

皇情乃慕　帝服來尊　駕齊六轡　旗耀三辰　感茲霜露　事彼冬春

以斯孝德　永被蒸民

大壯舞奏夷則大觀舞奏姑洗取其月王也二郊明堂太廟三朝並同用今亦

列其歌詩二曲云

大壯舞歌一曲四言

高高在上　實愛斯人　眷求聖德　大拯彝倫　率土方燎　如火在薪

悚悚黔首　暮不及晨　朱光啓耀　兆發穹旻　我皇鬱起　龍躍漢津

言居牧野　電激雷震　闞䝙之甲　彭濮之人　或貔或武　漂杵浮輪

我邦雖舊　其命維新　六伐乃止　七德必陳　君臨萬國　遂撫八貪

大觀舞歌一曲四言

皇矣帝烈　大哉興聖　奄有四方　受天明命　居上不怠　臨下唯敬

舉無愆則　動無失正　物從其本　人遂其性　昭播九功　肅齊八柄

寬以惠下　德以爲政　三趾晨儀　重輪夕映　棧壑忘阻　梯山匪敻

如日有恆　與天無竟　載陳金石　式流舞詠　咸英韶夏　於茲比盛

相和五引

角引

萌生觸發歲在春　咸池始奏德尚仁　涖濩以息和且均

徵引

執衡司事宅離方　滔滔夏日火德昌　八音備舉樂無疆

宮引

八音資始君五聲　興此和樂感百精　優遊律呂被咸英

商引

司秋紀兌奏西音　激揚鍾石和瑟琴　風流福被樂愔愔

羽引

玄英紀運冬冰折　物爲音本和且悅　窮高測深長無絕

普通中薦蔬以後勑蕭子雲改諸歌辭爲相和引則依五音宮商角徵羽爲第次非隨月次也

舊三朝設樂有登歌以其頌祖宗之功烈非君臣之所獻也於是去之三朝第一奏相和五引第二衆官入奏俊雅第三皇帝入閣奏皇雅第四皇太子發西

中華門奏胤雅第五皇帝進王公發足第六王公降殿同奏寅雅第七皇帝入
儲變服第八皇帝變服出儲同奏皇雅第九公卿上壽奏酒介雅第十太子入
預會奏胤雅十一皇帝食舉奏需雅十二撤食奏雍雅十三設大壯武舞十四
設大觀文舞十五設雅歌五曲十六設俳伎十七設鼙舞十八設鐸舞十九設
拂舞二十設巾舞并白紵二十一設舞盤伎二十二設舞輪伎二十三設刺長
追花幢伎二十四設受猾伎二十五設車輪折脰伎二十六設長蹻伎二十七
設須彌山黃山三峽等伎二十八設跳鈴伎二十九設跳劍伎三十設擲倒伎
三十一設擲倒案伎三十二設青絲幢伎三十三設一繖花幢伎三十四設雷
幢伎三十五設金輪幢伎三十六設白獸幢伎三十七設擲蹻伎三十八設獼
猴幢伎三十九設啄木幢伎四十設五案幢呪願伎四十一設辟邪伎四十二
設青紫鹿伎四十三設白武伎作訖將白鹿來迎下四十四設寺子遵安息孔
雀鳳凰文鹿胡舞登連上雲樂歌舞伎四十五設緣高絙伎四十六設變黃龍
弄龜伎四十七皇太子起奏胤雅四十八衆官出奏俊雅四十九皇帝興奏皇

雅自宋齊已來三朝有鳳凰銜書伎至是乃下詔曰朕君臨南面道風蓋闕嘉祥時至爲媿已多假令巢侔軒閣集同昌戶猶當顧循寡德推而不居況於名實頓爽自欺耳目一日元會太樂奏鳳凰銜書伎至乃舍人受書升殿跪奏誠復興乎前代率由自遠內省懷慚彌與事篤可罷之天監四年掌賓禮賀瑒請議皇太子元會出入所奏帝命別制養德之樂瑒謂宜名元雅迎送二傅亦同用之取禮一有元良萬國以貞之義明山賓嚴植之及徐勉等以爲周有九夏梁有十二雅此並則天數爲一代之曲今加一雅便成十三瑒又疑東宮所奏舞帝下其議瑒以爲天子爲樂以賞諸侯之有德者觀其舞知其德況皇儲養德春宮式瞻攸屬謂宜備大壯大觀二舞以宣文武之德帝從之於是改皇太子樂爲元貞奏二舞是時禮樂制度粲然有序其後臺城淪沒簡文帝受制於侯景景以簡文女溧陽公主爲妃請帝及主母范淑妃宴于西州奏梁所常用樂景儀同索超世亦在宴筵帝潸然屑涕景興曰陛下何不樂也帝強笑曰丞相言索超世聞此以爲何聲景曰臣且不知何獨超世自此樂府不修風雅咸

盡矣及王僧辯破侯景諸樂並送荆州經亂工器頗闕元帝詔有司補綴纔備
荆州陷沒周人不知采用工人有知音者並入關中隨例沒爲奴婢
鼓吹宋齊並用漢曲又充庭用十六曲高祖乃去四曲留其十二合四時也更
制新歌以述功德其第一漢曲朱鷺改爲木紀謝言齊謝梁升也第二漢曲思
悲翁改爲賢首山言武帝破魏軍於司部肇王迹也第三漢曲艾如張改爲桐
柏山言武帝牧司王業彌章也第四漢曲上之回改爲道亡言東昏喪道義師
起樊鄧也第五漢曲擁離改爲忱威言破加湖元勳也第六漢曲戰城南改爲
漢東流言義師克魯山城也第七漢曲巫山高改爲鶴樓峻言平郢城兵威無
敵也第八漢曲上陵改爲昏主恣淫慝言東昏政亂武帝起義平九江姑熟大
破朱雀伐罪弔人也第九漢曲將進酒改爲石首局言義師平京城仍廢昏定
大事也第十漢曲有所思改爲期運集言武帝應籙受禪德盛化遠也十一漢
曲芳樹改爲於穆言大梁闡運君臣和樂休祚方遠也十二漢曲上邪改爲惟
大梁言梁德廣運仁化洽也天監七年將有事太廟詔曰禮云齋日不樂今親

奉始出宮振作鼓吹外可詳議八座丞郎參議請輿駕始出鼓吹從而不作還
宮如常儀帝從之遂以定制初武帝之在雍鎭有童謠云襄陽白銅蹄反縛揚
州兒識者言白銅蹄謂馬也白金色也及義師之興實以鐵騎揚州之士皆面
縛果如謠言故卽位之後更造新聲帝自爲之詞三曲又令沈約爲三曲以被
絃管帝既篤敬佛法又制善哉大樂大歡天道仙道神王龍王滅過惡除愛水
斷苦轉等十篇名爲正樂皆述佛法又有法樂童子伎童子倚歌梵唄設無遮
大會則爲之陳初武帝詔求宋齊故事太常卿周弘讓奏曰齊氏承宋咸用元
徽舊式宗祀朝饗奏樂俱同唯北郊之禮頗有增益皇帝入壝門奏永至飲福
酒奏嘉胙太尉亞獻奏凱容埋牲奏隸幽帝還便殿奏休成衆官並出奏肅成
此乃元徽所闕永明六年之所加也唯送神之樂宋孝建二年秋起居注云奏
肆夏永明中改奏昭夏帝遂依之是時並用梁樂唯改七室舞辭今列之云
皇祖步兵府君神室奏凱容舞辭
於赫皇祖　宮牆高嶷　邁彼厥初　成茲峻極　縵樂簡簡　閟寢翼翼

祼饗若存　惟靈靡測
皇祖正員府君神室奏凱容舞辭
昭哉上德　浚彼洪源　道光前訓　慶流後昆　神猷緬邈　清廟斯存
以享以祀　惟祖惟尊
皇祖懷安府君神室奏凱容舞辭
選辰崇饗　飾禮嚴敬　靡愛牲牢　兼馨粢盛　明明列祖　龍光遠映
肇我王風　形斯舞詠
皇高祖安成府君神室奏凱容舞辭
道遙積慶　德遠昌基　永言祖武　致享從思　九章停列　八舞迴墀
靈其降止　百福來綏
皇曾祖太常府君神室奏凱容舞辭
肇迹帝基　義標鴻篆　恭惟載德　瓊源方闡　享薦三清　筵陳四璉
增我堂構　式敷帝典

皇祖景皇帝神室奏景德凱容舞辭

皇祖執德　長發其祥　顯仁藏用　情道韜光　寧斯閟寢　合此蕭薌

永昭貽厥　還符翦商

皇考高祖武皇帝神室奏武德舞辭

烝哉聖祖　撫運升離　道周經緯　功格玄祇　方軒邁扆　比舜陵嬀

緝熙是詠　欽明在斯

雲雷遘屯　圖南共舉　大定揚越　震威衡楚　四奧宅心　九疇還敘

景星出翼　非雲入呂

德暢容辭　慶昭羽綴　於穆清廟　載揚徽烈　嘉玉旣陳　豐盛斯潔

是將是享　鴻猷無絕

天嘉元年文帝始定圜丘明堂及宗廟樂都官尚書到仲舉權奏衆官入出皆

奏肅成牲入出奏引犧上毛血奏嘉薦迎送神奏昭夏皇帝入壇奏永至皇帝

升陛奏登歌皇帝初獻及太尉亞獻光祿勳終獻並奏宣烈皇帝飲福酒奏嘉

胙就燎位奏昭遠還便殿奏休成至太建元年定三廟之樂採梁故事第一奏
相和五引各隨王月則先奏其鍾唯衆官入奏俊雅林鍾作太蔟參應之取其
臣道也鼓吹作皇帝出閤奏皇雅黃鍾作太蔟夾鍾姑洗大呂皆應之鼓吹作
皇太子入至十字陛奏胤雅太蔟作南呂參應之取其二月少陽也皇帝延王
公登奏寅雅夷則作夾鍾應之取其月法也皇帝入宁變服奏皇雅黃鍾作林
鍾參應之鼓吹作皇帝出宁及升座皆奏皇雅並如變服之作上壽酒奏介雅
太蔟作南呂參應之取其陽氣盛長萬物輻湊也食舉奏需雅蕤賓作大呂參
應之取火主於禮所謂食我以禮也撤饌奏雍雅無射作中呂參應之取其津
潤已竭也武舞奏大壯夷則作夾鍾參應之七月金始王取其堅斷也鼓吹引
而去來文舞奏大觀姑洗作應鍾參應之三月萬物必榮取其布惠者也鼓吹
引而去來衆官出奏俊雅蕤賓作林鍾夷則南呂無射應鍾太蔟參應之鼓吹
作皇帝起奏皇雅黃鍾作林鍾夷則南呂無射參應之鼓吹作祠用宋曲宴準
梁樂蓋取人神不雜也制曰可五年詔尙書左丞劉平儀曹郎張崔定南北郊

及明堂儀注改天嘉中所用齊樂盡以韶爲名工就位定協律校尉舉麾太樂令跪贊云奏懋韶之樂降神奏通韶牲入出奏絜韶帝入壇及還便殿奏穆韶帝初再拜舞七德工執干楯曲終復綴出就懸東繼舞九序工執羽籥獻爵於天神及太祖之座奏登歌帝飲福酒奏嘉韶就望燎奏報韶至六年十一月侍中尙書左僕射建昌侯徐陵儀曹郎中沈罕奏來年元會儀注稱舍人蔡景歷奉勑先會一日太樂展宮懸高絙五案於殿庭客入奏相和五引帝出黃門侍郎舉麾於殿上掌故應之舉於階下奏康韶之樂詔延王公登奏變韶奉珪璧訖初引下殿奏亦如之帝興入便殿奏穆韶更衣又出奏亦如之帝舉酒奏綏韶進膳奏侑韶帝御茶果太常丞跪請進舞七德繼之九序其鼓吹雜伎取晉宋之舊微更附益舊元會有黃龍變文鹿師子之類太建初定制皆除之至是蔡景歷奏悉復設焉其制鼓吹一部十六人則簫十三人笳二人鼓一人東宮一部降三人簫減二人笳減一人諸王一部又降一人減簫一庶姓一部又降一人復減簫一及後主嗣位耽荒於酒視朝之外多在宴筵尤重聲樂遣宮女

習北方簫鼓謂之代北酒酣則奏之又於清樂中造黃鸝留及玉樹後庭花金釵兩臂垂等曲與幸臣等製其歌詞綺豔相高極於輕薄男女唱和其音甚哀

隋書卷十三

隋書卷十三考證

音樂志上殷湯曰護○按大蘐湯樂名周禮作蘐韻會亦作護

苻堅北敗○監本苻作符按晉書載記苻洪世爲四戎酋長始其家池中蒲生長五丈五節如竹形時咸謂之蒲家因以爲氏洪後以讖文有艸付應王又堅生背有艸付字遂改姓苻氏當作苻

取禮記司徒論選士之序者而升之學曰俊士也○按禮記王制序當作秀

取詩君子萬年永錫爾胤也○按詩經大雅爾當作祚

取尚書周官三公弘化寅亮天地也○按尚書周官三當作貳

取禮記祭統尸飲五洗玉爵獻卿○按禮記祭統洗字上當有君字

不黎不膺○監本膺作瘖按禮記內則牛夜鳴則膺字作膺周禮內饔句同膺作膺

盡誠絜○監本誠作諴按郭茂倩樂府詩集作誠今從之

禮貴彌申○各本申訛巾按樂府詩集作申從之

遂撫八寅○監本寅作寅按淮南子九州之外有八寅八寅之外有八紘從作

寅

白銅蹄謂馬也○監本脫蹄字按樂府詩集序白銅蹄謂馬也今從增

隋書卷十三考證

隋書卷十四

唐太尉揚州都督監修國史上柱國趙國公臣長孫無忌等撰

志第九

音樂中

齊神武霸跡肇創遷都于鄴猶曰人臣故咸遵魏典及文宣初禪尚未改舊章宮懸各設十二鎛鍾於其辰位四面並設編鍾磬各一簨簴合二十架設建鼓於四隅郊廟朝會同用之其後將有創革尚樂典御祖珽自言舊在洛下曉知舊樂上書曰魏氏來自雲朔肇有諸華樂操土風未移其俗至道武帝皇始元年破慕容寶于中山獲晉樂器不知采用皆委棄之天興初吏部郎鄧彥海奏上廟樂創制宮懸而鍾管不備樂章既闕雜以簸邏迴歌初用八佾作始皇之舞至太武帝平河西得沮渠蒙遜之伎賓嘉大禮皆雜用焉此聲所興蓋苻堅之末呂光出平西域得胡戎之樂因又改變雜以秦聲所謂秦漢樂也至永熙中錄尚書長孫承業共臣先人太常卿瑩等斟酌繕修戎華兼采至於鍾律煥

然大備自古相襲損益可知今之創制請以爲準珽因采魏安豐王延明及信都芳等所著樂說而定正聲始具宮懸之器仍雜西涼之曲樂名廣成而舞不立號所謂洛陽舊樂者也武成之時始定四郊宗廟三朝之樂羣臣入出奏肆夏牲入出薦毛血並奏昭夏迎送神及皇帝初獻禮五方上帝並奏高明之樂爲覆燾之舞皇帝入壇門及升壇飲福酒就燎位還便殿並奏皇夏以高祖配饗奏武德之樂爲昭烈之舞祼地奏登歌其四時祭廟及禘祫皇六世祖司空五世祖吏部尚書高祖秦州刺史曾祖太尉武貞公祖文穆皇帝諸神室並奏始基之樂爲恢祚之舞高祖神武皇帝神室奏武德之樂爲昭烈之舞文襄皇帝神室奏文德之樂爲宣政之舞顯祖文宣皇帝神室奏文正之樂爲光大之舞肅宗孝昭皇帝神室奏文明之樂爲休德之舞其入出之儀同四郊之禮今列其辭云

大禘圜丘及北郊歌辭

夕牲羣臣入門奏肆夏樂辭

肇應靈序　奄字黎人　乃朝萬國　爰徵百神　祇展方望　幽顯咸臻

禮崇聲協　贊列珪陳　翼差鱗次　端笏垂紳　來趨動色　式贊天人

迎神奏高明樂辭（登歌辭同）

惟神監矣（北郊云惟祇監矣）　皇靈肅止　圓璧展事（北郊云方琮展事）　成文卽始（北郊云卽陰成理）

士備八能　樂合六變（北郊云樂合八變）　風湊伊雅　光華襲薦　宸衞騰景　靈駕霏煙　嚴壇生白　綺席凝玄

牲出入奏昭夏辭

剛柔設位　惟皇配之　言肅其禮　念暢在茲　飾牲舉獸　載歌且舞

既捨伊腯　致精靈府　物色惟典　齋沐加恭　宗族咸暨　罔不率從

薦毛血奏昭夏辭（羣臣出奏肆夏進熟羣臣入奏肆夏辭同初入）

展禮上月　肅事應時　繭栗爲用　交暢有期　弓矢斯發　瓫簝將事

圓神致祀（北郊云方祇致祀）　率由先志　和以鑾刀　臭以血膋　至哉敬矣

厥義孔高

進熟皇帝入門奏皇夏辭

帝敬昭宣　皇誠肅致　玉帛齊軌　屏攝咸次　三垓上列（北郊云重垓上列）四

陛旁升（北郊云分陛旁升）　龍陳萬騎　鳳動千乘　神儀天藹　睟容離曜　金根

停軫　奉光先導

皇帝升丘奏皇夏辭（壇上登歌辭同）

紫壇雲暖（北郊云層壇雲暖）　紺幄霞褰（北郊云嚴幄霞褰）　我其陟止　載致其虔　百靈竦

聽　萬國咸仰　人神咫尺　玄應肹蠁

皇帝初獻奏高明樂辭

上下眷　旁午從　爵以質　獻以恭　咸斯暢　樂惟雍　孝敬闡　臨

萬邦

皇帝奠爵訖奏高明樂覆燾之舞辭

自天子之　會昌神道　丘陵肅事（北郊云方澤祇事）　克光天保　九關洞開　百

靈環列　八樽呈備　五聲投節

皇帝獻太祖配饗神座奏武德之樂昭烈之舞辭皇帝小退當昊天上帝神座前奏皇夏辭同上皇夏

配神登聖　主極尊靈　敬宣昭燭　咸達窅冥　禮弘化定　樂贊功成

穰穰介福　下被羣生

皇帝飲福酒奏皇夏之樂皇帝詣東陛還坐又奏皇夏辭同初入門

皇心緬且感　吉蠲奉至誠　赫哉光盛德　乾巛詔百靈　報福歸昌運

承祐播休明　風雲馳九域　龍蛟躍四溟　浮幕呈光氣　儷象燭華

精　護武方知恥　韶夏僅同聲

送神降丘南陛奏高明樂辭皇帝之望燎位又奏皇夏辭同上皇夏

獻享畢　懸佾周　神之駕　將上遊北郊云將下遊　超斗極北郊云超荒極　絕河流北郊云憩昆丘　懷萬國　寧九州　欣帝道　心顧留　帀上下　荷皇休

紫壇既燎奏昭夏樂辭皇帝自望燎還本位奏皇夏辭同上皇夏

玄黃覆載　元首照臨　合德致禮　有契其心　敬申事闋　潔誠云報

玉帛載升北郊云牲玉載陳　棫樸斯燎　寥廓幽曖　播以馨香　皇靈惟監

降福無疆

皇帝還便殿奏皇夏辭 羣臣出奏肆夏辭同上 肆夏祠感帝用圜丘辭

天大親嚴　匪敬伊孝　永言肆饗　宸明增耀　陽丘既暢 北郊云陰澤云暢 大典逾光　乃安斯息　欽若舊章　天迴地旋　鳴鑾引警　且萬且億　皇曆惟永

五郊迎氣樂辭

青帝降神奏高明樂辭

歲云獻　谷風歸　斗東指　鴈北飛　電鞭激　雷車遽　虹旌靡　青龍馭　和氣洽　具物滋　飜降止　應帝期

赤帝降神奏高明樂辭

婺女司旦中呂宣　朱精御節離景延　根荄俊茂温風發　柘火風水應炎月　執衡長物德孔昭　赤旂霞曳會今朝

黄帝降神奏高明樂辭

居中帀五運　乘衡畢四時　含養資羣物　協德固皇基　嘽緩契王風

持載符君德　艮辰動靈駕　承祀昌邦國

白帝降神奏高明樂辭

風涼露降馳景颺寒精　山川搖落平秩在西成　蓋藏成積蒸人被嘉祉

從享來儀鴻休溢千祀

黑帝降神奏高明樂辭

虹藏雉化告寒　冰壯地坼年殫　日次月紀方極　九州萬邦獻力　叶

光是紀歲窮　微陽潛兆方融　天子赫赫明聖　享神降福惟敬

祠五帝於明堂樂歌辭

先祀一日夕牲羣官入自門奏肆夏

國陽崇祀　嚴恭有聞　荒華胥暨　樂我大君　冕瑞有列　禽帛恭敘

羣后師師　威儀容與　執禮辨物　司樂考章　率由靡墜　休有烈光

太祝令迎神奏高明樂覆肅舞辭

祖德光 國圖昌 祗上帝 禮四方 闢紫宮 洞華闕 龍獸奮 風
雲發 飛朱雀 從玄武 攜日月 帶雷雨 耀宇內 溢區中 眷帝
道 感皇風 帝道康 皇風扇 粢盛列 椒糈薦 神且寧 會五精
歸福祿 幸閶亭

太祖配饗奏武德樂昭烈舞辭五方天帝奏高明之樂覆燾之舞辭同迎氣

我惟我祖 自天之命 道被歸仁 時屯啓聖 運鍾千祀 授手萬姓
夷兇掩虐 匡頹翼正 載經載營 庶士咸寧 九功以洽 七德兼盈
丹書入告 玄玉來呈 露甘泉白 雲郁河清 聲教咸往 舟車畢會
仁加有形 化洽無外 嚴親惟重 陟配惟大 既祐斯歌 率土攸賴

牲出入奏昭夏樂辭

孝饗不匱 精絜臨年 滌牢委溢 形色博牷 于以用之 言承歆祀
肅肅威儀 敢不敬止 載飾載省 維牛維羊 明神有察 保茲萬方

薦血毛奏昭夏辭羣臣出奏肆夏進熟羣臣入奏肆夏同上肆夏辭

我將宗祀　貪獻厥誠　鞠躬如在　側聽無聲　薦色斯純　呈氣斯臭

有滌有濯　惟神其祐　五方來格　一人多祉　明德惟馨　於穆不已

進熟皇帝入門奏皇夏辭皇帝升壇奏皇夏辭同

象乾上構　儀巛下基　集靈崇祖　永言孝思　室陳簠豆　庭羅懸佾

夙夜畏威　保茲貞吉　舞貴其夜　歌重其升　降斯百祿　惟響惟應

皇帝初獻奏高明樂覆燾舞辭

度几筵　闢牖戶　禮上帝　感皇祖　酌惟絜　滌以清　薦心款

達神明

皇帝祼獻奏高明樂覆燾舞辭

帝精來降　應我明德　禮殫義展　流祉邦國　既受多祉　實資孝敬

祀竭其誠　荷天休命

皇帝飲福酒奏皇夏辭

恭祀洽　盛禮宣　英猷爛層景　廣澤同深泉　上靈鍾百福

羣神歸萬年　月軌咸梯岫　日域盡浮川　瑞鳥飛玄扈　潛鱗躍翠漣

皇家膺寶曆　兩地復參天

太祝送神奏高明樂覆燾舞辭

青陽奏　發朱明　歌西皓　唱玄冥　大禮罄　廣樂成　神心懌

將遠征　飾龍駕　矯鳳旍　指閶闔　憩層城　出溫谷　邁炎庭

跨西汜　過北溟　忽萬億　耀光精　比電騖　與雷行　嗟皇道

懷萬靈　固王業　震天聲

皇帝還便殿奏皇夏辭

文物備矣　聲明有章　登薦唯肅　禮邈前王　鬯齊云終　折旋告罄

穆穆旒冕　蘊誠畢敬　屯衛按部　鑾蹕迴途　暫留紫殿　將及清都

享廟樂辭

先祀一日夕牲羣臣入奏肆夏辭

霜悽雨暢　烝哉帝心　有敬其祀　肅事惟歆　昭昭車服　濟濟衣簪

鞠躬貢酎　磬折奉琛　差以五列　和以八音　式祗王度　如玉如金

迎神奏高明登歌樂辭

日卜惟吉　辰擇其良　弈弈清廟　黼黻周張　大呂爲角　應鍾爲羽
路鼗陰竹　德歌昭舞　祀事孔明　百神允穆　神心乃顧　保茲介福

牲出入奏昭夏樂辭

大祀云事　獻奠有儀　既歌既展　贊顧迎犧　執從伊竦　芻飾惟慄
俟用於庭　將升於室　且握且騂　以致其誠　惠我貽頌　降祉千齡

薦血毛奏昭夏辭三公出奏肆夏進熟羣臣入奏肆夏辭同

愐彼遐慨　悠然永思　留連七享　纏綿四時　神升魄沈　靡聞靡見
陰陽載俟　臭聲兼薦　祖考其鑒　言萃王休　降神敷錫　百福是由

進熟皇帝入北門奏皇夏樂辭

齊居嚴殿　夙駕層闈　車輅垂彩　旒袞騰輝　聳誠載仰　翹心有慕
洞洞自形　斤斤表步　閟宮有邃　神道依俙　孝心緬邈　爰屬爰依

太祝祼地奏登歌樂辭皇帝詣東陛奏皇夏升殿又奏皇夏辭同

太室窅窅　神居宿設　鬱鬯惟芬　珪璋惟絜　彝斝應時　龍蒲代用

藉茅無咎　福祿攸降　端感會事　儼思修禮　齊齊勿勿　俄俄濟濟

皇帝升殿殿上作登歌樂辭

我祠我祖　永惟厥先　炎農肇聖　靈祉蟬聯　霸圖中造　帝業方宣

道昌基構　撫運承天　奄家六合　爰光八埏　尊神致禮　孝思惟纏

寒來暑反　惕薦在年　匪敬伊慕　備物不愆　設簴設業　鞉鼓填填

辟公在位　有容伊虔　登歌啓佾　下管應懸　厥容無爽　幽明藹然

誠帀厚地　和達穹玄　既調風雨　載協山川　周庭有列　湯孫永延

教聲惟被　邁後光前

皇帝初獻皇祖司空公神室奏始基樂恢祚舞辭

克明克俊　祖武惟昌　業弘營土　聲被海方　有流厥德　終耀其光

明神幽贊　景祚攸長

皇帝初獻皇祖吏部尚書神室奏始基樂恢祚舞辭

顯允盛德　隆我前構　瑤源瀰瀉　瓊根愈秀　誕惟有族　丕緒克茂

大業崇新　洪基增舊

皇帝初獻皇祖秦州使君神室奏始基樂恢祚舞辭

祖德丕顯　明喆知機　豹變東國　鵲起西歸　禮申官次　命改朝衣

敬思孝享　多福無違

皇帝獻太祖太尉武貞公神室奏始基樂恢祚舞辭

兆靈有業　潛德無聲　韜光戢耀　貫幽洞冥　道弘舒卷　施博藏行

緬追歲事　夜遽不寧

皇帝獻皇祖文穆皇帝神室奏始基樂恢祚舞辭

皇皇祖德　穆穆其風　語嘿自己　明叡在躬　荷天之錫　聖表克隆

高山作矣　寶祚其崇　離光旦旦　載煥載融　感薦惟永　神保無窮

皇帝獻高祖神武皇帝神室奏武德樂昭烈舞辭

天造草昧　時難糾紛　孰拯斯溺　靡救其焚　大人利見　緯武經文
顧指維極　吐吸風雲　開天闢地　峻岳夷海　冥工掩迹　上德不宰
神心有應　龍化無待　義征九服　仁兵告凱　上平下成　靡或不寧
匪王伊帝　偶極崇靈　享親則孝　絜祀惟誠　禮備樂序　肅贊神明

皇帝獻文襄皇帝神室奏文德樂宣政舞辭

聖武丕基　叡文顯統　眇哉神啓　鬱矣天縱　道則人弘　德云邁種
昭冥咸敘　崇深畢綜　自中徂外　經朝庇野　政反淪風　威還缺雅
旁作穆穆　格於上下　維享維宗　來鑒來假

皇帝獻顯祖文宣皇帝奏文正樂光大舞辭

玄曆已謝　蒼靈告期　圖璽有屬　揖讓惟時　龍升獸變　弘我帝基
對揚穹昊　實啓雍熙　欽若皇猷　永懷王度　欣賞斯穆　威刑允措
軌物俱宣　憲章咸布　俗無邪指　下歸正路　茫茫九域　振以乾綱
混通華裔　配括天壤　作禮視德　列樂傳響　薦祀惟虔　衣冠載仰

皇帝還東壁飲福酒奏皇夏樂辭

孝心翼翼　率禮兢兢　時洗時薦　或降或升　在堂在戶　載湛載凝

多品多奠　備物攸膺　蘭芬敬挹　玉俎恭承　受祭之祜　如彼岡陵

送神奏高明樂辭

仰榱桷　慕衣冠　禮云罄　祀將闌　神之駕　紛弈弈　乘白雲

無不適　窮昭域　極幽塗　歸帝祉　眷皇都

皇帝詣便殿奏皇夏樂辭羣官出奏肆夏辭同

禮行斯畢　樂奏以終　受嘏先退　載暢其衷　鑾軒循轍　麾旌復路

光景徘徊　絃歌顧慕　靈之相矣　有錫無疆　國圖日競　家曆天長

元會大饗協律不得升陛黃門舉麾於殿上今列其歌辭云

賓入門四箱奏肆夏辭

昊蒼眷命　興王統天　業高帝始　道邈皇先　禮成化穆　樂合風宣

賓朝皇夏　揚對穹玄

皇帝出閤奏皇夏樂辭

夏正肇旦　周物克庭　具僚在位　俛伏無聲　大君穆穆　宸儀動睟

日煦天迴　萬靈胥萃

皇帝當扆羣臣奉賀奏皇夏辭

天子南面　乾覆離明　三千咸列　萬國塡𦈰　猶從禹會　如次湯庭

奉茲一德　上下和平

皇帝入宁變服黃鍾太簇二箱奏皇夏辭

我應天曆　四海爲家　協同內外　混一戎華　鶴蓋龍馬　風乘雲車

夏章夷服　其會如麻　九賓有儀　八音有節　肅肅於位　飲和在列

四序氤氳　三光昭晰　君哉大矣　軒唐比轍

皇帝變服移幄坐於西箱帝出升御坐姑洗奏皇夏辭

皇運應籙　廓定區寓　受終以文　構業以武　堯昔命舜　舜亦命禹

大人馭歷　重規沓矩　欽明在上　昭納八㚲　從靈體極　誕聖窮神

化生羣品　陶育蒸人　展禮肆樂　協此元春

王公奠璧奏肆夏辭

萬方咸暨　三揖以申　垂旒馮玉　五瑞交陳　拜稽有章　升降有節

聖皇負扆　虞唐比烈

上壽黃鍾箱奏上壽曲辭

仰三光　奏萬壽　人皇御六氣　天地同長久

皇太子入至坐位酒至御殿上奏登歌辭

大齊統曆　道化光明　馬圖呈寶　龜籙告靈　百蠻非衆　八荒非逖

同作堯人　俱包禹迹　其一

天覆地載　成以四時　惟皇是則　比大於茲　羣星拱極　衆川赴海

萬寓駿奔　一朝咸在　其二

齊之以禮　相趨帝庭　應規蹈矩　玉色金聲　動之以樂　和風四布

龍申鳳舞　鸞歌麟步　其三

食至御前奏食舉樂辭

三端正啓　萬方觀禮　具物充庭　二儀合體　百華照曉　千門洞晨
或華或裔　奉贄惟新　悠悠亘六合　員首莫不臣　仰施如雨　晞和
猶春　風化表筌鏞　歌謳被琴瑟　誰言文軌異　今朝混爲一　其一
彤庭爛景　丹陛流光　懷黃綰白　鵷鷺成行　文贊百揆　武鎮四方
折衝鼓雷電　獻替協陰陽　大矣哉　道邁上皇　陋五帝　狹三王
窮禮物　該樂章　序冠帶　垂衣裳　其二
天壤和　家國穆　悠悠萬類咸孕育　契冥化　侔大造　靈効珍　神
歸寶　興雲氣　飛龍蒼　麟一角　鳳五光　朱雀降　黃玉表　九尾
馴　三足擾　化之定　至矣哉　瑞感德　四方來　其三
囹圄空　水火菽粟　求賢振滯棄珠玉　衣不靡　宮以卑　當陽端嘿
垂拱無爲　云云萬有　其樂不訾　其四
嗟此舉時　逢至道　肖形咸自持　賦命無傷夭　行氣進皇輿　遊龍

服帝皁　聖主寧區宇　乾坤永相保其五

牧野征　鳴條戰　大齊家萬國　拱揖應終禪　奧主廓清都　大君臨赤縣　高居深視　當扆正殿　旦暮之期今一見其六

兩儀分　牧以君　陶有象　化無垠　大齊德　邈誰羣　超鳳火冠龍雲　露以絜　風以薰　榮光至　氣氤氳其七

神化遠　人物協　寒暑調　風雨燮　披泥檢　受圖諜　圖諜啓期運昌　分四序　綴三光　延寶祚　眇無疆其八

惟皇道　升平日　河水清　海不溢　雲干呂　風入律　驅黔首入仁壽　與天高　並地厚其九

刑以厝　頌聲揚　皇情邈　眷汾襄　岱山高　配林壯　亭亭聳云云望　旆葳蕤　駕駸駸　刊金闕　奠玉龜其十

文舞將作先設階步辭

我后降德　肇峻皇基　搖鈴大號　振鐸命期　雲行雨洽　天臨地持

茫茫區宇　萬代一時　文來武肅　成定於茲　象容則舞　歌德言詩
鏘鏘金石　列列匏絲　鳳儀龍至　樂我雍熙

文舞辭

皇天有命　歸我大齊　受茲華玉　爰錫玄珪　奄家環海　實子蒸黎
圖開寶匣　檢封芝泥　無思不順　自東徂西　教南暨朔　罔敢或攜
比日之明　如天之大　神化斯洽　率土無外　眇眇舟車　華戎畢會
祠我春秋　服我冠帶　儀協震象　樂均天籟　蹈武在庭　其容藹藹

武舞將作先設階步辭

大齊統曆　天鑒孔昭　金人降汎　火鳳來巢　眇均虞德　干戚降苗
夙沙攻主　歸我軒朝　禮符揖讓　樂契咸韶　蹈揚惟序　律度時調

武舞辭

天眷橫流　宅心玄聖　祖功宗德　重光襲映　我皇恭己　誕膺靈命
宇外斯燭　域中咸鏡　悠悠率土　時惟保定　微微動植　莫違其性

仁豐庶物　施洽羣生　海寧洛變　契此休明　雅宣茂烈　頌紀英聲
鏗鍠鍾鼓　掩抑簫笙　歌之不足　舞以禮成　鑠矣王度　緬邁千齡
皇帝入鍾鼓奏皇夏辭
禮終三爵　樂奏九成　允也天子　穹壤和平　載色載笑　反寢宴息
一人有祉　百神奉職
鼓吹二十曲皆改古名以敘功德第一漢朱鷺改名水德謝言魏謝齊興也第
二漢思悲翁改名出山東言神武帝戰廣阿創大業破爾朱兆也第三漢艾如
張改名戰韓陵言神武滅四胡定京洛遠近賓服也第四漢上之回改名殄關
隴言神武遣侯莫陳悅誅賀拔岳定關隴平河外漠北款秦中附也第五漢擁
離改名滅山胡言神武屠劉蠡升高車懷殊俗蠕蠕來向化也第六漢戰城南
改名立武定言神武立魏主天下既安而能遷於鄴也第七漢巫山高改名戰
芒山言神武斬周十萬之衆其軍將脫身走免也第八漢上陵改名禽蕭明言
梁遣兄子貞陽侯來寇彭宋文襄帝遣太尉淸河王岳一戰禽殄俘馘萬計也

第九漢將進酒改名破侯景言文襄遣清河王岳摧殄侯景克復河南也第十漢君馬黄改名定汝頴言文襄遣清河王岳禽周大將軍王思政於長葛汝頴悉平也第十一漢芳樹改名克淮南言文襄遣清河王岳南翦梁國獲其司徒陸法和克壽春合肥鍾離淮陰盡取江北之地也第十二漢有所思改名嗣丕基言文宣帝統纘大業也第十三漢稚子班改名聖道洽言文宣克隆堂構無思不服也第十四漢聖人出改名受魏禪言文宣應天順人也第十五漢上邪改名平瀚海言蠕蠕盡部落入寇武州之塞而文宣命將出征平殄北荒滅其國也第十六漢臨高臺改名服江南言文宣道洽無外梁主蕭繹來附化也第十七漢遠如期改名刑罰中言孝昭帝舉直措枉獄訟無怨也第十八漢石留行改名遠夷至言時主化霑海外西夷諸國遣使朝貢也第十九漢務成改名嘉瑞臻言時主應期河清龍見符瑞總至也第二十漢玄雲改名成禮樂言時主功成化洽制禮作樂也古又有黄雀釣竿二曲略而不用並議定其名被於鼓吹諸州鎮戍各給鼓吹樂多少各以大小等級爲差諸王爲州皆給赤鼓赤

角皇子則增給吳鼓長鳴角上州刺史皆給青鼓青角中州已下及諸鎭戍皆
給黑鼓黑角樂器皆有衣並同鼓色
雜樂有西涼鼙舞淸樂龜茲等然吹笛彈琵琶五絃及歌舞之伎自文襄以來
皆所愛好至河淸以後傳習尤盛後主唯賞胡戎樂耽愛無已於是繁手淫聲
爭新哀怨故曹妙達安未弱安馬駒之徒至有封王開府者遂服簪纓而爲伶
人之事後主亦自能度曲親執樂器悅翫無倦倚絃而歌別採新聲爲無愁曲
音韻窮寃極於哀思使胡兒閹官之輩齊唱和之曲終樂闋莫不隕涕雖行幸
道路或時馬上奏之樂往哀來竟以亡國
周太祖迎魏武入關樂聲皆闕恭帝元年平荊州大獲梁氏樂器以屬有司及
建六官乃詔曰六樂尙矣其聲歌之節舞蹈之容寂寥已絕不可得而詳也但
方行古人之事可不本於茲乎自宜依準制其歌舞祀五帝日月星辰於是有
司詳定郊廟祀五帝日月星辰用黃帝樂歌大呂舞雲門祭九州社稷水旱雩
禜用唐堯樂歌應鍾舞大咸祀四望饗諸侯用虞舜樂歌南呂舞大韶祀四類

幸辟雍用夏禹樂歌函鍾舞大夏祭山川用殷湯樂歌小呂舞大護享宗廟用周武王樂歌夾鍾舞大武皇帝出入奏皇夏賓出入奏肆夏牲出入奏昭夏薦國客出入奏納夏有功臣出入奏章夏皇后進羞奏深夏宗室會聚奏族夏上酒宴樂奏陔夏諸侯相見奏驁夏皇帝大射歌騶虞諸侯歌貍首大夫歌采蘋士歌采蘩雖著其文竟未之行也及閔帝受禪居位日淺明帝踐阼雖革魏氏之樂而未臻雅正天和元年武帝初造山雲舞以備六代南北郊雩壇太廟禘祫俱用六舞南郊則大夏降神大護獻熟次作大武正德武德山雲之舞北郊則大護降神大夏獻熟次作大武正德武德山雲之舞雩壇以大武降神正德獻熟次作大夏大護武德山雲之舞太廟祫禘則大武降神山雲獻熟次作正德大夏大護武德之舞時享太廟以山雲降神大夏獻熟次作武德之舞拜社以大護降神大武獻熟次作正德之舞五郊朝日以大夏降神大護獻熟神州夕月籍田以正德降神大護獻熟建德二年十月甲辰六代樂成奏於崇信殿羣臣咸觀其宮懸依梁三十六架朝會則皇帝出入奏皇夏皇太子出入奏肆

夏王公出入奏驁夏五等諸侯正日獻玉帛奏納夏宴族人奏族夏大會至尊

執爵奏登歌十八曲食舉奏深夏舞六代大夏大護大武正德武德山雲之舞

於是正定雅音爲郊廟樂創造鍾律頗得其宜宣帝嗣位郊廟皆循用之無所

改作今採其辭云

員丘歌辭

降神奏昭夏

重陽禋祀大報天　景午封壇肅且圜　孤竹之管雲和弦　神光未下風

肅然　王城七里通天臺　紫微斜照影徘徊　連珠合璧重光來　天策

蹔轉鉤陳開

皇帝將入門奏皇夏

旌迴外壝　蹕靜郊門　千乘按轡　萬騎雲屯　藉茅无咎　掃地惟尊

揖讓展禮　衡璜節步　星漢就列　風雲相顧　取法於天　降其永祚

俎入奏昭夏

日至大禮　豐犧上辰　牲牢修牧　繭栗毛純　俎豆斯立　陶匏以陳
大報反命　居陽兆日　六變鼓鐘　三和琴瑟　俎奇豆偶　惟誠惟質
奠玉帛奏昭夏
員玉已奠　蒼幣斯陳　瑞形成象　璧氣含春　禮從天數　智總員神
爲祈爲祀　至敬咸遵
皇帝升壇奏皇夏
七星是仰　八陛有憑　就陽之位　如日之升　思虔肅肅　施敬繩繩
祝史陳信　玄象斯格　惟類之典　惟靈之澤　幽顯對揚　人神咫尺
皇帝初獻作雲門之舞
獻以誠　鬱以清　山罍舉　沈齊傾　惟尙饗　洽皇情　降景福
通神明
皇帝初獻配帝作雲門之舞
長丘遠歷　大電遙源　弓藏高隴　鼎沒寒門　人生于祖　物本於天

尊神配德　迄用康年

皇帝初獻及獻配帝畢奏登歌

歲之祥　國之陽　蒼靈敬　翠雲長　象爲飾　龍爲章　乘長日

坯蟄戶　列雲漢　迎風雨　六呂歌　雲門舞　省滌濯　奠牲牷

鬱金酒　鳳凰樽　迴天眷　顧中原

皇帝飲福酒奏皇夏

國命在禮　君命在天　陳誠惟肅　飲福惟虔　洽斯百禮　福以千年

鉤陳掩映　天駟徘徊　彫禾飾斝　翠羽承罍　受斯茂祉　從天之來

撤奠奏雍樂

禮將畢　樂將闌　迴日轡　動天關　翠鳳搖　和鑾響　五雲飛

三步上　風爲馭　雷爲車　無轍迹　有煙霞　暢皇情　休靈命

雨留甘　雲餘慶

帝就望燎位奏皇夏

六典聯事　九司咸則　率由舊章　於焉允塞　掌禮移次　燔柴在焉

煙升玉帛　氣斂牲牷　休氣馨香　膋芳昭晰　翼翼虔心　明明上徹

帝還便座奏皇夏

玉帛禮畢　人神事分　嚴承乃睠　瞻仰迴雲　輦路千門　王城九軌

式道移候　司方迴指　得一惟清　於萬斯寧　受茲景命　於天告成

方澤歌辭

降神奏昭夏

報功陰澤　展禮玄郊　平琮鎮瑞　方鼎升庖　調歌絲竹　縮酒江茅

聲舒鍾鼓　器質陶匏　列耀秀華　凝芳都荔　川澤茂祉　丘陵容衛

雲飾山罍　蘭浮汎齊　日至之禮　歆茲大祭

奠玉奏昭夏

曰若厚載　欽明方澤　敢以敬恭　陳之玉帛　德包含養　功藏靈迹

斯箱既千　子孫則百

初獻奏登歌辭舞詞同員丘

質明孝敬　求陰順陽　壇有四陛　琮爲八方　牲牷蕩滌　蕭合馨香

和鑾戾止　振鷺來翔　威儀簡簡　鍾鼓喤喤　聲和孤竹　韻入空桑

封中雲氣　坎上神光　下元之主　功深蓋藏

望坎位奏皇夏

司筵撤席　掌禮移次　迴顧封壇　恭臨坎位　瘞玉埋俎　藏芬斂氣

是曰就幽　成斯地意

祀五帝歌辭

奠玉帛奏皇夏辭

嘉玉惟芳　嘉幣惟量　成形依禮　稟色隨方　神班有次　歲禮惟常

威儀抑抑　率由舊章

初獻奏皇夏

惟令之月　惟嘉之辰　司壇宿設　掌史誠陳　敢用明禮　言功上神

鈎陳旦闢　閶闔朝分　旒垂象冕　樂奏山雲　將迴霆策　蹔轉天文
五運周環　四時代序　鱗次玉帛　循迴樽俎　神其降之　介福斯許

皇帝初獻青帝奏雲門辭

甲在日　鳥中星　禮東后　奠蒼靈　樹春旗　命青史　候鴈還
東風起　歌木德　舞震宮　泗濱石　龍門桐　孟之月　陽之天
億斯慶　兆斯年

皇帝初獻配帝奏舞

帝出于震　蒼德於神　其明在日　其位居春　勞以定國　功以施人
言從配祀　近取諸身

皇帝初獻赤帝奏雲門舞

招搖指午樹南宮　日月相會實沈中　離光布政動温風　純陽之月樂炎精　赤雀丹書飛送迎　朱絃絳鼓罄虔誠　萬物含養各長生

皇帝獻配帝奏舞

以炎爲政　以火爲宮　位司南陸　享配離壇　三和實組　百味浮蘭

神其茂豫　天步艱難

皇帝初獻黃帝奏雲門舞

三光儀表正　四氣風雲同　戊己行初曆　黃鍾始變宮　平琮禮內鎮

陰管奏司中　齋壇芝曄曄　清野桂馮馮　夕牢芬六鼎　安歌韻八風

神光乃超忽　佳氣恆葱葱

皇帝初獻配帝舞

四時咸一德　五氣或同論　猶吹鳳凰管　尙對梧桐園　器圜居土厚

位總配神尊　始知今奏樂　還用我雲門

皇帝初獻白帝奏雲門舞

肅靈兌景　承配秋壇　雲高火落　露白蟬寒　帝律登年　金精行令

瑞獸霜輝　祥禽雪映　司藏肅殺　萬保咸宜　厥田上上　收功在斯

皇帝初獻配帝奏舞

金行秋令　白帝朱宣　司正五雉　歌庸九川　執文之德　對越彼天
介以福祉　君子萬年
皇帝初獻黑帝奏雲門舞
北辰爲政玄壇　北陸之祀員官　宿設玄圭浴蘭　坎德陰風御寒
次律將迴窮紀　微陽欲動細泉　管猶調於陰竹　聲未入於春弦
待歸餘於送曆　方履慶於斯年
皇帝初獻配帝奏舞
地始坼　虹始藏　服玄玉　居玄堂　沐蕙氣　浴蘭湯　匏器潔
水泉香　陟配彼　福無疆　君欣欣　此樂康
宗廟歌辭
皇帝入廟門奏皇夏
肅肅清廟　巖巖寢門　欹器防滿　金人戒言　應棘懸鼓　崇牙樹羽
階變升歌　庭紛象舞　閑安象設　緝熙清奠　春鮪初登　新蘋先薦

僾然入室　儼乎其位　悽愴履之　非寒之謂

降神奏昭夏

丞惟祖武　潛慶靈長　龍圖革命　鳳曆歸昌　功移上墋　德耀中陽

清廟肅肅　猛虡煌煌　曲高大夏　聲和盛唐　牲牷蕩滌　蕭合馨香

和鑾戾止　振鷺來翔　永敷萬國　是則四方

俎入皇帝升階奏皇夏

年祥辯日　上協龜言　奉酎承列　來庭駿奔　彫禾飾斝　翠羽承樽

敬殫如此　恭惟執燔

皇帝獻皇高祖奏皇夏

慶緒千重秀　鴻源萬里長　無時猶戢翼　有道故韜光　盛德必有後

仁義終克昌　明星初肇慶　大電久呈祥

皇帝獻皇曾祖德皇帝奏皇夏

克昌光上烈　基聖穆西藩　崇仁高涉渭　積德被居原　帝圖張往迹

王業茂前樽　重芬德陽廟　疊慶壽陵園　百靈光祖武　千年福孝孫

皇帝獻皇祖太祖文皇帝奏皇夏

雄圖屬天造　宏略遇羣飛　風雲猶聽命　龍躍遂乘機　百二當天險

三分拒樂推　函谷風塵散　河陽氛霧晞　濟弱淪風起　扶危頹運歸

地紐崩還正　天樞落更追　原祠乍超忽　畢隴或綿微　終封三尺劍

長卷一戎衣

皇帝獻文宣皇太后奏皇夏

月靈興慶　沙祥發源　功參禹迹　德贊堯門　言容典禮　褕狄徽章

儀形温德　令問昭陽　日月不居　歲時晼晚　瑞雲纏心　閟宮惟遠

皇帝獻閔皇帝奏皇夏

龍圖基代德　天步屬艱難　謳歌還受瑞　揖讓乃登壇　升輿芒刺重

入位據關寒　卷舒雲汎濫　游揚日浸微　出鄭終無反　居桐竟不歸

祀夏今惟舊　尊靈謚更追

皇帝獻明皇帝奏皇夏

若水逢降君　窮桑屬惟政　丕哉馭帝籙　鬱矣當天命　方定五雲官

先齊八風令　文昌氣似珠　太史河如鏡　南宮學已開　東觀書還聚

文辭金石韻　毫翰風飈豎　清室桂馮馮　齋房芝詡詡　寧思玉管笛

空見靈衣舞

皇帝獻高祖武皇帝奏皇夏

南河吐雲氣　北斗降星辰　百靈咸仰德　千年一聖人　書成紫微動

律定鳳凰馴　六軍命西土　甲子陳東隣　戎衣此一定　萬里更無塵

煙雲同五色　日月並重輪　流沙既西靜　盤木又東臣　凱樂聞朱鴈

鐃歌見白麟　今爲六代祀　還得九疑賓

皇帝還東壁飲福酒奏皇夏

禮殫祼獻　樂極休成　長離前掞　宗祀文明　縮酌浮蘭　澄罍合鬯

磬折禮容　旋回靈貺　受釐徹俎　飲福移樽　惟光惟烈　文子文孫

皇帝還便坐奏皇夏
庭闕四始　筵終三薦　顧步階墀　徘徊餘奠　六龍矯首　七萃警途
鼓移行漏　風轉相烏　翼翼從事　緜緜四時　惟神降嘏　永言保之
太祖輔魏之時高昌款附乃得其伎教習以備饗宴之禮及天和六年武帝罷
掖庭四夷樂其後帝娉皇后於北狄得其所獲康國龜茲等樂更雜以高昌之
舊並於大司樂習焉採用其聲被於鍾石取周官制以陳之
明帝武成二年正月朔旦會羣臣於紫極殿始用百戲武帝保定元年詔罷之
及宣帝即位而廣召雜伎增修百戲魚龍漫衍之伎常陳殿前累日繼夜不知
休息好令城市少年有容貌者婦人服而歌舞相隨引入後庭與宮人觀聽戲
樂過度遊幸無節焉武帝以梁鼓吹熊羆十二案每元正大會列於懸間與正
樂合奏宣帝時革前代鼓吹制爲十五曲第一改漢朱鷺爲玄精季言魏道陵
遲太祖肇開王業也第二改漢思悲翁爲征隴西言太祖起兵誅侯莫陳悅掃
清隴右也第三改漢艾如張爲迎魏帝言武帝西幸太祖奉迎宅關中也第四

改漢上之回爲平竇泰言太祖擁兵討泰悉禽斬也第五改漢擁離爲復恆農
言太祖攻復陝城關東震肅也第六改漢戰城南爲克沙苑言太祖俘斬齊十
萬衆於沙苑神武脫身至河單舟走免也第七改漢巫山高爲戰河陰言太祖
破神武於河上斬其將高敖曹莫多婁貸文也第八改漢上陵爲平漢東言太
祖命將平隨郡安陸俘馘萬計也第九改漢將進酒爲取巴蜀言太祖遣軍平
定蜀地也第十改漢有所思爲拔江陵言太祖命將禽蕭繹平南土也第十一
改漢芳樹爲受魏禪言閔帝受終於魏君臨萬國也第十二改漢上邪爲宣重
光言明帝入承大統載隆皇道也第十三改漢君馬黃爲哲皇出言高祖以聖
德繼天天下向風也第十四改漢稚子班爲平東夏言高祖親率六師破齊禽
齊主於青州一舉而定山東也第十五改古聖人出爲禽明徹言陳將吳明徹
侵軼徐部高祖遣將盡俘其衆也宣帝晨出夜還恆陳鼓吹嘗幸同州自應門
至赤岸數十里間鼓樂俱作祈雨仲山還令京城士女於衢巷奏樂以迎之公
私頓敝以至於亡

高祖既受命定令宮懸四面各二虡通十二鎛鍾爲二十虡虡各一人建鼓四
人柷敔各一人歌琴瑟簫筑箏搊箏臥箜篌小琵琶四面各十人在編磬下笙
竽長笛横笛簫篳篥箎壎四面各八人在編鍾下舞各八佾宮懸簨簴金五博
山飾以旒蘇樹羽其樂器應漆者天地之神皆朱宗廟加五色漆畫天神懸內
加雷鼓地祇加靈鼓宗廟加路鼓登歌鍾一虡磬一虡各一人歌四人兼琴瑟
簫笙竽横笛箎壎各一人其漆畫及博山旒蘇樹羽與宮懸同登歌人介幘朱
連裳烏皮履宮懸及下管人平巾幘朱連裳凱樂人武弁朱褠衣履韈文驛進
賢冠絳紗連裳帛內單皁領袖襈烏皮鞮左執籥右執翟二人執纛引前在舞
人數外衣冠同舞人武弁朱褠衣烏皮履三十二人執戈龍楯三十二人執戚
龜二人執旌居前二人執鼗二人執鐸二人執鐃二人執錞四人執弓矢四人
執殳四人執戟四人執矛自旌已下夾引並在舞人數外衣冠同舞人
皇帝宮懸及登歌與前同應漆者皆五色漆畫懸內不設鼓
皇太子軒懸去南面設三鎛鍾於辰丑申三建鼓亦如之其登歌去兼歌者減

二人其簨虡金三博山樂器漆者皆朱漆之其餘與宮懸同
大鼓小鼓大鷹鼓吹並朱漆畫大鼓加金鐲凱樂及節鼓飾以羽葆其長鳴中
鳴橫吹皆五采衣幡緋掌畫交龍五采脚大角幡亦如之大鼓長鳴工人皁地
苣文金鉦㭊鼓小鼓中鳴吳橫吹工人青地苣文凱樂工人武弁朱褠衣橫吹
緋地苣文並爲帽袴褶大角工人平巾幘緋衫白布大口袴內宮鼓樂服色皆
準此
皇太子鐃及節鼓朱漆畫飾以羽葆餘鼓吹並朱漆大鼓小鼓無金鐲長鳴中
鳴橫吹五采衣幡緋掌畫蹲獸五采脚大角幡亦如之大鼓長鳴橫吹工人紫
帽緋袴褶金鉦㭊鼓小鼓鍾鳴工人青帽青袴褶鐃吹工人武弁朱褠衣大角
工人平巾幘緋衫白布大口袴
正一品鐃及節鼓朱漆畫飾以羽葆餘鼓吹並朱漆長鳴中鳴橫吹五采衣幡
緋掌畫蹲獸五采脚大角幡亦如之大鼓長鳴橫吹工人紫帽赤布袴褶金鉦
㭊鼓小鼓中鳴工人青帽青布袴褶鐃吹工人武弁朱褠衣大角工人平巾幘

緋衫白布大口袴三品以上朱漆鐃飾以五采騶哄工人武弁朱褠衣餘同正一品四品鐃及工人衣服同三品餘鼓皆綠沈金鉦棡鼓大鼓工人青帽青布袴褶

開皇二年齊黃門侍郎顏之推上言禮崩樂壞其來自久今太常雅樂並用胡聲請馮梁國舊事考尋古典高祖不從曰梁樂亡國之音奈何遣我用邪是時尚因周樂命工人齊樹提檢校樂府改換聲律益不能通俄而柱國沛公鄭譯奏上請更修正於是詔太常卿牛弘國子祭酒辛彥之國子博士何妥等議正樂然淪謬既久音律多乖積年議不定高祖大怒曰我受天命七年樂府猶歌前代功德邪命治書侍御史李諤引弘等下將罪之諤奏武王克殷至周公相成王始制禮樂斯事體大不可速成高祖意稍解又詔求知音之士集尚書參定音樂譯云考尋樂府鍾石律呂皆有宮商角徵羽變宮變徵之名七聲之內三聲乖應每恆求訪終莫能通先是周武帝時有龜茲人曰蘇祇婆從突厥皇后入國善胡琵琶聽其所奏一均之中間有七聲因而問之答云父在西域稱

爲知音代相傳習調有七種以其七調勘校七聲冥若合符一曰娑陁力華言平聲即宮聲也二曰雞識華言長聲即南呂聲也三曰沙識華言質直聲即角聲也四曰沙侯加濫華言應聲即變徵聲也五曰沙臘華言應和聲即徵聲也六曰般贍華言五聲即羽聲也七曰俟利箑華言斛牛聲即變宮聲也譯因習而彈之始得七聲之正然其就此七調又有五旦之名旦作七調以華言譯之旦者則謂均也其聲亦應黃鍾太簇林鍾南呂姑洗五均已外七律更無調聲譯遂因其所捻琵琶絃柱相飲爲均推演其聲更立七均合成十二以應十二律律有七音音立一調故成七調十二律合八十四調旋轉相交盡皆和合仍以其聲考校太樂所奏林鍾之宮應用林鍾爲宮乃用黃鍾爲宮應用南呂爲商乃用太簇爲商應用應鍾爲角乃取姑洗爲角故林鍾一宮七聲二聲並戾其十一宮七十七音例皆乖越莫有通者又以編懸有八因作八音之樂七音之外更立一聲謂之應聲譯因作書二十餘篇以明其指至是譯以其書宣示朝廷幷立議正之時邳國公世子蘇夔亦稱明樂駁譯曰韓詩外傳所載樂聲

感人及月令所載五音所中並皆有五不言變宮變徵又春秋左氏所云七音六律以奉五聲準此而言每宮應立五調不聞更加變宮變徵二調爲七調七調之作所出未詳譯答之曰周有七音之律漢書律曆志天地人及四時謂之七始黃鍾爲天始林鍾爲地始太簇爲人始是爲三始姑洗爲春蕤賓爲夏南呂爲秋應鍾爲冬是爲四時四時三始是以爲七今若不以二變爲調曲則是冬夏聲闕四時不備是故每宮須立七調衆從譯議譯又與夔俱云案今樂府黃鍾乃以林鍾爲調首失君臣之義清樂黃鍾宮以小呂爲變徵乖相生之道今請雅樂黃鍾宮以黃鍾爲調首清樂去小呂還用蕤賓爲變徵衆皆從之夔又與譯議欲累黍立分正定律呂時以音律久不通譯夔等一朝能爲之以爲樂聲可定而何妥舊以學聞雅爲高祖所信高祖素不悅學不知樂妥又恥己宿儒不逮譯等欲沮壞其事乃立議非十二律旋相爲宮曰經文雖道旋相爲宮恐是直言其理亦不通隨月用調是以古來不取若依鄭玄及司馬彪須用六十律方得和韻今譯唯取黃鍾之正宮兼得七始之妙義非止金石諧韻亦

乃龔簴不繁可以享百神可以合萬舞矣而又非其七調之義曰近代書記所載縵樂鼓琴吹笛之人多云三調三調之聲其來久矣請存三調而已時牛弘總知樂事弘不能精知音律又有識音人萬寶常修洛陽舊曲言幼學音律師於祖孝徵知其上代修調古樂周之壁翣殷之崇牙懸八用七盡依周禮備矣所謂正聲又近前漢之樂不可廢也是時競為異議各立朋黨是非之理紛然淆亂或欲令各修造待成擇其善者而從之妥恐樂成善惡易見乃請高祖張樂試之遂先說曰黃鍾者以象人君之德及奏黃鍾之調高祖曰滔滔和雅甚與我心會妥因陳用黃鍾一宮不假餘律高祖大悅班賜妥等修樂者自是譯等議寢

隋書卷十四

隋書卷十四考證

音樂志中盆簴將事○監本盆作瓮宋本作瓫按周禮地官牛人凡祭祀供其牛牲之互盆簴以待事從之

和以鑾刀○按詩經小雅執其鸞刀鑾作鸞

睟容離曜○監本睟訛晬按孟子睟然見於面左思魏都賦魏國先生有睟其容皆作睟字彙晬音歲生子一歲也

愓驚在年○監本愓訛惕按禮記行容愓愓音商與怵惕之惕異

顧指維極○監本維作惟樂府一本作維　臣映斗按辭意當謂四維八極今從維

賓入門四箱奏肆夏辭○各本皆作箱已下多箱字或作廂或作箱互異按儀禮公食大夫禮公許賓升公揖退於箱注箱東至之處爾雅室有東西廂曰廟無東西廂曰寢前漢書周昌傳呂后側耳東箱聽注師古曰正寢之東西室皆曰箱言似箱篋之形鼂錯傳錯趨避東箱韻會廂通箱

受圖諜圖諜啓○一本諜作牒按後漢書張衡傳子長之牒爛然有第劉勰文

心雕龍百官詢事則有關刺解諜注諜亦作牒書板也則諜與牒通

諸州鎮戍○監本戍訛戌按戍音恕說文從人從戈人荷戈以戍戌音恤從戊

從一戊土於四方無正位寄位於戌故加一爲戌象土也

隋書卷十四考證

隋書卷十五

唐太尉揚州都督監修國史上柱國趙國公臣長孫無忌等撰

志第十

音樂下

開皇九年平陳獲宋齊舊樂詔於太常置清商署以管之求陳太樂令蔡子元于普明等復居其職由是牛弘奏曰臣聞周有六代之樂至韶武而已秦始皇改周舞曰五行漢高帝改韶舞曰文始以示不相襲也又造武德自表其功故高帝廟奏武德文始五行之舞又作昭容禮容增演其意昭容生於武德蓋猶古之韶也禮容生於文始矯秦之五行也文帝又作四時之舞故孝景帝立追述先功采武德舞作昭德舞被之管弦薦於太宗之廟孝宣采昭德舞為盛德舞更造新歌薦於武帝之廟據此而言遞相因襲縱有改作並宗於韶至明帝時東平獻王采文德舞為大武之舞薦于光武之廟漢末大亂樂章淪缺魏武平荊州獲杜夔以為軍謀祭酒使創雅樂時散騎侍郎鄧靜善詠雅歌樂師尹

胡能習宗祀之曲舞師馮肅曉知先代諸舞總練硏精復於古樂自夔始也文帝黃初改昭容之樂爲昭業樂武德之舞爲武頌舞文始之舞爲大韶舞五行之舞爲大武舞明帝初公卿奏上太祖武皇帝樂曰武始之舞高祖文皇帝樂曰咸熙之舞又製樂舞名曰章斌之舞有事於天地宗廟及臨朝大饗並用之晉武帝泰始二年遣傅玄等造行禮及上壽食舉歌詩張華表曰按漢魏所用雖詩章辭異興廢隨時至其韻逗曲折並繫於舊一皆因襲不敢有所改也九年荀勖典樂使郭夏宋識造正德大豫之舞改魏昭武舞曰宣武舞羽籥舞曰宣文舞江左之初典章堙紊賀循爲太常卿始有登歌之樂大寧末阮孚等又增益之咸和閒鳩集遺逸鄴沒胡後樂人頗復南度東晉因之以具鍾律太元閒破苻永固又獲樂工楊蜀等閑練舊樂於是金石始備尋其設懸音調並與江左是同慕容垂破慕容永於長子盡獲苻氏舊樂垂息爲魏所敗其鍾律令李佛等將大樂細伎奔慕容德於鄴德遷都廣固子超嗣立其母先沒姚興超以太樂伎一百二十人詣興贖母及宋武帝入關悉收南度永初元年改正德

舞曰前舞大武舞曰後舞文帝元嘉九年太樂令鍾宗之更調金石至十四年典書令奚縱復改定之又有凱容宣業之舞齊代因而用之蕭子顯齊書志曰宋孝建初朝議以凱容舞爲韶舞宣業舞爲武德舞據韶爲言宣業卽是古之大武非武德也故志有前舞凱容歌辭後舞凱容歌辭者矣至于梁初猶用凱容宣業之舞後改爲大壯大觀焉今人猶喚大觀爲前舞故知樂名雖隨代而改聲韻曲折理應常同前克荆州得梁家雅曲今平蔣州又得陳氏正樂史傳相承以爲合古且觀其曲體用聲有次請修緝之以備雅樂其後魏洛陽之曲據魏史云太武平赫連昌所得更無明證後周所用者皆是新造雜有邊裔之聲戎音亂華皆不可用請悉停之制曰制禮作樂聖人之事也功成化洽方可議之今宇內初平正化未洽遽有變革我則未暇晉王廣又表請帝乃許之牛弘遂因鄭譯之舊又請依古五聲六律旋相爲宮雅樂每宮但一調唯迎氣奏五調謂之五音縵樂用七調祭祀施用各依聲律尊卑爲次高祖猶憶妥言注弘奏下不許作旋宮之樂但作黃鍾一宮而已於是牛弘及祕書丞姚察通直

散騎常侍許善心儀同三司劉臻通直郎虞世基等更共詳議曰後周之時以四聲降神雖采周禮而年代深遠其法久絕不可依用謹案司樂凡樂圜鍾爲宮黃鍾爲角太蔟爲徵姑洗爲羽舞雲門以祭天函鍾爲宮太蔟爲角姑洗爲徵南呂爲羽舞咸池以祭地黃鍾爲宮大呂爲角太蔟爲徵圜鍾爲羽舞韶以祀宗廟馬融曰圜鍾應鍾也賈逵鄭玄曰圜鍾夾鍾也鄭玄又云此樂無商聲祭尚柔剛故不用也干寶云不言商商爲臣王者自謂故置其實而去其名若曰有天地人物無德以主之謙以自牧也先儒解釋既莫知適從然此四聲非直無商又律管乖次以其爲樂無克諧之理今古事異不可得而行也按東觀書馬防傳太子丞鮑鄴等上作樂事下防防奏言建初二年七月鄴上言天子食飲必順于四時五味而有食舉之樂所以順天地養神明求福應也今官雅樂獨有黃鍾而食舉樂但有太蔟皆不應月律恐傷氣類可作十二月均各應其月氣公卿朝會得聞月律乃能感天和氣宜應詔下太常評焉太常上言作樂器直錢百四十六萬奏寢今明詔復下臣防以爲可須上天之明時因歲首

之嘉月發太蔟之律奏雅頌之音以迎和氣其條貫甚具遂獨施行起於十月
爲迎氣之樂矣又順帝紀云陽嘉二年冬十月庚午以春秋爲辟雍隸太學隨
月律十月作應鍾三月作姑洗元和以來音戾不調修復黃鍾作樂器如舊典
據此而言漢樂宮懸有黃鍾均食舉太蔟均止有二均不旋相爲宮亦以明矣
計從元和至陽嘉二年纔五十歲用而復止驗黃帝聽鳳以制律呂尚書曰予
欲聞六律五聲周禮有分樂而祭此聖人制作以合天地陰陽之和自然之理
乃云音戾不調斯言誣之甚也今梁陳雅曲並用宮聲按禮五聲十二律還相
爲宮盧植云十二月三管流轉用事當用事者爲宮宮君也鄭玄曰五聲宮商
角徵羽其陽管爲律陰管爲呂布十二辰更相爲宮始自黃鍾終於南呂凡六
十也皇侃疏還相爲宮者十一月以黃鍾爲宮十二月以大呂爲宮正月以太
蔟爲宮餘月放此凡十二管各備五聲合六十聲五聲成一調故十二調此即
釋鄭義之明文無用商角徵羽爲別調之法矣樂稽耀嘉曰東方春其聲角樂
當宮於夾鍾餘方各以其中律爲宮若有商角之理不得云宮於夾鍾也又云

五音非宮不調五味非甘不和又動聲儀宮唱而商和是謂善本太平之樂也
周禮奏黃鍾歌大呂以祀天神鄭玄以黃鍾之鍾大呂之聲爲均均調也故崔
靈恩云六樂十二調亦不獨論商角徵羽也又云凡六樂者皆文之以五聲播
之以八音故知每曲皆須五聲八音錯綜而能成也御寇子云師文鼓琴命宮
而總四聲則慶雲浮景鳳翔唯韓詩云聞其宮聲使人温厚而寬大聞其商聲
使人方廉而好義及古有清角清徵之流此則當聲爲曲今以五引爲五聲迎
氣所用者是也餘曲悉用宮聲不勞商角徵羽何以得知荀勖論三調爲均首
者得正聲之名明知雅樂悉在宮調已外徵羽角自爲謠俗之音耳且西涼龜
茲雜伎等曲數既多故得隸於衆調調各別曲至如雅樂少須以宮爲本歷十
二均而作不可分配餘調更成雜亂也其奏大抵如此帝並從之故隋代雅樂
唯奏黃鍾一宮郊廟饗用一調迎氣用五調舊工更盡其餘聲律皆不復通或
有能爲蕤賓之宮者享祀之際肆之竟無覺者弘又修皇后房內之樂據毛萇
侯芭孫毓故事皆有鍾聲而王肅之意乃言不可又陳統云婦人無外事而陰

教尚柔柔以靜爲體不宜用於鍾弘等採肅統以取正焉高祖龍潛時頗好音
樂常倚琵琶作歌二首名曰地厚天高託言夫妻之義因即取之爲房內曲命
婦人幷登歌上壽並用之職在宮內女人教習之初後周故事懸鍾磬法七正
七倍合爲十四蓋準變宮變徵凡爲七聲有正有倍而爲十四也長孫紹遠引
國語泠州鳩云武王伐殷歲在鶉火自鶉及駟七位故也既以七同其數而以
律和其聲於是有七律又引尚書大傳謂之七始其注云謂黃鍾林鍾太蔟南
呂姑洗應鍾蕤賓也歌聲不應此者皆去之然據一均言也宮商角徵羽爲正
變宮變徵爲和加倍而有十四焉又梁武帝加以濁倍三七二十一而同爲架
雖取繁會聲不合古又後魏時公孫崇設鍾磬正倍參懸之弘等並以爲非而
據周官小胥職懸鍾磬半之爲堵全之爲肆鄭玄曰鍾磬編懸之二八十六而
在一虡鍾一堵磬一堵謂之肆又引樂緯宮爲君商爲臣君臣皆尊各置一副
故加十四而懸十六又據漢成帝時犍爲水濱得石磬十六枚此皆懸八之義
也懸鍾磬法每虡準之懸八用七不取近周之法懸七也又參用儀禮及尚書

大傳爲宮懸陳布之法北方北向應鍾起西磬次之黃鍾次之鍾次之大呂次之皆東陳一建鼓在其東東鼓東方西向太蔟起北磬次之夾鍾次之鍾次之姑洗次之皆南陳一建鼓在其南東鼓南方北向中呂起東鍾次之蕤賓次之磬次之林鍾次之皆西陳一建鼓在其西西鼓西方東向夷則起南鍾次之南呂次之磬次之無射次之皆北陳一建鼓在其北西鼓其大射則撤北面而加鉦鼓祭天用雷鼓雷鼗祭地用靈鼓靈鼗宗廟用路鼓路鼗各兩設在懸內又準儀禮宮懸四面設鎛鍾十二虡各依辰位又甲景庚壬位各設鍾一虡乙丁辛癸位各陳磬一虡共爲二十虡其宗廟殿庭郊丘社並同樹建鼓于四隅以象二十四氣依月爲均四箱同作蓋取毛傳詩云四懸皆同之義古者鎛鍾據儀禮擊爲節檢而無合曲之義又大射有二鎛皆亂擊焉乃無成曲之理依後周以十二鎛相生擊之聲韻克諧每鎛鍾建鼓各一人每鍾磬簨虡各一人歌二人執節一人琴瑟箏筑各一人每鍾虡竽笙簫笛塤篪各一人懸內柷敔各一人柷在東敔在西二舞各八佾樂人皆平巾幘絳褠衣樂器並采周官參之

梁代擇用其尤善者其簨虡皆金五博山飾以崇牙樹羽旒蘇其樂器應漆者
天地之神皆朱漆宗廟及殿庭則五色漆畫晉宋故事箱別冬有柷敔既同時
戞之今則不用又周官大司樂奏黃鍾歌大呂舞雲門以祀天神奏太蔟歌應
鍾舞咸池以祭地祇奏姑洗歌南呂舞大韶以祀四望奏蕤賓歌函鍾舞大夏
以祭山川奏夷則歌小呂舞大濩以享先妣奏無射歌夾鍾舞大武以享先祖
此乃周制立二王三恪通已爲六代之樂至四時祭祀則分而用之以六樂配
十二調一代之樂則用二調矣隋去六代之樂又無四望先妣之祭今既與古
祭法有別乃以神祇位次分樂配焉奏黃鍾歌大呂以祀圓丘黃鍾所以宣六
氣也耀魄天神最爲尊極故奏黃鍾以祀之奏太蔟歌應鍾以祭方澤太蔟所
以贊陽出滯崑崙厚載之重故奏太蔟以祀之奏姑洗歌南呂以祀五郊神州
姑洗所以滌絜百物五郊神州天地之次故奏姑洗以祀之奏蕤賓歌函鍾以
祀宗廟蕤賓所以安靜神人祖宗有國之本故奏蕤賓以祀之奏夷則歌小呂
以祭社稷先農夷則所以詠歌九穀貴在秋成故奏夷則以祀之奏無射歌夾

鍾以祭巡狩方嶽無射所以示人軌物觀風望秩故奏無射以祀之同用文武
二舞其圜丘降神六變方澤降神八變宗廟禘祫降神九變皆用昭夏其餘祭
享皆一變又周禮王出奏王夏尸出奏肆夏叔孫通法迎神奏嘉至今亦隨事
立名皇帝入出皆奏皇夏羣官入出皆奏肆夏食舉上壽奏需夏迎送神奏昭
夏薦獻郊廟奏誠夏宴饗殿上奏登歌并文舞武舞合爲八曲古有宮商角徵
羽五引梁以三朝元會奏之今改爲五音其聲悉依宮商不使差越唯迎氣於
五郊降神奏之月令所謂孟春其音角是也通前爲十三曲并內宮所奏天高
地厚二曲於房中奏之合十五曲其登歌法準禮郊特牲歌者在上匏竹在下
大戴云清廟之歌懸一磬而尙拊搏又在漢代獨登歌者不以絲竹亂人聲近
代以來有登歌五人別升於上絲竹一部進處階前此蓋尙書戛擊鳴球搏拊
琴瑟以詠祖考來格之義也梁武樂論以爲登歌者頌祖宗功業檢禮記乃非
元日所奏若三朝大慶百辟俱陳升工籍殿以詠祖考君臣相對便須涕洟以
此說非通還以嘉慶用之後周登歌備鍾磬琴瑟階上設笙管今遂因之合於

儀禮荷瑟升歌及笙入立於階下間歌合樂是燕餘之事矣登歌法十有四人鍾東磬西工各一人琴瑟箏筑各一人幷歌者三人執節七人並坐階上笙竽簫笛塤篪各一人並立階下悉進賢冠絳公服斟酌古今參而用之祀神宴會通行之若有大祀臨軒陳於階壇之上若冊拜王公設宮懸不用登歌釋奠則唯用登歌而不設懸古者人君食皆用當月之調以取時律之聲使不失五常之性調暢四體令得時氣之和故鮑鄴上言天子食飲必順四時有食舉樂所以順天地養神明可作十二月均感天和氣此則殿庭月調之義也祭祀既已分樂臨軒朝會並用當月之律正月懸太蔟之均乃至十二月懸大呂之均欲感君人情性允協陰陽之序也又文舞六十四人並黑介幘冠進賢冠絳紗連裳內單皁褾領襈裾革帶烏皮履十六人執翌十六人執帗十六人執旄十六人執羽左手皆執籥二人執纛引前在舞人數外衣冠同舞人武舞六十四人並服武弁朱褠衣革帶烏皮履左執朱干右執大戚依朱干玉戚之文二人執旌居前二人執鼗二人執鐸金錞二四人輿二人作二人執鐃次之二人執相

在左二人執雅在右各工一人作自旌以下夾引並在舞人數外衣冠同舞人
周官所謂以金錞和鼓金鐲節鼓金鐃止鼓金鐸通鼓也又依樂記象德擬功
初來就位總干而山立思君道之難也發揚蹈厲威而不殘也舞亂皆坐四海
咸安也武始而受命再成而定山東三成而平蜀道四成而北狄是通五成而
江南是拓六成復綴以闡太平高祖曰不須象功德直象事可也然竟用之近
代舞出入皆作樂謂之階步咸用肆夏今亦依定即周官所謂樂出入奏鍾鼓
也又魏晉故事有矛俞弩俞及朱儒導引今據尚書直云干羽禮文稱羽籥干
戚今文舞執羽籥武舞執干戚其矛俞弩俞等蓋漢高祖自漢中歸巴俞之兵
執仗而舞也既非正典悉罷不用十四年三月樂定祕書監奇章縣公牛弘祕
書丞北絳郡公姚察通直散騎常侍虞部侍郎許善心兼內史舍人虞世基儀
同三司東宮學士饒陽伯劉臻等奏曰臣聞蕢桴土鼓由來斯尚雷出地奮著
自易經邃古帝王經邦馭物揖讓而臨天下者禮樂之謂也秦焚經典樂書亡
缺爰至漢興始加鳩採祖述增廣緝成朝憲魏晉相承更加論討沿革之宜備

於故實永嘉之後九服崩離燕石苻姚遞據華土此其戎乎何必伊川之上吾其左衽無復微管之功前言往式於斯而盡金陵建社朝士南奔帝則皇規粲然更備與內原隔絕三百年於茲矣伏惟明聖膺期會昌在運今南征所獲梁陳樂人及晉宋旗章宛然俱至曩代所不服者今悉服之前朝所未得者今悉得之化洽功成於是乎在臣等伏奉明詔詳定雅樂博訪知音旁求儒彥研校是非定其去就取爲一代正樂具在本司於是并撰歌辭三十首詔並令施用見行者皆停之其人間音樂流僻日久棄其舊體者並加禁約務存其本先是高祖遣內史侍郎李元操直內史省盧思道等列清廟歌辭十二曲令齊樂人曹妙達於太樂教習以代周歌其初迎神七言象元基曲獻奠登歌六言象傾盃曲送神禮畢五言象行天曲至是弘等但改其聲合於鍾律而辭經勑定不敢易之至仁壽元年煬帝初爲皇太子從饗于太廟聞而非之乃上言曰清廟歌辭文多浮麗不足以述宣功德請更議定於是制詔吏部尚書奇章公弘開府儀同三司領太子洗馬柳顧言祕書丞攝太常少卿許善心內史舍人虞世

基禮部侍郎蔡徵等更詳故實創製雅樂歌辭其祠圜丘皇帝入至版位定奏昭夏之樂以降天神升壇奏皇夏之樂受玉帛登歌奏昭夏之樂皇帝降南陛詣罍洗洗爵訖升壇並奏皇夏初升壇俎入奏昭夏之樂皇帝初獻奏誠夏之樂皇帝既獻作文舞之舞皇帝飲福酒作需夏之樂皇帝反爵於坫還本位奏皇夏之樂武舞出作肆夏之樂送神作昭夏之樂就燎位還大次並奏皇夏

圜丘降神奏昭夏辭

肅祭典　協良辰　具嘉薦　俟皇臻　禮方成　樂已變　感靈心
迴天睠　闢華闕　下乾宮　乘精氣　御祥風　望爟火　通田燭
膺介圭　受瑄玉　神之臨　慶陰陽　煙衢洞　宸路深　善既福
德斯輔　流鴻祚　偏區寓

皇帝升壇奏皇夏辭

於穆我君　昭明有融　道濟區域　功格玄穹　百神警衛　萬國承風
仁深德厚　信洽義豐　明發思政　勤憂在躬　鴻基惟永　福祚長隆

登歌辭

德深禮大　道高饗穆　就陽斯恭　陟配惟肅　血膋升氣　冕裘標服
誠感清玄　信陳史祝　祇承靈貺　載膺多福

皇帝初獻奏誠夏辭

肇禋崇祀　大報尊靈　因高盡敬　掃地推誠　六宗隨兆　五緯陪營
雲和發韻　孤竹揚清　我粢既絜　我酌惟明　元神是鑒　百祿來成

皇帝既獻奏文舞辭

皇矣上帝　受命自天　睿圖作極　文教遐宣　四方監觀　萬品陶甄
有苗斯格　無得稱焉　天地之經　和樂具舉　休徵咸萃　要荒式序
正位履端　秋霜春雨

皇帝飲福酒奏需夏辭

禮以恭事　薦以饗時　載清玄酒　備絜薌萁　迴旋分爵　思媚軒墀
惠均撤俎　祥降受釐　十倫以具　百福斯滋　克昌厥德　永祚鴻基

武舞辭

御曆膺期　乘乾表則　成功戡亂　順時經國　兵暢五材　武弘七德
憬彼遐裔　化行充塞　三道備舉　二儀交泰　情發自中　義均莫大
祀敬恭肅　鍾鼓繁會　萬國斯歡　兆人斯賴　享茲介福　康哉元首
惠我無疆　天長地久

送神奏昭夏辭

享序洽　祀禮施　神之駕　嚴將馳　奔精驅　長離耀　牲煙達
潔誠照　騰日馭　鼓電鞭　辭下土　升上玄　瞻寥廓　杳無際
澹羣心　留餘惠

皇帝就燎還大次並奏皇夏辭同上

五郊歌辭五首　迎送神登歌與圜丘同

青帝歌辭奏角音

震宮初動　木德惟仁　龍精戒旦　烏曆司春　陽光煦物　温風先導

巖處載驚　膏田已冒　犧牲豐潔　金石和聲　懷柔備禮　明德惟馨

赤帝歌辭奏徵音

長嬴開序　炎上爲德　執禮司萌　持衡御國　重離得位　芒種在時

含櫻薦實　木槿垂蕤　慶賞既行　高明可處　順時立祭　事昭福舉

黃帝歌辭奏宮音

爰稼作土　順位稱坤　孕金成德　履艮爲尊　黃本內色　宮實聲始

萬物資生　四時咸紀　靈壇汛埽　盛樂高張　威儀孔備　福履無疆

白帝歌辭奏商音

西成肇節　盛德在秋　三農稍已　九穀行收　金氣肅殺　商威飂戾

嚴風鼓莖　繁霜隕蔕　厲兵詰暴　勑法愼刑　神明降嘏　國步惟寧

黑帝歌辭奏羽音

玄英啓候　冥陵初起　虹藏於天　雉化於水　嚴關重閉　星迴日窮

黃鍾動律　廣莫生風　玄樽示本　天產惟質　恩覃外區　福流景室

感帝奏誠夏辭 迎送神登歌與圜丘同

禘祖垂典　郊天有章　以春之孟　於國之陽　繭栗惟誠　陶匏斯尚

人神接禮　明幽交暢　火靈降祚　火曆載隆　烝哉帝道　赫矣皇風

雩祭奏誠夏辭 迎送神登歌與圜丘同

朱明啓候　時載陽　肅若舊典　延五方　嘉薦以陳　盛樂奏

氣序和平　資靈祐　公田既雨　私亦濡　人殷俗富　政化敷

蜡祭奏誠夏辭 迎送神登歌與圜丘同

四方有祀　八蜡酬功　收藏既畢　榛葛送終　使之必報　祭之斯索

三時告勞　一日爲澤　神祇必來　鱗羽咸致　惟義之盡　惟仁之至

年成物阜　罷役息人　皇恩已洽　靈慶無垠

朝日夕月歌詩二首 迎送神登歌與圜丘同

朝日奏誠夏辭

扶木上朝暾　嵫山沉暮景　寒來遊晷促　暑至馳輝永　時和合璧耀

俗忝重輪明　執圭盡昭事　服冕罄虔誠

夕月奏誠夏辭

澄輝燭地域　流耀鏡天儀　曆草隨弦長　珠胎逐望虧　成形表蟾兔

竊藥資王母　西郊禮既成　幽壇福惟厚

方丘歌辭四首　唯此四者異餘並同圜丘

迎神奏昭夏辭

柔功暢　陰德昭　陳瘞典　盛玄郊　篚冪清　犢牷馥　皇情虔

具寮肅　笙頌合　鼓鼗會　出桂旗　屯孔蓋　敬如在　肅有承

神胥樂　慶福膺

奠玉帛登歌

道惟生育　器乃包藏　報功稱範　殷薦有常　六瑚已饋　五齊流香

貴誠尚質　敬洽義彰　神祚惟永　帝業增昌

皇地祇歌辭奏誠夏辭

厚載垂德　崑丘主神　陰壇吉禮　北至艮辰　鑒水呈絜　牲栗表純
樽壺夕視　幣玉朝陳　羣望咸秩　精靈畢臻　祚流於國　祉被於人

送神歌辭奏昭夏辭

奠既徹　獻已周　竦靈駕　逝遠遊　洞四極　帀九縣　慶方流
祉恆遍　埋玉氣　掩牲芬　晰神理　顯國文

神州奏誠夏辭　迎送神登歌與方丘同

四海之內　一和之壤　地曰神州　物賴生長　咸池既降　泰折斯饗
牲牷尚黑　珪玉寔兩　九寓載寧　神功克廣

社稷歌辭四首　迎送神登歌與方丘同

春祈社奏誠夏辭

厚地開靈　方壇崇祀　達以風露　樹之松梓　勾萌既甲　芟柞伊始
恭祈粢盛　載膺休祉

春祈稷奏誠夏辭

粒食興教　播厥有先　尊神致絜　報本惟虔　瞻榆束耒　望杏開田
方憑戩福　佇詠豐年

秋報社奏誠夏辭

北牖申禮　單出表誠　豐犧入薦　華樂在庭　原隰既平　泉流又清
如雲已望　高廩斯盈

秋報稷奏誠夏辭

人天務急　農亦勤止　或蓘或蔉　惟䆃惟芑　涼風戒時　歲云秋矣
物成則報　功施必祀

先農奏誠夏辭　迎送神與方丘同

農祥晨晰　土膏初起　春原俶載　青壇致祀　斂蹕長阡　迴旌外壝
房俎飾薦　山罍沈滓　親事朱紘　躬持黛耜　恭神務穡　受釐降祉

先聖先師奏誠夏辭

經國立訓　學重教先　三墳肇冊　五典留篇　開鑿理著　陶鑄功宣

東膠西序　春誦夏弦　芳塵載仰　祀典無騫

太廟歌辭

迎神歌辭

務本興教　尊神體國　霜露感心　享祀陳則　官聯式序　奔走在庭
几筵結慕　祼獻惟誠　嘉樂載合　神其降止　永言保之　錫以繁祉

登歌辭

孝熙嚴祖　飾象敬宗　惟皇肅事　有來雝雝　雕梁霞複　繡橑雲重
觀德自感　奉璋伊恭　彝斝盡飾　羽綴有容　升歌發藻　景福來從

俎入歌辭 郊丘社廟同

祭本用初　祀由功舉　駿奔咸會　供神有序　明酌盈樽　豐犧實俎
幽金既薦　繢錯維旅　享由明德　香非稷黍　載流嘉慶　克固鴻緒

皇高祖太原府君神室歌辭

締基發祥　肇源興慶　迺仁迺哲　克明克令　庸宣國圖　善流人詠

開我皇業　七百同盛

皇曾祖康王神室歌辭

皇條俊茂　帝系靈長　豐功疊軌　厚利重光　福由善積　代以德彰

嚴恭盡禮　永錫無疆

皇祖獻王神室歌辭

盛才必達　丕基增舊　涉渭同符　遷邠等構　弘風邁德　義高道富

神鑒孔昭　王猷克懋

皇考太祖武元皇帝神室歌辭

深仁冥著　至道潛敷　皇矣太祖　耀名天衢　翦商隆祚　奄宅隋區

有命既集　誕開靈符

飲福酒歌辭　郊丘社廟同

神道正直　祀事有融　肅雝備禮　莊敬在躬　羞燔已具　奠酹將終

降祥惟永　受福無窮

送神歌辭

饗禮具　利事成　佇旒冕　肅簪纓　金奏終　玉俎撤　盡孝敬

窮嚴絜　人祇分　哀樂半　降景福　憑幽贊

元會皇帝出入殿庭奏皇夏辭 郊丘社廟同

深哉皇度　粹矣天儀　司陛整蹕　式道先馳　八屯霧擁　七萃雲披

退揚進揖　步矩行規　勾陳乍轉　華蓋徐移　羽旗照耀　珪組陸離

居高念下　處安思危　照臨有度　紀律無虧

皇太子出入奏肆夏辭

惟熙帝載　式固王猷　體乾建本　是曰孟侯　馳道美漢　寢門稱周

德心既廣　道業惟優　傅保斯導　賢才與遊　瑜玉發響　畫輪停輈

皇基方峻　七鬯恆休

食舉歌辭八首

燔黍設教禮之始　五味相資火爲紀　平心和德在甘旨

牢羞既陳鍾石俟　以斯而御揚盛軌
養身必敬禮食昭　時和歲阜庶物饒　鹽梅既濟鼎鉉調
特以膚腊加臐膮　威儀濟濟懋皇朝
饗人進羞樂侑作　川濳之膾雲飛臛　甘酸有宜芬勺藥
金敦玉豆盛交錯　御鼓既聲安以樂
玉食惟后膳必珍　芳菰既絜重秬新　是能安體又調神
荆包畢至海貢陳　用之有節德無垠
嘉羞入饋猶化謐　沃土名滋帝臺實　陽華之菜雕陵栗
鼎俎芬芳豆籩溢　通幽致遠車書一
道高物備食多方　山膚既善水豢良　桓蒲在位簨業張
加籩折俎爛成行　恩風下濟道化光
禮以安國仁爲政　具物必陳饗牢盛　罝罘斤斧順時令
懷生熙熙皆得性　於茲宴喜流嘉慶

皇道四達禮樂成　臨朝日舉表時平　甘芳既飫醑以清
揚休玉巵正性情　隆我帝載永明明

上壽歌辭

俗已乂　時又良　朝玉帛　會衣裳　基同北辰久　壽共南山長
黎元鼓腹樂未央

宴羣臣登歌辭

皇明馭歷　仁深海縣　載擇良辰　式陳高宴　顒顒卿士　昂昂侯甸
車旗煜爚　衣纓葱蒨　樂正展懸　司宮飾殿　三揖稱禮　九賓爲傳
圜鼎臨碑　方壺在面　鹿鳴成曲　嘉魚入薦　筐篚相輝　獻酬交徧
飲和飽德　恩風長扇

文舞歌辭

天睠有屬　后德惟明　君臨萬寓　昭事百靈　濯以江漢　樹之風聲
罄地必歸　窮天皆至　六戎仰朔　八蠻請吏　煙雲獻彩　龜龍表異

緝和禮樂　燮理陰陽　功由舞見　德以歌彰　兩儀同大　日月齊光

武舞歌辭

惟皇御寓　惟帝乘乾　五材並用　七德兼宣　平暴夷險　拯溺救燔
九域載安　兆庶斯賴　續地之厚　補天之大　聲隆有截　化覃無外
鼓鍾既奮　干戚攸陳　功高德重　政謐化淳　鴻休永播　久而彌新

大射登歌辭

道謐金科照　時乂玉條明　優賢饗禮洽　選德射儀成　鑾旗鬱雲動
寶軑儼天行　巾車整三乏　司裘飾五正　鳴球響高殿　華鐘震廣庭
烏號傳昔美　淇衛著前名　揖讓皆時傑　升降盡朝英　附枝觀體定
杯水覩心平　豐觚既來去　燔炙復從橫　欣看禮樂盛　喜遇黃河清

凱樂歌辭三首

述帝德

於穆我后　睿哲欽明　膺天之命　載育羣生　開元創曆　邁德垂聲

朝宗萬寓　祗事百靈　煥乎皇道　昭哉帝則　惠政滂流　仁風四塞
淮海未賓　江湖背德　運籌必勝　濯征斯克　八荒霧卷　四表雲褰
雄圖威略　邁後光前　寰區已泰　福祚方延　長歌凱樂　天子萬年

述諸軍用命

帝德遠覃　天維宏布　功高雲天　聲隆韶護　惟彼海隅　未從王度
皇赫斯怒　元戎啓路　桓桓猛將　赳赳英謨　攻如燎髮　戰似摧枯
救茲塗炭　克彼妖逋　塵清兩越　氣靜三吳　鯨鯢已夷　封疆載闢
班馬蕭蕭　歸旌奕奕　雲臺表効　司勳紀績　業並山河　道固金石

述天下太平

阪泉軒德　丹浦堯勳　始實以武　終乃以文　嘉樂聖主　大哉爲君
出師命將　廓定重氛　書軌既并　干戈是戢　弘風設教　政成人立
禮樂聿興　衣裳載緝　風雲自美　嘉祥爰集　皇皇聖政　穆穆神猷
牢籠虞夏　度越姬劉　日月比曜　天地同休　永清四海　長帝九州

皇后房內歌辭

至順垂典　正內弘風　母儀萬國　訓範六宮　求賢啓化　進善宣功

家邦載序　道業斯融

大業元年煬帝又詔脩高廟樂曰古先哲王經國成務莫不因人心而制禮則天明而作樂昔漢氏諸廟別所樂亦不同至於光武之後始立共堂之制魏文承運初營廟寢太祖一室獨爲別宮自茲之後兵車交爭制作規模日不暇給伏惟高祖文皇帝功侔造物道濟生靈享薦宜殊樂舞須別今若月祭時饗既與諸祖共庭至於舞功獨於一室交違禮意未合人情其詳議以聞有司未及陳奏帝又以禮樂之事總付祕書監柳顧言少府副監何稠著作郎諸葛潁祕書郎袁慶隆等增多開皇樂器大益樂員郊廟樂懸並令新製顧言等後親帝復難於改作其議竟寢諸郊廟歌辭亦並依舊制唯新造高祖廟歌九首今亡又遣祕書省學士定殿前樂工歌十四首終大業世每舉用焉帝又詔博訪知鍾律歌管者皆追之時有曹士立裴文通唐羅漢常寶金等雖知操弄雅鄭莫

分然總付太常詳令刪定議修一百四曲其五曲在宮調黃鍾也一曲應調大呂也二十五曲商調太蔟也一十四曲角調姑洗也一十三曲變徵調蕤賓也八曲徵調林鍾也二十五曲羽調南呂也一十三曲變宮調應鍾也其曲大抵以詩爲本參以古調漸欲播之弦歌被之金石仍屬戎車不遑刊正禮樂之事竟無成功焉自漢至梁陳樂工其大數不相踰越及周幷齊隋幷陳各得其樂工多爲編戶至六年帝乃大括魏齊周陳樂人子弟悉配太常並於關中爲坊置之其數益多前代顧言等又奏仙都宮內四時祭享還用太廟之樂歌功論德別製其辭七廟同院樂依舊式又造饗宴殿庭宮懸樂器布陳簨簴大抵同前而於四隅各加二建鼓三案又設十二鎛鎛別鍾磬二架各依辰位爲調合三十六架至於音律節奏皆依雅曲意在演令繁會自梁武帝之始也開皇時廢不用至是又復焉高祖時宮懸樂器唯有一部殿庭饗宴用之平陳所獲又有二部宗廟郊丘分用之至是並於樂府藏而不用更造三部五郊二十架工一百四十三人廟庭二十架工一百五十人饗宴二十架工一百七人舞郎各

二等並一百三十二人顧言又增房內樂益其鐘磬奏議曰房內樂者主爲王
后弦歌諷誦而事君子故以房室爲名燕禮鄉飲酒禮亦取而用也故云用之
鄉人焉用之邦國焉文王之風由近及遠鄉樂以感人須存雅正旣不設鐘鼓
義無四懸何以取正於婦道也磬師職云燕樂之鐘磬鄭玄曰燕樂房內樂也
所謂陰聲金石備矣以此而論房內之樂非獨弦歌必有鐘磬也內宰職云正
后服位詔其禮樂之儀鄭玄云薦撤之禮當與樂相應薦撤之言雖施祭祀其
入出賓客理亦宜同請以歌鐘歌磬各設二簴土革絲竹並副之幷升歌下管
總名房內之樂女奴肄習朝燕用之制曰可於是內宮懸二十簴其鎛鍾十二
皆以大磬充去建鼓餘飾並與殿庭同皇太子軒懸去南面設三鎛鐘於辰丑
申三建鼓亦如之編鐘三簴編磬三簴共三鎛鐘爲九簴其登歌減者二人簨
簴金三博山樂器應漆者朱漆之其二舞用六佾其雅樂鼓吹多依開皇之故
雅樂合二十器今列之如左
金之屬二一曰鎛鐘每鐘懸一簨簴各應律呂之音卽黃帝所命伶倫鑄十二

鐘和五音者也二曰編鐘小鐘也各應律呂大小以次編而懸之上下皆八合十六鐘懸於一簨簴
石之屬一曰磬用玉若石爲之懸如編鍾之法
絲之屬四一曰琴神農制爲五弦周文王加二弦爲七者也二曰瑟二十七弦伏羲所作者也三曰筑十二弦四曰箏十三弦所謂秦聲蒙恬所作者也
竹之屬三一曰簫十六管長二尺舜所造者也二曰篪長尺四寸八孔蘇公所作者也三曰笛凡十二孔漢武帝時丘仲所作者也京房備五音有七孔以應七聲黃鍾之笛長二尺八寸四分四釐有奇其餘亦上下相次以爲長短
匏之屬二一曰笙二曰竽並女媧之所作也笙列管十九於匏內施簧而吹之竽大三十六管
土之屬一曰塤六孔暴辛公之所作者也
革之屬五一曰建鼓夏后氏加四足謂之足鼓殷人柱貫之謂之楹鼓周人懸之謂之懸鼓近代相承植而貫之謂之建鼓蓋殷所作也又棲翔鷺於其上不

知何代所加或曰鵠也取其聲揚而遠聞或曰鷺鼓精也越王勾踐擊大鼓於雷門以厭吳晉時移於建康有雙鷺噈鼓而飛入雲或曰皆非也詩云振振鷺鷺于飛鼓咽咽醉言歸古之君子悲周道之衰頌聲之輟飾鼓以鷺存其風流未知孰是靈鼓靈鼗並八面雷鼓雷鼗六面路鼓路鼗四面鼓以桴擊鼗貫其中而手搖之又有節鼓不知誰所造也

木之屬二一曰柷如桶方二尺八寸中有椎柄連底動之令左右擊以節樂二曰敔如伏獸背有二十七鉏鋙以竹長尺橫櫟之以止樂焉

簨簴所以懸鐘磬橫曰簨飾以鱗屬植曰簴飾以臝及羽屬簨加木板於上謂之業殷人刻其上爲崇牙以挂懸周人畫繒爲翣戴之以璧垂五采羽於其下樹於簨簴之角近代又加金博山於簨上垂流蘇以合采羽五代相因同用之

始開皇初定令置七部樂一曰國伎二曰清商伎三曰高麗伎四曰天竺伎五曰安國伎六曰龜茲伎七曰文康伎又雜有疎勒扶南康國百濟突厥新羅倭國等伎其後牛弘請存鞞鐸巾拂等四舞與新伎並陳因稱四舞按漢魏以來

並施於宴饗鞞舞漢巴渝舞也至章帝造鞞舞辭云關東有賢女魏明代漢曲云明明魏皇帝鐸舞傅玄代魏辭云振鐸鳴金成公綏賦云鞞鐸舞庭八音並陳是也拂舞者沈約宋志云吳舞吳人思晉化其辭本云白符鳩是也巾舞者公莫舞也伏滔云項莊因舞欲劍高祖項伯紆長袖以扞其鋒魏晉傳爲舞焉檢此雖非正樂亦前代舊聲故梁武報沈約云鞞鐸巾拂古之遺風楊泓云此舞本二八人桓玄即真爲八佾後因而不改齊人王僧虔已論其事平陳所得者猶充八佾於懸內繼二舞後作之爲失斯大檢四舞由來其實已久請並在宴會與雜伎同設於西涼前奏之帝曰其聲音節奏及舞悉宜依舊惟舞人不須捉鞞拂等及大業中煬帝乃定清樂西涼龜茲天竺康國疏勒安國高麗禮畢以爲九部樂器工依創造既成大備於茲矣清樂其始即清商三調是也並漢來舊曲樂器形制并歌章古辭與魏三祖所作者皆被於史籍屬晉朝遷播夷羯竊據其音分散苻永固平張氏始於涼州得之宋武平關中因而入南不復存於內地及平陳後獲之高祖聽之善其節奏曰此華夏正聲也昔因永嘉

流於江外我受天明命今復會同雖賞逐時遷而古致猶在可以此爲本微更損益去其哀怨考而補之以新定律呂更造樂器其歌曲有陽伴舞曲有明君并契其樂器有鐘磬琴瑟擊琴琵琶箜篌筑箏節鼓笙笛簫篪塤等十五種爲一部工二十五人

西涼者起苻氏之末呂光沮渠蒙遜等據有涼州變龜茲聲爲之號爲秦漢伎魏太武既平河西得之謂之西涼樂至魏周之際遂謂之國伎今曲項琵琶豎頭箜篌之徒並出自西域非華夏舊器楊澤新聲神白馬之類生於胡戎胡戎歌非漢魏遺曲故其樂器聲調悉與書史不同其歌曲有永世樂解曲有萬世豐舞曲有于闐佛曲其樂器有鐘磬彈箏搊箏臥箜篌豎箜篌琵琶五絃笙簫大篳篥豎小篳篥橫笛腰鼓齊鼓擔鼓銅拔貝等十九種爲一部工二十七人

龜茲者起自呂光滅龜茲因得其聲呂氏亡其樂分散後魏平中原復獲之其聲後多變易至隋有西國龜茲齊朝龜茲土龜茲等凡三部開皇中其器大盛於閭閈時有曹妙達王長通李士衡郭金樂安進貴等皆妙絕弦管新聲奇變

朝改暮易持其音技估衒公王之間舉時爭相慕尚高祖病之謂羣臣曰聞公等皆好新變所奏無復正聲此不祥之大也自家形國化成人風勿謂天下方然公家家自有風俗矣存亡善惡莫不繫之樂感人深事資和雅公等對親賓宴飲宜奏正聲聲不正何可使兒女聞也帝雖有此勑而竟不能救焉煬帝不解音律略不關懷後大製豔篇辭極淫綺令樂正白明達造新聲剏萬歲樂藏鉤樂七夕相逢樂投壺樂舞席同心髻玉女行觴神仙留客擲磚續命鬬雞子鬬百草汎龍舟還舊宮長樂花及十二時等曲掩抑摧藏哀音斷絕帝悅之無已謂幸臣曰多彈曲者如人多讀書讀書多則能撰書彈曲多卽能造曲此理之然也因語明達云齊氏偏隅曹妙達猶自封王我今天下大同欲貴汝宜自修謹六年高昌獻聖明樂曲帝令知音者於館所聽之歸而肄習及客方獻先於前奏之胡夷皆驚焉其歌曲有善善摩尼解曲有婆伽兒舞曲有小天又有疎勒鹽其樂器有豎箜篌琵琶五弦笙笛簫篳篥毛員鼓都曇鼓答臘鼓腰鼓羯鼓雞婁鼓銅拔貝等十五種爲一部工二十人

天竺者起自張重華據有涼州重四譯來貢男伎天竺卽其樂焉歌曲有沙石疆舞曲有天曲樂器有鳳首箜篌琵琶五弦笛銅鼓毛員鼓都曇鼓銅拔貝等九種爲一部工十二人

康國起自周代帝娉北狄爲后得其所獲西戎伎因其聲歌曲有戢殿農和正舞曲有賀蘭鉢鼻始末奚波地農惠鉢鼻始前拔地惠地等四曲樂器有笛正鼓加鼓銅拔等四種爲一部工七人

疏勒安國高麗並起自後魏平馮氏及通西域因得其伎後漸繁會其聲以別於太樂疏勒歌曲有亢利死讓樂舞曲有遠服解曲有鹽曲樂器有豎箜篌琵琶五弦笛簫篳篥答臘鼓腰鼓羯鼓雞婁鼓等十種爲一部工十二人

安國歌曲有附薩單時舞曲有末奚解曲有居和祇樂器有箜篌琵琶五弦笛簫篳篥雙篳篥王鼓和鼓銅拔等十種爲一部工十二人

高麗歌曲有芝栖舞曲有歌芝栖樂器有彈箏臥箜篌豎箜篌琵琶五弦笛笙簫小篳篥桃皮篳篥腰鼓齊鼓擔鼓貝等十四種爲一部工十八人

禮畢者本出自晉太尉庾亮家亮卒其伎追思亮因假爲其面執翳以舞象其
容取其謚以號之謂之爲文康樂每奏九部樂終則陳之故以禮畢爲名其行
曲有單交路舞曲有散花樂器有笛笙簫篪鈴槃鞞䇈鼓等七種三懸爲一部
工二十二人
始齊武平中有魚龍爛漫俳優朱儒山車巨象拔井種瓜殺馬剝驢等奇怪異
端百有餘物名爲百戲周時鄭譯有寵於宣帝奏徵齊散樂人並會京師爲之
蓋秦角抵之流者也開皇初並放遣之及大業二年突厥染干來朝煬帝欲誇
之總追四方散樂大集東都初於芳華苑積翠池側帝帷宮女觀之有舍利先
來戲於場內須臾跳躍激水滿衢黿鼉龜鼇水人蟲魚徧覆于地又有大鯨魚
噴霧翳日倏忽化成黃龍長七八丈聳踊而出名曰黃龍變又以繩繫兩柱相
去十丈遣二倡女對舞繩上相逢切肩而過歌舞不輟又爲夏育扛鼎取車輪
石臼大甕器等各於掌上而跳弄之并二人戴竿其上有舞忽然騰透而換易
之又有神鼇負山幻人吐火千變萬化曠古莫儔染干大駭之自是皆於太常

教習每歲正月萬國來朝留至十五日於端門外建國門內綿亘八里列爲戲場百官起棚夾路從昏達旦以縱觀之至晦而罷伎人皆衣錦繡繒綵其歌舞者多爲婦人服鳴環佩飾以花毦者殆三萬人初課京兆河南製此衣服而兩京繒錦爲之中虛三年駕幸榆林突厥啓民朝于行宮帝又設以示之六年諸夷大獻方物突厥啓民以下皆國主親來朝賀乃於天津街盛陳百戲自海內凡有奇伎無不總萃崇侈器翫盛飾衣服皆用珠翠金銀錦罽絺繡其營費鉅億萬關西以安德王雄總之東都以齊王暕總之金石匏革之聲聞數十里外彈弦擫管以上一萬八千人大列炬火光燭天地百戲之盛振古無比自是每年以爲常焉

故事天子有事於太廟備法駕陳羽葆以入于次禮畢升車而鼓吹並作開皇十七年詔曰昔五帝異樂三王殊禮皆隨事而有損益因情而立節文仰惟祭享宗廟瞻敬如在罔極之感情深茲日而禮畢升路鼓吹發音還入宮門金石振響斯則哀樂同日心事相違情所不安理實未允宜改茲往式用弘禮教自

今以後享廟日不須設鼓吹殿庭勿設樂懸在廟內及諸祭並依舊其王公已
下祭私廟日不得作音樂至大業中煬帝制宴饗設鼓吹依梁爲十二案案別
有錞于鉦鐸軍樂鼓吹等一部案下皆熊羆貙豹騰倚承之以象百獸之舞其
大駕鼓吹並朱漆畫大駕鼓吹小鼓加金鐲羽葆鼓鐃鼓節鼓皆五采重蓋其
羽葆鼓仍飾以羽葆長鳴中鳴大小橫吹五采衣幡緋掌畫交龍五采脚大角
幡亦如之大鼓長鳴大橫吹節鼓及橫吹後笛簫篳篥笳桃皮篳篥等工人服
皆緋地苣文爲袍袴及帽金鉦棡鼓其鉦鼓皆加八角紫繖小鼓中鳴小橫吹
及橫吹後笛簫篳篥笳桃皮篳篥等工人服並青地苣文袍袴及帽羽葆鼓鐃
及歌簫笳工人服並武弁朱褠衣革帶大角工人平巾幘緋衫白布大口袴其
鼓吹督帥服與大角同以下準督帥服亦如之
棡鼓一曲十二變與金鉦同夜警用一曲俱盡次奏大鼓大鼓一十五曲供大駕
一十二曲供皇太子一十曲供王公等小鼓九曲供大駕三曲供皇太子及王
公等長鳴色角一百二十具供大駕三十六具供皇太子十八具供王公等

次鳴色角一百二十具供大駕十二具供皇太子一十具供王公等
大角第一曲起捉馬第二曲被馬第三曲騎馬第四曲行第五曲入陣第六曲
收軍第七曲下營皆以三通爲一曲其辭並本之鮮卑
鐃鼓十二曲供大駕六曲供皇太子三曲供王公等其樂器有鼓幷歌簫笳
大橫吹二十九曲供大駕九曲供皇太子七曲供王公其樂器有角節鼓笛簫
篳篥笳桃皮篳篥小橫吹十二曲供大駕夜警則十二曲俱用其樂器有角笛
簫篳篥笳桃皮篳篥

隋書卷十五

隋書卷十五考證

音樂志下干寶○監本干作于按姓譜干寶系出潁川宋大夫干犨之後漢末有干吉

朱儒導引○按左傳侏儒侏儒使我敗于邾禮記及優侏儒獶雜子女朱當作侏

惟薹惟芑○按詩經大雅作惟糜惟芑

親事朱紘○各本紘俱訛弦按禮記昔者天子爲籍千畝冕而朱紘躬秉耒從改紘

涉渭同符○監本渭訛魏樂府本作渭按詩經大雅涉渭爲亂取厲取鍛傳正絕流曰亂

隋書卷十五考證

珍傲宋版邾

唐太尉揚州都督監修國史上柱國趙國公臣長孫無忌等撰

律曆志第十一

律曆上

自夫有天地焉有人物焉樹司牧以君臨懸政教而成務莫不擬乾坤之大象稟中和以建極揆影響之幽賾成律呂之精微是用範圍百度財成萬品昔者淳古葦籥創覩人籟之源女媧笙簧仍昭鳳律之首後聖廣業稽古彌崇伶倫含少乃擅比竹之工虞舜昭華方傳刻玉之美是以書稱叶時月正日同律度量衡又曰予欲聞六律五聲八音七始詠以出納五言此皆候金常而列管憑璿璣以運鈞統三極之元紀七衡之響可以作樂崇德殷薦上帝故能動天地感鬼神和人心移風俗考得失徵成敗者也粤在夏商無聞改作其於周禮典同則掌六律六同之和以辨天地四方陰陽之聲以爲樂器景王鑄鍾問律於伶州鳩對曰夫律者所以立鈞出度鈞有五則權衡規矩準繩咸備故詩曰尹

氏太師執國之鈞天子是禆俾衆不迷是也太史公律書云王者制事立物法度軌則一禀於六律爲萬事之本其於兵械尤所重焉故云望敵知吉凶聞聲効勝負百王不易之道也及秦氏滅學其道寖微漢室初興丞相張蒼首言音律未能審備孝武帝創置協律之官司馬遷言律呂相生之次詳矣及王莽之際考論音律劉歆條奏班固因志之蔡邕又記建武以後言律呂者司馬紹統採而續之炎歷將終而天下大亂樂工散亡器法湮滅魏武始獲杜夔使定音律夔依當時尺度權備典章及晉武受命遵而不革至泰始十年光祿大夫荀勖奏造新度更鑄律呂元康中勖子藩復嗣其事未及成功屬永嘉之亂中朝典章咸沒於石勒及帝南遷皇度草昧禮容樂器掃地皆盡雖稍加採掇而多所淪胥終于恭安竟不能備宋錢樂之衍京房六十律更增爲三百六十梁博士沈重述其名數後魏周齊時有論者今依班志編錄五代聲律度量以志于篇云

漢志言律一曰備數二曰和聲三曰審度四曰嘉量五曰衡權自魏晉已降代

有沿革今列其增損之要云

備數

五數者一十百千萬也傳曰物生而後有象滋而後有數是以言律者云數起於建子黃鍾之律始一而每辰三之歷九辰至酉得一萬九千六百八十三而五數備成以爲律法又參之終亥凡歷十二辰得十有七萬七千一百四十七而辰數該矣以爲律積以成法除該積得九寸卽黃鍾宮律之長也此則數因律起律以數成故可歷管萬事綜覈氣象其算用竹廣二分長三寸正策三廉積二百一十六枚成六觚乾之策也負策四廉積一百四十四枚成方坤之策也觚方皆經十二天地之大數也是故探賾索隱鉤深致遠莫不用焉一十百千萬所同由也律度量衡歷率其別用也故體有長短檢之以度則不失毫氂物有多少受之以器則不失圭撮量有輕重平之以權衡則不失黍絫聲有清濁協之以律呂則不失宮商三光運行紀以曆數則不差晷刻事物糅見御之以率則不乖其本故隱幽之情精微之變可得而綜也夫所謂率者有九流焉

一曰方田以御田疇界域二曰粟米以御交質變易三曰衰分以御貴賤廩稅
四曰少廣以御積冪方圓五曰商功以御功程積實六曰均輸以御遠近勞費
七曰盈朒以御隱雜互見八曰方程以御錯糅正員九曰句股以御高深廣遠
皆乘以散之除以聚之齊同以通之今有以貫之則算數之方盡於斯矣古之
九數圓周率三圓徑率一其術疏舛自劉歆張衡劉徽王蕃皮延宗之徒各設
新率未臻折衷宋末南徐州從事史祖沖之更開密法以圓徑一億爲一丈圓
周盈數三丈一尺四寸一分五釐九毫二秒七忽朒數三丈一尺四寸一分五
釐九毫二秒六忽正數在盈朒二限之間密率圓徑一百一十三圓周三百五
十五約率圓徑七周二十二又設開差冪開差立兼以正圓參之指要精密算
氏之最者也所著之書名爲綴術學官莫能究其深奧是故廢而不理

和聲

傳稱黃帝命伶倫斷竹長三寸九分而吹以爲黃鍾之宮曰含少次制十二管
以聽鳳鳴以別十二律比雌雄之聲以分律呂上下相生因黃鍾爲始虞書云

叶時月正日同律度量衡夏禹受命以聲爲律以身爲度周禮樂器以十二律爲之度數司馬遷律書云黃鍾長八寸七分之一太蔟長七寸七分二林鍾長五寸七分三應鍾長四寸三分二此樂之三始十二律之本末也班固司馬彪律志黃鍾長九寸聲最濁太蔟長八寸林鍾長六寸應鍾長四寸七分四釐強聲最清鄭玄禮月令注蔡邕月令章句及杜夔荀勗等所論雖尺有增損而十二律之寸數並同漢志京房又以隔八相生一始自黃鍾終於中呂十二律畢矣中呂上生黃鍾不滿九寸謂之執始下生去滅上下相生終於南事更增四十八律以爲六十其依行在辰上生包育隔九編於冬至之後分焉遲內其數遂減應鍾之清宋元嘉中太史錢樂之因京房南事之餘引而伸之更爲三百律終於安運長四寸四分有奇總合舊爲三百六十律日當一管宮徵旋韻各以次從何承天立法制議云上下相生三分損益其一蓋是古人簡易之法猶如古曆周天三百六十五度四分之一後人改制皆不同焉而京房不悟謬爲六十承天更設新率則從中呂還得黃鍾十二旋宮聲韻無失黃鍾長九寸太

蔟長八寸二釐林鍾長六寸一釐應鍾長四尺七分九釐強其中呂上生所益之分還得十七萬七千一百四十七復十二辰參之數梁初因晉宋及齊無所改制其後武帝作鍾律緯論前代得失其略云案律呂京馬鄭蔡至蕤賓並上生大呂而班固律曆志至蕤賓仍以次下生若從班義夾鍾唯長三寸七分有奇律若過促則夾鍾之聲成一調中呂復去調半是過於無調仲春孟夏正相長養其氣舒緩不容短促求聲索實班義爲乖鄭玄又以陰陽六位次第相生若如玄義陰陽相逐生者止是升陽其降陽復將何寄就筮數而論乾主甲壬而左行坤主乙癸而右行故陰陽得有升降之義陰陽從行者真性也六位升降者象數也今鄭乃執象數以配真性故言比而理窮云九六相生了不釋十二氣所以相通鄭之不思亦已明矣案京房六十準依法推乃自無差但律呂所得或五或六此一不例也而分焉上生乃復遲内上生盛變盛變仍復上生分居此二不例也房妙盡陰陽其當有以若非深理難求便是傳者不習比勅詳求莫能辨正聊以餘日試推其旨參校舊器及古夾鍾玉律更制新尺以證

分毫制爲四器名之爲通四器絃間九尺臨岳高一寸二分黃鍾之絃二百七十絲長九尺以次三分損益其一以生十二律之絃絲數及絃長各以律本所建之月五行生王終始之音相次之理爲其名義名之爲通通施三絃傳推月氣悉無差舛即以夾鍾玉律命之則還相中又制爲十二笛以寫通聲其夾鍾笛十二調以飲玉律又不差異山謙之記云殿前三鍾悉是周景王所鑄無射也遺樂官以今無射新笛飲不相中以夷則笛飲則聲韻合和端門外鍾亦案其銘題定皆夷則其西廂一鍾天監中移度東以今笛飲乃中南呂驗其鐫刻乃是太蔟則下金笛二調重勅太樂丞斯宣達令更推校鍾定有鑿處表裏皆然借訪舊識迺是宋泰始中使張永鑿之去銅既多故其調嘽下以推求鍾律便可得而見也宋武平中原使將軍陳傾致三鍾小大中各一則今之太極殿前二鍾端門外一鍾是也案西鍾銘則云清廟撞鍾秦無清廟此周制明矣又一銘云太蔟鍾徵則林鍾宮所施也京房推用似有由也檢題既無秦漢年代直云夷則太蔟則非秦漢明矣古人性質故作僮僕字則題而言彌驗非近且

夫驗聲改政則五音六律非可差舛工守其音儒執其文歷年永久隔而不通
無論樂奏求之多缺假使具存亦不可用周頌漢歌各敘功德豈容復施後王
以濫名實今率詳論以言所見幷詔百司以求厥中未及改制遇侯景亂陳氏
制度亦無改作西魏廢帝元年周文攝政又詔尚書蘇綽詳正音律綽時得宋
尺以定諸管草創未就會閔帝受禪政由冢宰方有齊寇事竟不行後掘太倉
得古玉斗按以造律及衡其事又多湮沒至開皇初詔太常牛弘議定律呂於
是博徵學者序論其法又未能決遇平江右得陳氏律管十有二枚並以付弘
遣曉音律者陳山陽太守毛爽及太樂令蔡子元于普明等以候節氣作律譜
時爽年老以白衣見高祖授淮州刺史辭不赴官因遣協律郎祖孝孫就其受
法弘又取此管吹而定聲既天下一統異代器物皆集樂府曉音律者頗議考
覈以定鍾律更造樂器以被皇夏十四曲高祖與朝賢聽之曰此聲滔滔和雅
令人舒緩然萬物人事非五行不生非五行不成非五行不滅故五行用火尺
其事火重用金尺則兵用木尺則喪用土尺則亂用水尺則律呂合調天下和

平魏及周齊貪布帛長度故用土尺今此樂聲是用水尺江東尺短於土長於水俗間不知者見玉作名爲玉尺見鐵作名爲鐵尺詔施用水尺律樂其前代金石並鑄毀之以息物議至仁壽四年劉焯上啓於東宮論張冑玄曆兼論律呂其大旨曰樂主於音音定於律音不以律不可克諧度律均鍾於是乎在但律終小呂數復黃鍾舊計未精終不復始故漢代京房妄爲六十而宋代錢樂之更爲三百六十考禮詮次豈有得然化未移風將恐由此匪直長短失於其差亦自管圍乖於其數又尺寸意定莫能詳考既亂管絃亦乖度量焯皆校定庶有明發其黃鍾管六十三爲實以次每律減三分以七爲寸法約之得黃鍾長九寸太蔟長八寸一分四釐林鍾長六寸應鍾長四寸二分八釐七分之四其年高祖崩煬帝初登未遑改作事遂寢廢其書亦亡大業二年乃詔改用梁表律調鍾磬八音之器比之前代最爲合古其制度文議幷毛爽舊律並在江都淪喪

律管圍容黍

漢志云黃鍾圍九分林鍾圍六分大蔟圍八分續志及鄭玄並云十二律空皆
徑三分圍九分後魏安豐王依班固志林鍾空圍六分及太蔟空圍八分作律
吹之不合黃鍾商徵之聲皆空圍九分乃與均鍾器合開皇九年平陳後牛弘
辛彥之鄭譯何妥等參考古律度各依時代制其黃鍾之管俱徑三分長九寸
度有損益故聲有高下圓徑長短與度而差故容黍不同今列其數云
晉前尺黃鍾容黍八百八粒
梁法尺黃鍾容八百二十八
梁表尺黃鍾三其一容九百二十五其一容九百一十其一容一千一百二十
漢官尺黃鍾容九百三十九
古銀錯題黃鍾籥容一千二百
宋氏尺即鐵尺黃鍾凡二其一容一千二百其一容一千四十七
後魏前尺黃鍾容一千一百一十五
後周玉尺黃鍾容一千二百六十七

後魏中尺黃鍾容一千五百五十五
後魏後尺黃鍾容一千八百一十九
東魏尺黃鍾容二千八百六十九
萬寶常水尺律母黃鍾容黍一千三百二十
梁表鐵尺律黃鍾副別者其長短及口空之圍徑並同而容黍或多或少皆是
作者旁庣其腹使有盈虛

候氣

後齊神武霸府田曹參軍信都芳深有巧思能以管候氣仰觀雲色嘗與人對語卽指天曰孟春之氣至矣人往驗管而飛灰已應每月所候言皆無爽又爲輪扇二十四埋地中以測二十四氣每一氣感則一扇自動他扇並住與管灰相應若符契焉開皇九年平陳後高祖遺毛爽及蔡子元于普明等以候節氣依古於三重密屋之內以木爲案十有二具每取律呂之管隨十二辰位置于案上而以土埋之上平於地中實葭莩之灰以輕緹素覆律口每其月氣至與

律冥符則灰飛衝素散出于外而氣應有早晚灰飛有多少或初入月其氣卽應或至中下旬閒氣始應者或灰飛出三五夜而盡或終一月纔飛少許者高祖異之以問牛弘弘對曰灰飛半出爲和氣吹灰全出爲猛氣吹灰不能出爲衰氣和氣應者其政平猛氣應者其臣縱衰氣應者其君暴高祖駁之曰臣縱君暴其政不平非月別而有異也今十二月律於一歲內應並不同安得暴君縱臣若斯之甚也弘不能對令爽等草定其法爽因稽諸故實以著于篇名曰律譜其略云臣爽按黃帝遣伶倫氏取竹于嶰谷聽鳳阿閣之下始造十二律焉乃致天地氣應是則數之始也陽管爲律陰管爲呂其氣以候四時其數以紀萬物云隸首作數蓋律之本也夫一十百千萬億兆者引而申焉曆度量衡出其中矣故有虞氏用律和聲鄒衍改之以定五始正朔服色亦由斯而別也夏正則人殷正則地周正則天孔子曰吾得夏時焉謂得氣數之要矣漢初與也而張蒼定律乃推五勝之法以爲水德實因戰國官失其守後秦滅學其道寖微蒼補綴之未獲詳究及孝武創制乃置協律之官用李延年以爲都尉頗

解新聲變曲未達音律之源故其服色不得而定也至于元帝自曉音律郎官
京房亦達其妙因使韋玄成等雜試問房房自敘云學焦延壽用六十律相生
之法以上生下皆三生二以下生上皆三生四陽下生陰陰上生陽乃還相爲
宮之正法也於後劉歆典領條奏著其始末理漸研精班氏漢志盡歆所出也
司馬彪志並房所出也至于後漢尺度稍長魏代杜夔亦制律呂以之候氣灰
悉不飛晉光祿大夫荀勖得古銅管校夔所制長古四分方知不調事由其誤
乃依周禮更造古尺用之定管聲韻始調左晉之後漸又訛謬至梁武帝時猶
有汲冢玉律宋蒼梧時鑽爲橫吹然其長短厚薄大體具存臣先人栖誠學算
於祖暅問律於何承天沈研三紀頗達其妙後爲太常丞典司樂職乃取玉管
及宋太史尺並以聞奏詔付大匠依樣制管自斯以後律又飛灰侯景之亂臣
兄喜於太樂得之後陳宣帝詔荊州爲質俄遇梁元帝敗喜沒於周適欲上聞
陳武帝立遂又以十二管衍爲六十律私候氣序並有徵應至太建時喜爲吏
部尚書欲以聞奏會宣帝崩後主嗣立出喜爲永嘉內史遂留家內貽諸子孫

陳亡之際竟並遺失今正十二管在太樂者陽下生陰始於黃鍾陰上生陽終
於中呂而一歲之氣畢於此矣中呂上生執始執始下生去滅終於南事六十
律候畢於此矣仲冬之月律中黃鍾黃鍾者首於冬至陽之始也應天之數而
長九寸十一月氣至則黃鍾之律應所以宣養六氣緝和九德也自此之後並
用京房律準長短宮徵次日而用凡十二律各有所攝引而申之至于六十亦
由八卦衍而重之以爲六十四也相生者相變始黃鍾之管下生林鍾以陽生
陰故變也相攝者相通如中呂之管攝於物應以母權子故相變者異時而各
應相通者同月而繼應應有早晚者非正律氣乃子律相感寄母中應也其律
大業末於江都淪喪

律直日

宋錢樂之因京房南事之餘更生三百律至梁博士沈重鍾律議曰易以三百
六十策當期之日此律曆之數也淮南子云一律而生五音十二律而爲六十
音因而六之故三百六十音以當一歲之日律曆之數天地之道也此則自古

而然矣重乃依淮南本數用京房之術求之得三百六十律各因月之本律以爲一部以一部律數爲母以一中氣所有日爲子以母命子隨所多少各一律所建日辰分數也以之分配七音則建日冬至之聲黃鍾爲宮太蔟爲商林鍾爲徵南呂爲羽姑洗爲角應鍾爲變宮蕤賓爲變徵五音七聲於斯和備其次日建律皆依次類運行當日者各自爲宮而商徵亦以次從以考聲徵氣辨識時序萬類所宜各順其節自黃鍾終於壯進一百五十律皆三分損一以下生自依行終於億兆二百九律皆三分益一以上生唯安運一律爲終不生其數皆取黃鍾之實十七萬七千一百四十七爲本以九三爲法各除其實得寸分及小分餘皆委之卽各其律之長也修其律部則上生下生宮徵之次也今略其名次云

黃鍾

包育 含微 帝德 廣運 下濟 剋終 執始 握鑒 持樞

黃中 通聖 潛升 殷普 景盛 滋萌 光被 咸亨 迺文

迺聖　微陽　分動　生氣　雲繁　鬱湮　升引　屯結　開元
質未　儍昧　逋建　玄中　玉燭　調風
右黃鍾一部三十四律每律直三十四分日之三十一
大呂
荄動　始贊　大有　坤元　輔時　匡弼　分否　又繁　唯微
棄望　庶幾　執義　秉強　陵陰　佋陽　識沈　緝熙　知道
適時　權變　少出　阿衡　同雲　承明　善述　休光
右大呂一部二十七律每律直一日及二十七分日之三
太蔟
未知　其己　義建　亭毒　條風　湊始　時息　達生　飽奏
初角　少陽　柔橈　商音　屈齊　扶弱　承齊　動植　咸擢
兼山　止速　隨期　龍躍　勾芒　調序　青要　結蕁　延敷
刑晉　辨秩　東作　贊揚　顯滯　俶落

右大蔟一部三十四律

夾鍾

明庶　協侶　陰贊　風從　布政　萬化　開時　震德　乘條

芬芳　散朗　淑氣　風馳　佚喜　蘱薰　四隙　種生　恣性

逍遙　仁威　爭南　旭旦　晨朝　生遂　羣分　絜新

右夾鍾一部二十七律

姑洗

南授　懷來　考神　方顯　攜角　洗陳　變虞　擢穎　嘉氣

始升　鄉雲　媚嶺　疏道　路時　日旅　實沈　炎風　首節

桑條　方結　刑始　方齊　物華　華蕤　茂實　登明　壯進　安運（下生）

依行　包育（上生）　少選　道從　朱徽　揚庭　含貞

右姑洗一部三十四律

中呂

朱明　啓運　景風　初綏　羽物　斯奮　南中　離春　率農

有程　南訛　敬致　相趣　內貞　朱草　含輝　屈軼　曜疇

已氣　清和　物應　戒蕤　荒落　貞軫　天庭　祚周

右中呂一部二十七律

蕤賓

南事京房終律　謐靜　則選　布萼　滿羸　潛動　感變　賓安

懷遠　聲暨　軌同　海水　息沴　離躬　安壯　崇明　遠眺

升中　鳳翥　朝陽　制時　瑞通　鶉火　乂次　高錟　其煌

右蕤賓一部二十七律

林鍾

謙侍　崇德　循道　方壯　陰升　靡慝　去滅　華鎖　朋慶

雲布　均任　仰成　寬中　安度　德均　無蹇　禮溢　智深

任肅　純恪　歸嘉　美音　温風　候節　蕢華　纁嶺　物無

否與　景口　曜井　日煥　重輪　財華

右林鍾一部三十四律

夷則

升商　清爽　氣精　陰德　白藏　御敘　鮮刑　貞剋　金天

劉獮　會道　歸仁　陰侶　去南　陽消　柔辛　延乙　和庚

靡卉　蕤晉　分積　孔脩　九德　咸蓋　僉惟　俾乂

右夷則一部二十七律

南呂

白呂　捐秀　斆實　素風　勁物　酉稔　結躬　肥遯　羸中

晟陰　抗節　威遠　有截　歸期　中德　王猷　允塞　蓐收

摶巒　搖落　未卬　質隨　分滿　道心　貞堅　蓄止　歸藏

夷汙　均義　悅使　亡勞　九有　光賁

右南呂一部三十四律

無射

思沖　懷謙　恭儉　休老　恤農　銷祥　閉奄　降婁　藏邃

日在　旋春　闇藏　明奎　鄰齊　軌衆　大蓄　嗇斂　下濟

息肩　無邊　期保　延年　秋深　野色　玄月　澄天

右無射一部二十七律

應鍾

分焉　祖徵　據始　功成　乂定　靜謐　遲內　無爲　而乂

姑射　凝晦　動寂　應徵　未育　萬機　萬壽　無疆　地久

天長　脩復　遲時　方制　無休　九野　八荒　億兆　安運

右應鍾一部二十八律

審度

史記曰夏禹以身爲度以聲爲律禮記曰丈夫布手爲尺周官云璧羨起度鄭

司農云羨長也此璧徑尺以起度量易緯通卦驗十馬尾爲一分淮南子云秋

分而禾蔈定蔈定而禾熟律數十二蔈而當一粟十二粟而當一寸蔈者禾穗芒也說苑云度量權衡以粟生一粟爲一分孫子算術云蠶所生吐絲爲忽十忽爲秒十秒爲豪十豪爲氂十氂爲分此皆起度之源其文舛互唯漢志度者所以度長短也本起黃鍾之長以子穀秬黍中者一黍之廣度之九十黍爲黃鍾之長一黍爲一分十分爲一寸十寸爲一尺十尺爲一丈十丈爲一引而五度審矣後之作者又憑此說以律度量衡並因秬黍散爲諸法其率可通故也黍有大小之差年有豐耗之異前代量校每有不同又俗傳訛替漸致增損今略諸代尺度一十五等幷異同之說如左

一周尺

漢志王莽時劉歆銅斛尺

後漢建武銅尺

晉泰始十年荀勗律尺爲晉前尺

祖沖之所傳銅尺

徐廣徐爰王隱等晉書云武帝泰始九年中書監荀勗校太樂八音不和始知爲後漢至魏尺長於古四分有餘勗乃部著作郎劉恭依周禮制尺所謂古尺也依古尺更鑄銅律呂以調聲韻以尺量古器與本銘尺寸無差又汲郡盜發魏襄王冢得古周時玉律及鍾磬與新律聲韻闇同于時郡國或得漢時故鍾吹新律命之皆應梁武鍾律緯云祖沖之所傳銅尺其銘曰晉泰始十年中書考古器揆校今尺長四分半所校古法有七品一曰姑洗玉律二曰小呂玉律三曰西京銅望臬四曰金錯望臬五曰銅斛六曰古錢七曰建武銅尺姑洗微強西京望臬微弱其餘與此尺同（銘八十二字）此尺者勗新尺也今尺者杜夔尺也雷次宗何胤之二人作鍾律圖所載荀勗校量古尺文與此銘同而蕭吉樂譜謂爲梁朝所考七品謬也今以此尺爲本以校諸代尺云

二晉田父玉尺

梁法尺實比晉前尺一尺七氂

世說稱有田父於野地中得周時玉尺便是天下正尺荀勗試以校尺所造金

石絲竹皆短校一米梁武帝鍾律緯稱主衣從上相承有周時銅尺一枚古玉律八枚檢主衣周尺東昏用爲章信尺不復存玉律一口蕭餘定七枚夾鍾有昔題刻迺制爲尺以相參驗取細毫中黍積次訓定今之最爲詳密長祖沖之尺校半分以新尺制爲四器名爲通又依新尺爲笛以命古鍾按刻夷則以笛命飲和韻夷則定合案此兩尺長短近同

三梁表尺實比晉前尺一尺二分二釐一毫有奇

蕭吉云出於司馬法梁朝刻其度於影表以測影案此即奉朝請祖暅所算造銅圭影表者也經陳滅入朝大業中議以合古乃用之調律以制鍾磬等八音樂器

四漢官尺實比晉前尺一尺三分七毫

晉時始平掘地得古銅尺

蕭吉樂譜云漢章帝時零陵文學史奚景於泠道縣舜廟下得玉律度爲此尺傅暢晉諸公讚云荀勖造鍾律時人並稱其精密唯東留阮咸譏其聲高後始

平掘地得古銅尺歲久欲腐以校荀勖今尺短校四分時人以咸爲解此兩尺長短近同

五魏尺杜夔所用調律比晉前尺一尺四分七氂魏陳留王景元四年劉徽注九章云王莽時劉歆斛尺弱於今尺四寸五氂比魏尺其斛深九寸五分五氂卽晉荀勖所云杜夔尺長於今尺四分半是也

六晉後尺實比晉前尺一尺六分二氂蕭吉云晉氏江東所用

七後魏前尺實比晉前尺一尺二寸七氂

八中尺實比晉前尺一尺二寸一分一氂

九後尺實比晉前尺一尺二寸八分一氂卽開皇官尺及後周市尺

後周市尺比玉尺一尺九分三氂

開皇官尺卽鐵尺一尺二寸

此後魏初及東西分國後周未用玉尺之前雜用此等尺甄鸞算術云周朝市

尺得玉尺九分二氂或傳梁時有誌公道人作此尺寄入周朝云與多鬚老翁

周太祖及隋高祖各自以爲謂己周朝人間行用及開皇初著令以爲官尺百

司用之終于仁壽大業中人間或私用之

十東魏尺實比晉前尺一尺五寸八毫

此是魏中尉元延明累黍用半周之廣爲尺齊朝因而用之魏收魏史律曆志

云公孫崇永平中更造新尺以一黍之長累爲寸法尋太常卿劉芳受詔脩樂

以秬黍中者一黍之廣卽爲一分而中尉元匡以一黍之廣度黍二縫以取一

分三家紛競久不能決大和十九年高祖詔以一黍之廣用成分體九十之黍

黃鍾之長以定銅尺有司奏從前詔而芳尺同高祖所制故遂典脩金石迄武

定未有論律者

十一蔡邕銅籥尺

後周玉尺實比晉前尺一尺一寸五分八氂

從上相承有銅籥一以銀錯題其銘曰籥黃鍾之宮長九寸空圍九分容秬黍

一千二百粒稱重十二銖兩之爲一合三分損益轉生十二律祖孝孫云相承
傳是蔡邕銅籥後周武帝保定中詔遣大宗伯盧景宣上黨公長孫紹遠岐國
公斛斯徵等累黍造尺從橫不定後因修倉掘地得古玉斗以爲正器據斗造
律度量衡因用此尺大赦改元天和百司行用終於大象之末其律黃鍾與蔡
邕古籥同

十二宋氏尺實比晉前尺一尺六分四釐

錢樂之渾天儀尺

後周鐵尺

開皇初調鍾律尺及平陳後調鍾律水尺此宋代人間所用尺傳入齊梁陳以
制樂律與晉後尺及梁時俗尺劉曜渾天儀尺略相依近當由人間恆用增損
訛替之所致也周建德六年平齊後卽以此同律度量頒于天下其後宣帝時
達奚震及牛弘等議曰竊惟權衡度量經邦懋軌誠須詳求故實考校得衷謹
尋今之鐵尺是太祖遺尙書故蘇綽所造當時檢勘用爲前周之尺驗其長短

與宋尺符同即以調鍾律并用均田度地今以上黨羊頭山黍依漢書律曆志度之若以大者稠累依數滿尺實於黃鍾之律須撼乃容若以中者累尺雖復小稀實於黃鍾之律不動而滿計此二事之殊良由消息未善其於鐵尺終有一會且上黨之黍有異他鄉其色至烏其形圓重用之爲量定不徒然正以時有水旱之差地有肥瘠之異取黍大小未必得中案許慎解秬黍體大本異於常疑今之大者正是其中累百滿尺即是會古實籥之外纔剩十餘此恐圍徑或差造律未妙就如撼動取滿論理亦通今勘周漢古錢大小有合宋氏渾儀尺度無舛又依淮南累粟十二成寸明先王制法索隱鉤深以律計分義無差異漢書食貨志云黃金方寸其重一斤今鑄金校驗鐵尺爲近依文據理符會處多且平齊之始已用宣布今因而爲定彌合時宜至於玉尺累黍以廣爲長累既有剩實復不滿尋訪古今恐不可用其晉梁尺量過爲短小以黍實管彌復不容據律調聲必致高急且八音克諧明王盛範同律度量哲后通規臣等詳校前經斟量時事謂用鐵尺於理爲便未及詳定高祖受終牛弘辛彥之鄭

譯何妥等久議不決既平陳上以江東樂爲善曰此華夏舊聲雖隨俗改變大體猶是古法祖孝孫云平陳後廢周玉尺律便用此鐵尺律以一尺二寸卽爲市尺

十三開皇十年萬寶常所造律呂水尺實比晉前尺一尺一寸八分六釐今太樂庫及內出銅律一部是萬寶常所造名水尺律說稱其黃鍾律當鐵尺南呂倍聲南呂黃鍾羽也故謂之水尺律

十四雜尺趙劉曜渾天儀土圭尺長於梁法尺四分三釐實比晉前尺一尺五分

十五梁朝俗間尺長於梁法尺六分三釐短於劉曜渾儀尺二分實比晉前尺一尺七分一釐梁武鍾律緯云宋武平中原送渾天儀土圭云是張衡所作驗渾儀銘題是光初四年鑄土圭是光初八年作並是劉曜所制非張衡也制以爲尺長今新尺四分三釐短俗間尺二分新尺謂梁法尺也

嘉量

周禮㮚氏爲量鬴深尺內方尺而圜其外其實一鬴其臀一寸其實一豆其耳三寸其實一升重一鈞其聲中黃鍾槩而不稅其銘曰時文思索允臻其極嘉量既成以觀四國永啓厥後茲器維則春秋左氏傳曰齊舊四量豆區鬴鍾四升曰豆各自其四以登於鬴六斗四升也鬴十則鍾六十四斗也鄭玄以爲方尺積千寸比九章粟米法少二升八十一分升之一十二祖沖之以算術考之積凡一千五百六十二寸半方寸而圜其外減傍一釐八毫其徑一尺四寸一分四毫七秒二忽有奇而深尺卽古斛之制也九章商功法程粟一斛積二千七百寸米一斛積一千六百二十寸菽荅麻麥一斛積二千四百三十寸此據精麤爲率使價齊而不等其器之積寸也以米斛爲正則同于漢志孫子算術曰六粟爲圭十圭爲秒十秒爲撮十撮爲勺十勺爲合應劭曰圭者自然之形陰陽之始四圭爲撮孟康曰六十四黍爲圭漢志曰量者龠合升斗斛也所以量多少也本起於黃鍾之龠用度數審其容以子穀秬黍中者千有二百實其龠以井水準其概十龠爲合十合爲升十升爲斗十斗爲斛而五量嘉矣其法

用銅方尺而圜其外旁有庣焉其上爲斛其下爲斗左耳爲升右耳爲合龠其狀似爵以縻爵祿上三下二參天兩地圜而函方左一右二陰陽之象也其圜象規其重二鈞備氣物之數合萬有一千五百二十也聲中黃鍾始於黃鍾而反覆焉其斛銘曰律嘉量斛方尺而圜其外庣旁九釐五毫羃百六十二寸深尺積一千六百二十寸容十斗祖沖之以圓率考之此斛當徑一尺四寸三分六釐一毫九秒三忽庣旁一分九毫有奇劉歆庣旁少一釐四毫有奇歆數術不精之所致也

魏陳留王景元四年劉徽注九章商功曰當今大司農斛圓徑一尺三寸五分五釐深一尺積一千四百四十一寸十分之三王莽銅斛於今尺爲深九寸五分五釐徑一尺三寸六分八釐七毫以徽術計之於今斛爲容九斗七升四合有奇此魏斛大而尺長王莽斛小而尺短也

梁陳依古齊以古升五升爲一斗後周武帝保定元年辛巳五月晉國造倉獲古玉升暨五年乙酉冬十月詔改制銅律度遂致中和累黍積龠同茲玉量與

衡度無差准爲銅升用頒天下內徑七寸一分深二寸八分重七斤八兩天和二年丁亥正月癸酉朔十五日戊子校定移地官府爲式此銅升之銘也其玉升銘曰維大周保定元年歲在重光月旅蕤賓晉國之有司修繕倉廩獲古玉升形制典正若古之嘉量太師晉國公以聞勅納於天府暨五年歲在協洽皇帝迺詔稽準繩考灰律不失圭撮不差累黍遂鎔金寫之用頒天下以合太平權衡度量今若以數計之玉升積玉尺一百一十寸八分有奇斛積一千一百八十五分七氂三毫九秒又甄鸞算術云玉升一升得官斗一升三合四勺此玉升大而官斗小也以數計之甄鸞所據後周官斗積玉尺九十七寸有奇斛積九百七十七寸有奇後周玉斗并副金錯銅斗及建德六年金錯題銅斗實同以秬黍定量以玉稱權之一升之實皆重六斤十三兩開皇以古斗三升爲一升大業初依復古斗

衡權

衡者平也權者重也衡所以任權而均物平輕重也其道如底以見準之正繩

之直左旋見規右折見矩其在天也佐助璇璣斟酌建指以齊七政故曰玉衡權者銖兩斤鈞石也以稱物平施知輕重也古有黍絫錘錙鐶鈎鋝鎰之目歷代差變其詳未聞前志曰權本起於黃鍾之重一龠容千二百黍重十二銖兩之爲兩二十四銖爲兩十六兩爲斤三十斤爲鈞四鈞爲石五權謹矣其制以義立之以物鈞之其餘大小之差以輕重爲宜圜而環之令之肉倍好者周旋亡端終而復始亡窮已也權與物鈞而生衡衡運生規規圓生矩矩方生繩繩直生準準正則衡平而鈞權矣是爲五則備于鈞器以爲大範案趙書石勒十八年七月造建德殿得圓石狀如水碓其銘曰律權石重四鈞同律度量衡有辛氏造續咸議是王莽時物後魏景明中幷州人王顯達獻古銅權一枚上銘八十一字其銘云律權石重四鈞又云黃帝初祖德帀于虞虞帝始祖德帀于辛歲在大梁龍集戊辰直定天命有人據土德受正號即真改正建丑長壽隆崇同律度量衡稽當前人龍在己巳歲次實沈初班天下萬國永遵子子孫孫享傳億年此亦王莽所制也其時大樂令公孫崇依漢制先修稱尺及見此權

以新稱稱之重一百二十斤新稱與權合若符契於是付崇調樂孝文時一依

漢志作斗尺

梁陳依古稱齊以古稱一斤八兩爲一斤周玉稱四兩當古稱四兩半開皇以

古稱三斤爲一斤大業中依復古稱

隋書卷十六

隋書卷十六考證

律歷志上女媧笙篁○篁字疑應作簧各本並同仍之

七始詠以出納五言○臣召南按漢書律歷志引尚書作七始詠是也此志應作詠詠訓二字相似而轉寫誤耳七始之說詳於漢志

夫律者所以立鈞出度○國語原文作立均是也此志數處並作鈞又引詩秉國之均亦作鈞理不可解

所著之書名爲綴術○臣召南按經籍志有綴術六卷不言撰人當即祖冲之所著也南史祖冲之傳作注九章造綴述數十篇則訛以術爲述字

殿前三鐘悉是周景王所鑄無射也○臣召南按三代樂器流傳最遠者莫如此事左傳昭二十一年天王將鑄無射孔疏曰秦滅周其鐘徙於長安歷漢魏晉常在長安及劉裕滅姚泓又移於江東歷宋齊梁陳時鐘猶在東魏使魏收聘梁收作聘遊賦云珍是淫器無射在縣是也及開皇九年平陳又遷於西京置太常寺時人悉得見之至十五年敕毀之可爲此文之證

於劉曜渾儀尺二分〇臣召南按於字上當有短字此句實連上文長於梁法尺六分三釐也各本俱自爲行又脫短字遂不可解今移正

隋書卷十六考證

隋書卷十七

唐太尉揚州都督監修國史上柱國趙國公臣長孫無忌等撰

律曆志第十二

律曆中

夫曆者紀陰陽之通變極往數以知來可以迎日授時先天成務者也然則懸象著明莫大於二曜氣序環復無信於四時日月相推而明生矣寒暑迭進而歲成焉遂能成天地之文極乾巛之變天數五地數五五位相乘而各有合天數二十有五地數三十凡天地之數五十有五所以成變化而行鬼神也乾之策二百一十有六巛之策一百四十有四凡三百六十以當期之日也至乃陰陽迭用剛柔相摩四象既陳八卦成列此乃造文之元始創曆之厥初者歟洎乎炎帝分八節軒轅建五部少昊以鳳鳥司曆顓頊以南正司天陶唐則分命和仲夏后乃備陳鴻範湯武革命咸率舊章然文質既殊正朔斯革故天子置日官諸侯有日御以和萬國以叶三辰至於寒暑晦明之徵陰陽生殺之數啓

閉升降之紀消息盈虛之節皆應躔次而不淫遂得該浹生靈堪輿天地開物成務致遠鉤深周德既衰史官廢職疇人分散禨祥莫理秦兼天下頗推五勝自以獲水德之瑞以十月爲正漢氏初興多所未暇百有餘載猶行秦曆至于孝武改用夏正時有古曆六家學者疑其紕繆劉向父子咸加討論班固因之採以爲志光武中興未能詳考逮于永平之末乃復改行四分七十餘年儀式方備其後復命劉洪蔡邕共修律曆司馬彪用之以續班史當塗受命亦有史官韓翊創之於前楊偉繼之於後咸遵劉洪之術未及洪之深妙中左兩晉迭有增損至於西涼亦爲蔀法事迹糺紛未能詳記宋氏元嘉何承天造曆迄于齊末相仍用之梁武初興因循齊舊天監中年方改行宋祖沖之甲子元曆陳武受禪亦無創改後齊文宣用宋景業曆西魏入關行李業興曆逮於周武帝乃有甄鸞造甲寅元曆遂參用推步焉大象之初太史上士馬顯又上景寅元曆便即行用迄于開皇四年乃改用張賓曆十七年復行張胄玄曆至于義寧

今采梁天監以來五代損益之要以著于篇云

梁初因齊用宋元嘉曆天監三年下詔定曆員外散騎侍郎祖暅奏曰臣先在
晉已來世居此職仰尋黃帝至今十二代曆元不同周天斗分疏密亦異當代
用之各垂一法宋大明中臣先人考古法以爲正曆垂之于後事皆符驗不可
改張八年暅又上疏論之詔使太史令將匠道秀等候新舊二曆氣朔交會及
七曜行度起八年十一月訖九年七月新曆密舊曆疏暅乃奏稱史官今所用
何承天曆稍與天乖緯緒參差不可承案被詔付靈臺與新曆對課疏密前期
百日幷又再申始自去冬終于今朔得失之効竝已月別啓聞夫七曜運行理
數深妙一失其源則歲積彌爽所上脫可施用宜在來正至九年正月用祖沖
之所造甲子元曆頒朔至大同十年制詔更造新曆以甲子爲元六百一十九
爲章歲一千五百三十六爲日法一百八十三年冬至差一度月朔以遲疾定
其小餘有三大二小未及施用而遭侯景亂遂寢陳氏因梁亦用祖沖之曆更
無所創改
後齊文宣受禪命散騎侍郎宋景業叶圖讖造天保曆景業奏依握誠圖及元

命包言齊受錄之期當魏終之紀得乘三十五以爲蔀應六百七十六以爲章
文宣大悅乃施用之期曆統曰上元甲子至天保元年庚午積十一萬五百六
算外章歲六百七十六度法二萬三千六百六十斗分五千七百八十七曆餘
十六萬二千二百六十一至後主武平七年董峻鄭元偉立議非之曰宋景業
移閏於天正退命於冬至交會之際承二大之後三月之交妄減平分臣案景
業學非探賾識殊深解有心改作多依舊章唯寫子換母頗有變革妄誕穿鑿
不會眞理乃使日之所在差至八度節氣後天閏先一月朔望虧食旣未能知
其表裏遲疾之曆步又不可以傍通妄設平分虛退冬至虛退則日數減於周
年平分妄設故加時差於異日五星見伏有違二旬遲疾逆留或乖兩宿軌䠶
之術妄刻水旱今上甲寅元曆並以六百五十七爲率二萬二千三百三十八
爲蔀五千四百六十一爲斗分甲寅歲甲子日爲元紀又有廣平人劉孝孫張
孟賓二人同知曆事孟賓受業於張子信並棄舊事更制新法又有趙道嚴準
晷影之長短定日行之進退更造盈縮以求虧食之期劉孝孫以百一十九爲

章八千四十七爲紀九百六十六爲歲餘甲子爲上元命日度起虛中張孟賓以六百一十九爲章四萬八千九百爲紀九百四十八爲日法萬四千九百四十五爲斗分元紀共命法略旨遠日月五星並從斗十一起盈縮轉度陰陽分至與漏刻相符共日影俱合循轉無窮上拒春秋下盡天統日月虧食及五星所在以二人新法考之無有不合其年訖于敬禮及曆家豫刻日食疎密六月戊申朔太陽虧劉孝孫言食於卯時張孟賓言食於申時鄭元偉董峻言食於辰時宋景業言食於巳時至日食乃於卯辰之間其言皆不能中爭論未定遂屬國亡

西魏入關尚行李業興正光曆法至周明帝武成元年始詔有司造周曆於是露門學士明克讓麟趾學士庾季才及諸日者採祖暅舊議通簡南北之術自斯已後頗覩其謬故周齊並時而曆差一日克讓儒者不處日官以其書下于太史及武帝時甄鸞造天和曆上元甲寅至天和元年丙戌積八十七萬五千七百九十二算外章歲三百九十一蔀法二萬三千四百六十日法二十九萬

一百六十朔餘十五萬三千九百九十一斗分五千七百三十一會餘九萬三千五百一十六曆餘一十六萬八百三十冬至斗十五度參用推步終於宣政元年大象元年太史上士馬顯等又上景寅元曆抗表奏曰臣案九章五紀之旨三統四分之說咸以節宣發斂考詳晷緯布政授時以爲皇極者也而乾維難測斗憲易差盈縮之期致舛咎徵之道斯應寧止蛇或乘龍水能沴火因亦玉羊掩曜金雞喪精王化關以盛衰有國由其隆替曆之時義於斯爲重自炎漢已還迄於有魏運經四代事涉千年日御天官不乏於世命元班朔互有沿改驗近則疊璧應辰經遠則連珠失次義難循舊其在茲乎大周受圖膺籙牢籠萬古時夏乘殷斟酌前代曆變壬子元用甲寅高祖武皇帝索隱探賾盡性窮理以爲此曆雖行未臻其妙爰降詔旨博訪時賢并勅太史上士馬顯等更事刊定務得其宜然術藝之士各封異見凡所上曆合有八家精麤踳駮未能盡善去年冬孝宣皇帝乃詔臣等監考疎密更令同造謹案史曹舊簿及諸家法數棄短取長共定今術開元發統肇自景寅至於兩曜虧食五星伏見參校

積時最爲精密庶鐵炭輕重無失寒燠之宜灰箭飛浮不爽陰陽之度上元景寅至大象元年己亥積四萬一千五百五十四算上日法五萬三千五百六十三亦名蔀會法章歲四百四十八斗分三千一百六十七蔀法一萬二千九百九十二章中爲章會法日法五萬三千五百六十三曆餘二萬九千六百九十三會日百七十三會餘一萬六千六百一十九冬至日在斗十二度小周餘盈縮積其曆術別推入蔀會分用陽率四百九十九陰率九每十二月下各有日月蝕轉分推步加減之乃爲定蝕大小餘而求加時之正其術施行時高祖作輔方行禪代之事欲以符命曜于天下道士張賓揣知上意自云玄相洞曉星曆因盛言有代謝之徵又稱上儀表非人臣相由是大被知遇恆在幕府及受禪之初擢賓爲華州刺史使與儀同劉暉驃騎將軍董琳索盧縣公劉祐前太史上士馬顯太學博士鄭元偉前保章上士任悅開府掾張徹前盪邊將軍張膺之校書郎衡洪建太史監候粟相太史司曆郭翟劉宜兼算學博士張乾敘門下參人王君瑞荀隆伯等議造新曆仍令太常卿盧賁監之賓等依何承天

法微加增損四年二月撰成奏上高祖下詔曰張賓等存心算數通洽古今每有陳聞多所啓沃畢功表奏具已披覽使後月復育不出前晦之宵前月之餘罕留後朔之旦減朓就朒懸殊舊準月行表裏厥途乃異日交弗食由循陽道驗時轉算不越纖毫逖聽前修斯祕未啓有一於此實爲精密宜頒天下依法施用張賓所造曆法其要以上元甲子已巳已來至開皇四年歲在甲辰積四百一十二萬九千一算上

蔀法一十萬二千九百六十

章歲四百二十九

章月五千三百六

通月五百三十七萬二千二百九

日法一十八萬一千九百二十

斗分二萬五千六十三

會月一千二百九十七

會率二百二十一
會數一百一十半
會分一十一億八千七百二十五萬八千一百八十九
會日法四千二十萬四千三百二十
會日百七十三
餘五萬六千一百四十三
小分一百一十
交法五億一千二百一十萬四千八百
交分法二千八百一十五
陰陽曆一十三
餘十一萬二百六十三
小分二千三百二十八
朔差二

餘五萬七千九百二十一
小分九百七十四
蝕限一十二
餘八萬一千三百三
小分四百三十三半
定差四萬四千五百四十八
周日二十七
餘一十萬八百五十九亦名少大法
木精曰歲星合率四千一百六萬三千八百八十九
火精曰熒惑合率八千二十九萬七千九百二十六
土精曰鎮星合率三千八百九十二萬五千四百一十三
金精曰太白合率六千一十一萬九千六百五十五
水精曰辰星合率一千一百九十三萬一千一百二十五

張賓所創之曆既行劉孝孫與冀州秀才劉焯竝稱其失言學無師法刻食不中所駮凡有六條其一云何承天不知分閏之有失而用十九年之七閏其二云賓等不解宿度之差改而冬至之日守常度其三云連珠合璧七曜須同乃以五星別元其四云賓等唯知日氣餘分恰盡而爲立元之法不知日月不合不成朔旦冬至其五云賓等但守立元定法不須明有進退其六云賓等唯識轉加大餘二十九以爲朔不解取日月合會准以爲定此六事微妙曆數大綱聖賢之通術而暉未曉此實管窺之謂也若乃驗影定氣何氏所優賓等推測去之彌遠合朔順天何氏所劣賓等依據循彼迷蹤蓋是失其菁華得其糠粃者也又云魏明帝時有尚書郎楊偉修景初曆乃上表立義駮難前非云加時後天食不在朔然觀楊偉之意故以食朔爲真未能詳之而制其法至宋元嘉中何承天著曆其上表云月行不定或有遲疾合朔月食不在朔望亦非曆之意也然承天本意欲立合朔之術遭皮延宗飾非致難故事不得行至後魏獻帝時有龍宜弟復修延興之曆又上表云日食不在朔而習之不廢據春秋書

食乃天之驗朔也此三人者前代善曆皆有其意未正其書但曆數所重唯在
朔氣朔爲朝會之首氣爲生長之端朔有告餼之文氣有郊迎之典故孔子命
曆而定朔旦冬至以爲將來之範今孝孫曆法竝按明文以月行遲疾定其合
朔欲令食必在朔不在晦二之日也縱使頻月一小三大得天之統大抵其法
有三今列之云
第一勘日食證恆在朔引詩云十月之交朔日辛卯日有食之今以甲子元曆
術推算符合不差春秋經書日合三十五二十七日食經書有朔推與甲子元
曆不差八食經書竝無朔字左氏傳云不書朔官失之也公羊傳云不言朔者
食二日也穀梁傳云不言朔者食晦也今以甲子元曆推算俱是朔日丘明受
經夫子於理尤詳公羊穀梁皆臆說也
春秋左氏隱公三年二月己巳日有食之推合己巳朔
莊公十八年春三月日有食之推合壬子朔
僖公十二年三月庚午日有食之推合庚午朔

十五年夏五月日有食之（推合癸未朔）

襄公十五年秋八月丁巳日有食之（推合丁巳朔）

前後漢及魏晉四代所記日食朔晦及先晦都合一百八十一今以甲子元曆術推之並合朔日而食

前漢合有四十五食（三食並先晦一日三十二食並皆晦日十食並是朔日）

後漢合有七十四食（三十七食並皆晦日三十七食並皆朔日）

魏合有十四食（四食並皆晦日十食並皆朔日）

晉合有四十八食（二十五食並皆晦日二十三食並皆朔日）

第二勘度差變驗

尚書云日短星昴以正仲冬即是唐堯之時冬至之日日在危宿合昏之時昴正午案竹書紀年堯元年丙子今以甲子元曆術推算得合堯時冬至之日合昏之時昴星正午漢書武帝太初元年丁丑歲洛下閎等考定太初曆冬至之日日在牽牛初今以甲子元曆術算即得斗末牛初矣晉時有姜岌又以月食

驗於日度知冬至之日日在斗十七度宋文帝元嘉十年癸酉歲何承天考驗
乾度亦知冬至之日日在斗十七度雖言冬至後上三日前後通融只合在斗
十七度但堯年漢日所在既殊唯晉及宋所在未改故知其度理有變差至今
大隋甲辰之歲考定曆數象以稽天道知冬至之日日在斗十三度
第三勘氣影長驗
春秋緯命曆序云魯僖公五年正月壬子朔旦冬至今以甲子元曆術推算得
合不差宋書元嘉十年何承天以土圭測影知冬至已差三日詔使付外考驗
起元嘉十三年爲始畢元嘉二十年八年之中冬至之日恆與影長之日差校
三日今以甲子元曆術推算但是冬至之日恆與影長之符合不差詳之如左
十三年景子
天正十八日曆注冬至
十五日影長
即是今曆冬至日

十四年丁丑
天正二十九日曆注冬至
二十六日影長
即是今曆冬至日
十五年戊寅
天正十一日曆注冬至
陰無影可驗
今曆八日冬至
十六年己卯
天正二十一日曆注冬至
十八日影長
即是今曆冬至日
十七年庚辰

天正二日曆注冬至
十月二十九日影長
即是今曆冬至日
十八年辛巳
天正十三日曆注冬至
十一日影長
即是今曆冬至日
十九年壬午
天正二十九日曆注冬至
陰無影可驗
今曆二十二日冬至
二十年癸未
天正六日曆注冬至

三日影長

卽是今曆冬至日

于時新曆初頒賓有寵於高祖劉暉附會之被升爲太史令二人叶議共短孝孫言其非毀天曆率意迂恠焯又妄相扶證惑亂時人孝孫焯等竟以他事斥罷後賓死孝孫爲掖縣丞委官入京又上前後爲劉暉所詰事寢不行仍留孝孫直太史累年不調寓宿觀臺乃抱其書弟子輿櫬來詣闕下伏而慟哭執法拘以奏之高祖異焉以問國子祭酒何妥妥言其善卽日擢授大都督遣與賓曆比校短長先是信都人張冑玄以算術直太史久未知名至是與孝孫共短賓曆異論鋒起久之不定至十四年七月上令參問日食事楊素等奏太史凡奏日食二十有五唯一晦三朔依尅而食尚不得其時又不知所起他皆無驗冑玄所尅前後妙衷時起分數合如符契孝孫所尅驗亦過半於是高祖引孝孫冑玄等親自勞徠孝孫因請先斬劉暉乃可定曆高祖不懌又罷之俄而孝孫卒楊素牛弘等傷惜之又薦冑玄上召見之冑玄因言日長景短之事高祖

大悅賞賜甚厚令與參定新術劉焯聞胄玄進用又增損孝孫曆法更名七曜新術以奏之與胄玄之法頗相乖爽袁充與胄玄害之焯又罷至十七年胄玄曆成奏之上付楊素等校其短長劉暉與國子助教王頍等執舊曆術迭相駁難與司曆劉宜援據古史影等駁胄玄云命曆序僖公五年天正壬子朔旦日至左氏傳僖公五年正月辛亥朔日南至張賓曆天正壬子朔冬至合命曆序差傳一日張胄玄曆天正壬子朔合命曆序差傳一日三日甲寅冬至差命曆序二日差傳三日成公十二年命曆序天正辛卯朔旦日至張賓歷天正辛卯朔冬至合命曆序張胄玄曆天正辛卯朔合命曆序二日壬辰冬至差命曆序一日昭公二十年春秋左氏傳二月己丑朔日南至準命曆序庚寅朔旦日至張賓曆天正庚寅朔冬至並合命曆序差傳一日張胄玄曆天正庚寅朔合命曆序差傳一日二日辛卯冬至差命曆序一日差傳二日宜案命曆序及春秋左氏傳並閏餘盡之歲皆須朔旦冬至若依命曆序勘春秋三十七食合處至多若依左傳合者至少是以知傳爲錯今張胄玄信情置閏命曆序及傳氣朔

竝差又宋元嘉冬至影有七張賓曆合者五差者二亦在前一日張胄玄曆合
者三差者四在後一日元嘉十二年十一月甲寅朔十五日戊辰冬至日影長
張賓曆合戊辰冬至張胄玄曆己巳冬至差後一日十三年十一月己酉朔二
十六日甲戌冬至日影長張賓曆癸酉冬至差前一日張胄玄曆合甲戌冬至
十五年十一月丁卯朔十八日甲申冬至日影長二曆竝合甲申冬至十六年
十一月辛酉朔二十九日己丑冬至日影長張賓曆合己丑冬至張胄玄曆庚
寅冬至差後一日十七年十一月乙酉朔十日甲午冬至日影長張賓曆合甲
午冬至張胄玄曆乙未冬至差後一日十八年十一月己卯朔二十一日己亥
冬至日影長張賓曆合己亥冬至張胄玄曆庚子冬至差後一日十九年十一
月癸卯朔三日乙巳冬至日影長張賓曆甲辰冬至差前一日張胄玄曆合乙
巳冬至又周從天和元年丙戌至開皇十五年乙卯合得冬夏至日影一十四
張賓曆合得者十差者四三差前一日一差後一日張胄玄曆合者五差者九
八差後一日一差前一日天和二年十一月戊戌朔三日庚子冬至日影長張

賓曆合庚子冬至張胄玄曆辛丑冬至差後一日三年十一月壬辰朔十四日乙巳冬至日影長張賓曆合乙巳冬至張胄玄曆景午冬至差後一日建德元年十一月己亥朔二十九日丁卯冬至日影長張賓曆丙寅冬至差前一日張胄玄曆合丁卯冬至二年五月丙寅朔三日戊辰夏至日影短張賓曆己巳夏至差後一日張胄玄曆庚午夏至差後二日三年十一月戊午朔二十日丁丑冬至日影長張賓曆合丁丑冬至張胄玄曆戊寅冬至差後一日六年十一月庚午朔二十三日壬辰冬至日影長張賓曆合壬辰冬至張胄玄曆癸巳冬至差後一日宣政元年十一月甲午朔五日戊戌冬至日影長兩曆並合戊戌冬至開皇四年十一月己未朔十一日己巳冬至日影長張賓曆合己巳冬至張胄玄曆庚午冬至差後一日五年十一月甲寅朔二十二日乙亥冬至日影長張賓曆甲戌冬至差前一日張胄玄曆合庚辰冬至七年五月乙亥朔九日癸未夏至日影短張賓曆壬午夏至差前一日張胄玄曆合癸未夏至十一月壬申朔十四日乙酉冬至日影長張賓曆合乙酉冬至張胄玄曆丙戌冬至差後

一日十一年十一月己卯朔二十八日丙午冬至日影長張賓曆合丙午冬至
張胄玄曆丁未冬至差後一日十四年十一月辛酉朔旦冬至張賓曆合十一
月辛酉朔旦冬至張胄玄曆十一月辛酉朔二日壬戌冬至差後一日建德四
年四月大乙酉朔三十日甲寅月晨見東方張賓曆四月大乙酉朔三十日甲
寅月晨見東方張胄玄曆四月小乙酉朔五月大甲寅朔月晨見東方宜案影
極長爲冬至影極短爲夏至二至自古史分可勘者二十四其二十一有影三
有至日無影見行曆合一十八差者六旅騎尉張胄玄曆合者八差者一十六
二差後二日一十四差後一日又開皇四年在洛州測冬至影與京師二處進
退絲毫不差周天和已來案驗並在後更檢得建德四年晦朔東見張胄玄曆
五月朔日月晨見東方今十七年張賓曆閏七月張胄玄曆閏五月又審至以
定閏胄玄曆至既不當故知置閏必乖見行曆四月五月頻大張胄玄曆九月
十月頻大爲胄玄朔弱頻大在後晨故朔日殘月晨見東方宜又案開皇四年
十二月十五日癸卯依曆月行在鬼三度時加酉月在卯上食十五分之九虧

起西北今伺候一更一籌起食東北角十五分之十至四籌還生至二更一籌
復滿五年六月三十日依曆太陽虧日在七星六度加時在午少強上食十五
分之一半強虧起西南角今伺候日乃在午後六刻上始食虧起西北角十五
分之六至未後一刻還生至五刻復滿六年六月十五日依曆太陰虧加時酉
在卯上食十五分之九半弱虧起西南當其時陰雲不見月至辰巳雲裏見月
已食三分之二虧從東北即還雲合至巳午閒稍生至午後雲裏蹔見已復滿
十月三十日丁丑依曆太陽虧日在斗九度時加在辰少弱上食十五分之九
強虧起東北角今候所見日出山一丈辰二刻始食虧起正西食三分之二辰
後二刻始生入巳時三刻上復滿十年三月十六日癸卯依曆月行在氐七度
時加戌月在辰太半上食十五分之七半強虧起東北今候月初出卯南帶半
食出至辰初三分可食二分許漸生辰未巳復滿見行曆九月十六日庚子月
行在胃四度時加丑月在未半強上食十分之三半強虧起正東今伺候月以
午後二刻食起正東須臾如南至未正上食南畔五分之四漸生入申一刻半

復滿十二年七月十五日己未依曆月行在室七度時加戌月在辰太強上食十五分之十二半弱虧起西北今伺候一更三籌起西北上食准三分之二強與曆注同十三年七月十六日依曆月在申半強上食十五分之半弱虧起西南十五日夜從四更候月五更一籌起東北上食半強入雲不見十四年七月一日依曆時加巳弱上食十五分之十二半強至未後三刻日乃食虧起西北食半許入雲不見食頃暫見猶未復生因即雲鄣十五年十一月十六日庚午依曆月行在井十七度時加亥月在巳半上食十五分之九半強虧西北其夜一更四籌後月在辰上起食虧東南至二更三籌月在巳上食三分之二許漸生至三更一籌月在丙上復滿十六年十一月十六日乙丑依曆月行在井十七度時加丑月在未太弱上食十五分之十二半弱虧起東南十五日夜伺候至三更一籌月在丙上雲裏見已食十五分之三許虧起正東至丁上食既後從東南生至四更三籌月在未末復滿而胄玄不能盡中迭相駁難高祖惑焉踰時不決會通事舍人顏慜楚上書云漢落下閎改顓頊曆作太初曆云後八

百歲此曆差一日語在胄玄傳高祖欲神其事遂下詔曰朕應運受圖君臨萬寓思欲興復聖教恢弘令典上順天道下授人時搜揚海內廣延術士旅騎尉張胄玄理思沉敏術藝宏深懷道白首來上曆法令與太史舊曆竝加勘審仰觀玄象參驗璿璣胄玄曆數與七曜符合太史所行乃多疎舛羣官博議咸以胄玄爲密太史令劉暉司曆郭翟劉宜驍騎尉任悅往經修造致此乖謬通直散騎常侍領太史令庾季才太史丞邢儁司曆郭遠曆博士蘇粲曆助教傅儁成珍等既是職司須審疎密遂虛行此曆無所發明論暉等情狀已合科罪方共飾非護短不從正法季才等附下罔上義實難容於是暉等四人元造詐者竝除名季才等六人容隱姦慝俱解見任胄玄所造曆法付有司施行擢拜胄玄爲員外散騎侍郎領太史令胄玄進袁充互相引重各擅一能更爲延譽胄玄言充曆妙極前賢充言胄玄曆術冠於今古胄玄學祖沖之兼傳其師法自茲厥後尅食頗中其開皇十七年所行曆術命冬至起虛五度後稍覺其疎至大業四年劉焯卒後乃敢改法命起虛七度諸法率更有增損朔終義寧今錄

戊辰年所定曆術著之于此云自甲子元至大業四年戊辰百四十二萬七千六百四十四年算外

章歲四百一十　章閏百五十一

章月五千七十一　日法千一百四十四

月法三萬三千七百八十三

辰法二百八十六

歲分一千五百五十七萬二千九百六十三

度法四萬二千六百四十

沒分五百一十九萬一千三百一十一

沒法七萬四千五百二十一

周天分一千五百五十七萬四千四百六十六

斗分一萬八百六十六　氣法四十六萬九千四十

氣時法一萬六百六十　周日二十七

日餘一千四百一十三　周通七萬二百九

周法二千五百四十八

推積月術

置入元已來至所求年以章月乘之如章歲得一爲積月餘爲閏餘（閏餘三百九十七已上若冬至不在其月加積月一）

推月朔弦望術

以月法乘積月如法得一爲積日餘爲小餘以六十去積日餘爲大餘命以甲子算外爲所求年天正月朔日（天正月者建子月也今爲去年十一月凡朔小餘五百四十七已上其月大）加大餘七小餘四百三十七太（凡四分一爲少二爲半三爲太）小餘滿日法去之從大餘滿六十去之命如前爲上弦日又加得望下弦後月朔朔餘滿五百三十七其月大減者小餘

推二十四氣術

以月法乘閏餘又以章歲乘朔小餘加之如氣法得一爲日命朔算外爲冬至

日不盡者以十一約之爲日分求次氣加日十五日分九千三百一十五小分一小分滿八從日分一日分滿度法從日一如月大小去之日不滿月算外爲次氣日其月無中氣者爲閏

二十四氣	損益率	盈縮數
冬至十一月中	益七十	縮初
小寒十二月節	益三十五	縮七十
大寒十二月中	益三十五	縮百五
立春正月節	益二十	縮百三十
雨水正月中	益二十	縮百六十
啓蟄二月節	益三十五	縮百九十
春分二月中	損五十五	縮二百二十五
清明三月節	損三十五	縮百七十
穀雨三月中	損四十	縮百二十五

立夏四月節	損三十	縮八十五
小滿四月中	損五十五	縮五十五
芒種五月節	益六十五	盈初
夏至五月中	益五十五	盈六十五
小暑六月節	益四十	盈百二十
大暑六月中	益二十五	盈百六十
立秋七月節	益五	盈百八十五
處暑七月中	益三十	盈百九十
白露八月節	益四十	盈二百二十
秋分八月中	益六十	盈二百六十
寒露九月節	損五十五	盈二百
霜降九月中	損五十	盈百四十五
立冬十月節	損四十五	盈九十五

小雪十月中　　損四十　　盈五十
大雪十一月節　　損十　　盈十
求朔望入氣盈縮術
以入氣日算乘損益率如十五得一餘八已上從一以損益盈縮數爲定盈縮
其入氣日十五算者如十六得一餘半法已上亦從一以下皆准此
推土王術
如分至日二十七日分一萬六千七百六十七小分九小分滿四十從日分一
滿去如前即分至後土始王日
推沒日術
其氣有小分者以水乘日分內小分又以十五乘之以減沒分無小分者以百
二十乘日分以減之滿沒法爲日不盡爲日分以其氣去朔日加之去命如前
求次沒加日六十九日分四萬九千三百七十二日分滿沒法從日去命如前
推入遲疾曆術

以周通去朔積日餘以周法乘之滿周通又去之餘滿周法得一日餘爲日餘
即所求年天正朔算外夜半入曆日及餘
求次月
大月加二日小月加一日日餘皆千一百二十五滿周日及日餘去之
求次日加一滿去如前
求朔望加時入曆術
以四十九乘朔小餘滿二十二得一爲日餘不盡爲小分以加夜半入曆日及
餘分
求次月加日一餘二千四百八十六小分二十一滿去如前即次月入曆日及
餘
求望加日十四日餘千九百四十九小分二十一半滿去如前爲望入曆日及
餘
曆日轉分轉法　益損率　盈縮積分　差法

一日六百一	退六	益二百四十八	盈初	五千六百
二日五百九十五	退七	益二百一十八	盈六十萬五千一百五十九	五千五百四十
三日五百八十八	退八	益一百七十九	盈一百一十四萬一千六百七十八	五千四百七十
四日五百八十	退九	益一百四十二	盈一百五十九萬八千一百一十七	五千三百九十
五日五百七十一	退九	益一百三	盈一百九十六萬三千三十六	五千三百
六日五百六十二	退九	益六十二	盈二百三十一萬四千九百九十五	五千二百一十
七日五百五十三	退十	益二十二	盈二百五十八萬三千九百九十四	五千一百二十
八日五百四十三	退十	損二十三	盈二百三十四萬三十三	五千二十
九日五百三十三	退九	損六十八	盈二百五十八萬一千六百七十二	四千九百二十
十日五百二十四	退八	損一百八	盈二百三十萬八千九百一十二	四千八百三十
十一日五百一十六	退七	損一百四十四	盈一百九十三萬三千一百九十	四千七百五十
十二日五百九	退七	損一百七十六	盈一百五十六萬五千九百四十七	四千六百八十
十三日五百二	退六	損二百七	盈一百一十八萬八千六百二十八	四千六百一十

十四日四百九十六	進二	損二百三十四	盈五十九萬一千二百二十七	四千五百五十
十五日四百九十八	進六	益二百二十五	縮四千八百一十四	四千五百七十
十六日五百四	進七	益一百九十八	縮五十七萬七千九百七十五	四千六百四十
十七日五百一十一	進八	益一百六十七	縮一百八萬二千四百九十六	四千七百
十八日五百一十九	進八	益一百三十一	縮一百五十萬六千九百三十七	四千七百八十
十九日五百二十七	進九	益九十五	縮一百八十三萬九千八百五十八	四千八百六十
二十日五百三十六	進九	益五十四	縮二百八萬二千一百五十九	四千九百五十
二十一日五百四十五	進十	益十四	縮二百二十一萬九千七百	五千四十
二十二日五百五十五	進九	損三十一	縮二百二十五萬五千一百八十一	五千一百四十
二十三日五百六十四	進九	損七十一	縮二百一十七萬六千二百六十三	五千二百四十
二十四日五百七十三	進八	損一百一十二	縮一百九十九萬四千三百八十三	五千三百二十
二十五日五百八十一	進八	損一百四十八	縮一百七十萬九千五百四十四	五千四百
二十六日五百八十九	進六	損一百八十四	縮二百三十三萬二千一百八十五	五千四百八十

二十七日五百九十五　進五　損二百一十六　縮（八十六萬五千三百六）　五千五百四十

二十八日六百　進一　損二百三十二　縮（三十三萬八千七百八十七）　五千五百九十

推朔望加時定日及小餘術

以入曆日餘乘所入曆所日損益率以損益盈縮積分如差法而一爲定積分如差法乃與入氣定盈縮皆以盈減縮加本朔望小餘不足減者加日法乃減之加時在往日加之滿日法者去之則在來日餘爲定小餘無食者不須氣盈縮

角十二度　亢九度　氐十五度　房五度　心五度　尾十八度

箕十一度

東方七宿七十五度

斗二十六度　牛八度　女十二度　虛十度　危十七度　室十六度

壁九度

北方七宿九十八度

奎十六度　婁十二度　胃十四度　昴十一度　畢十六度　觜二度

參九度

西方七宿八十度

井三十三度　鬼四度　柳十五度　星七度　張十八度　翼十八度

軫十七度

南方七宿百一十二度

推日度術

置入元至所求年以歲分乘之爲通實滿周天分去之餘如度法而一爲積度不盡爲度分命度以虛七度宿次去之經斗去其分度不滿宿度以虛七度宿次去之經斗去其分度不滿宿算外即所求年天正冬至日所在度及分以冬至去朔日以減分度數分不足減者減度一加度法乃減之命如前即天正朔前夜半日所在度及分須求朔共度者用去定用日數減之俟後所須

求次月大月加度三十小月加度二十九宿次去去其分

求次日加度一去命如前

求朔望加時日所在度術

各以定小餘乘章歲滿十一爲度分以加其前夜半度分滿之去如前凡朔加時日月同度

求轉分以千四十約度分不盡爲小分

求望加時月所在度術

置望加時日所在度及分加度一百八十二轉分二十五小分七百五十三小分滿千四十從轉分一轉分滿四十一從度去命如前經斗去轉分十小分四百六十六

求月行遲疾日轉定分術

以夜半入曆日餘乘轉差滿周法得一爲變差以進加退減日轉分爲定分

推朔望夜半月定術

以定小餘乘所入曆日轉定分滿日法得一爲分分滿四十一爲度各以減加

時月所在度即各其前夜半定度

求次日以日轉定分加轉分滿四十一從度去命如前朔日不用前加

推五星術

木數千七百萬八千三百三十二四分

火數三千三百二十五萬六千二十六

土數千六百一十二萬一千七百六十七

金數二千四百八十九萬八千四百一十七

水數四百九十四萬一千九十八

木終日三百九十八日分三萬七千六百一十二四分

火終日七百七十九日分三萬九千四百六十六

土終日三百七十八日分三千八百四十七

金終日五百八十三日分三萬九千二百九十七晨見伏三百二十七日分同

水終日百一十五日分三萬七千四百九十八晨見伏六十三日分同

夕見伏二百五十六日
夕見伏五十二日

求星見術

置通實各以數去之餘以減數其餘如度法得一爲日不盡爲日分即所求年天正冬至後晨平見日及分其金水以夕見伏日去之得者餘爲夕平見日及分

求平見見月日置冬至去朔日數及分各以冬至後日數及分加之分滿度法從日起天正月依大小去之不滿月者爲去朔日命日算外即星見所在月日及分

求後見各以終日及分加之滿去如前其金水各以晨夕加之滿去如前加晨得夕加夕得晨

木平見在春分前者以三千三百四十乘去大寒後十日數以加平見分滿法之以爲定見日及分立秋後者以四千二百乘去寒露日加之滿同前春分至清明均加四日後至立夏五日以後至芒種加六日均至立秋小雪前者以七千四百乘去寒露日數以減平見日分冬至後者以八千三百乘去大寒後十日數以減之小雪至冬至均減八日爲定見日數初見伏去日各十四度

火平見在雨水前以二萬六千八百八十乘去大寒日數在立夏後以萬三千四百四十乘去立秋日數以見日分滿去如前雨水至立夏均加二十九日小雪前以萬一千五百八十乘去處暑日數冬至後以三萬四千三百八十乘去大寒日數滿去如前以減之小雪至冬至均減二十五日初見伏去日各十七度

土平見在處暑前以萬二千三百七十乘去大暑日數白露後以八千三百四十乘去霜降日數以加見日分滿如前處暑至白露均加九日小寒前以四千九百八十乘去霜降日數小寒至立春均減九日立春後減八日啓蟄後去七氣別去一至穀雨去三夏至後十日去一至大暑去盡初見伏去日各十七度

金晨平見在立春前者以四千一百二十乘去小滿後以乘去夏至日數以加見日分滿均加三日立秋前以乘去冬至日數滿去如前以減之立秋至小雪均減三日夕平見在啓蟄前以六千三百九十乘去小雪日數清明後以六千二百九十乘去芒種日數滿去如前以減之啓蟄至清明均減九日處暑前以

六千二百九十乘去夏至日數寒露以六千二百九十乘去大雪日數以加之
處暑至寒露均加九日初伏去日各十一度
水晨平見在雨水後立夏前者應見不見啓蟄至雨水去日十八度外四十六
度內晨有木火土金一星已上者見無者不見立夏至小滿去日度如前晨有
木火土金一星已上者見無者亦不見從霜降至小雪加一日冬至至小寒減
四日立春至雨水減三日冬至前一去三二去二三去一夕平見在處暑後霜
降前者應見不見立秋至處暑夕有星去日如前者見無者亦不見霜降至立
冬夕有星去日如前者見無者亦不見從穀雨至夏至減二日初見伏去日各
十七度

行五星法

置星定見之前夜半日所在宿度算及分各以定見日分加其分滿度法從又
以星初見去日度數晨減夕加之滿去如前即星初見所在度及分
求次日各加一日所行度及分有小分者各日數爲母小分滿其母去從分分

滿度法從度其行有益疾遲者副置一日行分各以其分疾遲損乃加之留者因前退則減之伏不注度順

行出斗去其分退行入斗先加分訖皆以千四十約分為大分以四十一為母

木初見順日行萬六百一十八分日益遲六十分一百一十四日行十九度萬三千八百三十二分而留二十六日乃退日六千一百一分八十四日退十二度八百四分又留二十五日三萬七千六百一十二分小分四乃順初日行三千八百三十七分日益疾六十分百一十四日行十九度萬三千七百一十八分而伏

土初見順日行三千八百一十四分八十三日行七度萬八千八十二分而留二十八日乃退日二千五百六十三分百日退六度四百六十分又留三十七日三千八百四十七分乃順日三千八百一十三分八十三日行七度萬七千九百九十九分如初乃伏

火初見已後各如其法

損益日度各一　冬至初　二百四十一日

行百六十三度

二日損一　盡百二十八日　百七十七日

行九十九度盡百六十一日同日

三日損一　盡百八十二日　百七十日

行九十二度盡百八十八日同

三日益一　盡二百二十七日　百八十三日

行一百五度

二日益一　盡二百四十九日　百九十四日

行百一十六度

一日益一　盡三百一十日　二百五十五日

行百七十七度盡三百四十七日同

二日損一　盡三百六十五日　復二百四十一日

行百七十七度

見在雨水前以見去小寒日數小滿後以去大暑日數三約之所得減日爲定日雨水至小滿均去二十日爲定日已前皆前疾日數及度數各計冬至後日數依損益之爲定日數及度數以度法乘定度如定日得一即平行一日分不盡爲小分大寒至立秋差行餘平行處暑至白露皆去定皆度六日白露至寒露初日行半度四十日行二十度餘日及餘度續同前置日數減一以三十乘之加平行一日分爲初日分差行者日益遲六十分各盡其日度而遲初日行二萬六百分日益遲百分六十日行二十四度三萬五千六百四十分其前去度六者此遲初日加四千二百六十四分六十日行三十度分同而留十三日前去日者分日於二留奇從後留乃退日萬二千八十二分六十日退十七度四十分又留十二日三萬九千四百六十六分又順遲初日行萬四千七百分日益疾百分六十日行二十四度分同前此遲在立秋至秋分加一日行分四千二百六十四六十日行四十度分同前而後疾

損益　冬至初　二百一十四日

行百三十六度

一日損一　盡三十七日　百七十七日

行九十九度

二日損一　盡五十五日　一百六十七日

行八十九度盡七十九十同

三日益一　盡百四十日　百八十四日

行百六度

一日益一　盡百九十日　二百三十七日

行百五十九度

一日益一　盡二百日　二百五十七日

行百七十九度

一日益一　盡二百一十日　二百六十七日

行百八十九度盡二百五十九日同

二日損一　盡三百六十五日　復二百一十四日

行百三十六度

後遲加六度者此後疾去度爲定度已前皆後疾日數及度數其在立夏至小暑至立秋盡四十日行二十度計餘日及度從前法前法皆平行求行分亦如前各盡其日度而伏

金晨初見乃退日半度十日退五度而留九日乃順遲差行先遲日益五百分四十日行三十度小暑前以去芒種日數十日減一度立冬後以去大雪日數十日減一度小暑至立冬均減三度爲定度大雪至芒種不加減求初日以三十乘度法四十得一爲平分又以三十九乘二百五十以減半分爲初日行分平行日一度十五日行十五度小寒後十日益日度各一至雨水二十一日行二十一度均至春分後十日減一至小滿復十五日行十五度其後六日減一至處暑日及度皆盡至霜降後四日益一至十五日行十五度復疾百七十日行二百四度前順遲減度者計減數益此度爲定度求一日行度分者以百七十日日一度以減定度餘乘度法加百七十得一爲一日平行度分晨伏東方夕初見順疾百七十日行二百四度夏至前以見去小滿日數六日加一度大暑後以去立秋日數五日加一度夏至至大暑均加五度爲定度白露至清明差行先度日益遲百分清明至白露平行求一日平行周晨疾求差行以五十乘百六十九加之爲初日行度分平行日一度十五日行十五度冬至後十日減日度各一至啓蟄九日行九度均至夏至後五日益一至大暑復十五日行十五度均至立秋後六日益一至寒露二十五日日行五度後六日減一至大雪復十五日行十五度均至冬至順遲差行先疾日益五百分四十日行三十度前加度者此依數減

之求一日行分如遲唯減者爲加之晨又留九日乃退日半度十日退五度而夕伏西方

水晨初見留六日順遲日行萬六百六十分四日行一度大寒至雨水不須此遲行平行日一度十日行十度大寒後二日去日度各盡二十日日及度俱盡一疾日行一度三萬八千三百七十六分十日行十九度前無遲行者減此分萬二千七百九十二分十日行十六度晨伏東方夕初見順疾日行一度三萬八千三百七十六分十日行十九度小暑至白露減萬二千七百九十二分十日行十六度平行日一度十日行十度大暑後二日去日度各盡二十日日及度俱盡一遲行日萬六百六十分四日行一度疾減萬二千七百九十二分者下須此遲又留六日夕伏西方

推交會行

會通千六十四萬六千七百二十九

朔差九十萬七千五十七

望差四十五萬三千五百二十八半

單數五百三十二萬三千三百六十四半

時法三萬二千六百四

望數五百七十七萬六千八百九十三

外限四百八十六萬九千八百三十六

內限千一十九萬三千二百半

中限五百六十四萬九千四百四半

次限千三十二萬六百八十九

推入交法

以會通云積月餘以朔望差乘之滿會通又去之餘爲所求年天正朔入交餘

求望數加之滿如前

求次月以朔差加之滿去如前

推交道內外及先後去交術

其朔望在啓蟄前以一千三百八十乘去小寒日數在穀雨雨水以乘去芒種日數爲氣差以加之啓蟄至穀雨均加六萬三千六百滿會通之餘爲定餘其小寒至春分立夏至芒種朔值盈二時已下皆半氣差而加之二時已上皆不加朔入交餘如望差望數已下中限已上有星伏木土去見十日外火去見四十

日外金晨伏去見二十二日外有一星者不加氣差朔望在白露前者以九百乘去小暑日數在立冬後者以千七百七十乘去大雪日數以減之白露至立冬均減五萬五千不足減者加會通乃減之餘爲定餘朔入交餘如外限內限已上單數次限已上有星伏如前者不減氣差定餘不滿單數者爲在外滿去之餘在內其餘如望差已下外限已上望則月食在內者朔則日其餘如望差已下者卽爲去先交餘如外限已上者以減單數餘爲去後交餘如時法得一然爲去交時數

推月食加時術

置食定日小餘三之如辰法得一辰命以子算外卽所在辰不盡爲時餘四之如法無所得爲辰初一爲少二爲半三爲太又不盡者三之如法得一爲強以并少爲少強并半爲半強并太爲太強得二強者爲少弱并少爲半弱并半爲太弱并太爲辰末此加時謂食四時月在衝也

推日食四時術

置食定日小餘秋三月內道去交八時已上加二十四十二時以加四十八春三月內道去交七時已上加二十四乃以三乘之如辰法得一辰以命子算外

即所在辰不盡爲時餘副置時餘仲辰不滿半辰減半辰巳上云半辰季辰者直加半辰孟辰者減辰法餘加半辰爲差率

又置去交時數三以下加三六巳下加二九巳下加一九巳上依數十二巳上從十二以乘差率如十四得一爲時差子半至卯半午半至酉半以加時餘卯半至午半酉半至子半以減時餘加之滿辰法去之進一辰餘爲定時餘乃如月食法子午卯酉爲仲辰戌丑未爲季寅申巳亥爲孟日出前入後各二三乘時外不注日食氣時法得一命子算外爲時

求外道日食法

去交一時內者食夏去交二時內加時在南方三辰者食若去至十二時內去交六時內者亦食若去春分三日內後交二時內秋分三日內先交二時內者亦食先交二時內值盈二時外及後交二時內值縮二時外亦食諸志交三時內星伏如前者食

求內道日不食法

加時南方三辰五月朔先交十三時外六月朔後交十三時外不食啓蟄至穀雨先交十三時值縮加時在未以西者不食處暑至霜降後交十三時外值盈加時在巳以東者不食

求月食分

春後交秋先交冬後交皆去不食餘一時不足去者食既餘以三萬二百三十五爲法得一爲不食分不盡者半法已上爲半強已下爲半弱以減十五餘爲食分

推日食分術

在秋分前者以去夏至日數乘二千以減去交餘餘爲不食餘不足減者反減十八萬四千餘爲不食餘亦減望差爲定法其交值縮並不減望差直以望差爲定法在啓蟄後者以去夏至日數乘千五百以減之秋分至啓蟄均減十八萬四千不足減者如前大寒至小滿去後交五時外皆去不食餘一時時差減者先交減之後交加之不足減者食既值加先交減之不足減者食

求所起內道西北虧東北外道西南虧東南十三分以上正左起虧皆據甚時月則行上起

氣	日出	日入
冬至	辰六十八刻之五十	申七刻分刻之四十
小寒	辰三十二分	申七刻四十八分
大寒	卯八刻四十九分	酉一分
小雪 立春	卯七刻二十九分	酉五十二分
立冬 啓蟄	卯六刻二十五分	酉一刻五十一分
霜降 雨水	卯五刻十三分	酉三刻七分
寒露 春分	卯三刻五十五分	酉四刻十五分
秋分 清明	卯二刻四十七分	酉五刻四十三分
白露 穀雨	卯一刻二十八分	酉六刻五十一分
處暑 立夏	卯二十八分	酉七刻五十三分
立秋 小滿	寅八刻三分	戌十七分

大暑 芒種	寅七刻三十六分	戌四十四分
小暑 夏至	寅七刻四十分	戌五十分

求日出入所在術

以所入氣辰刻及分與後氣辰刻及分相減餘乘入氣日算如十五得一以損益所入氣依刻及分爲定刻

隋書卷十七

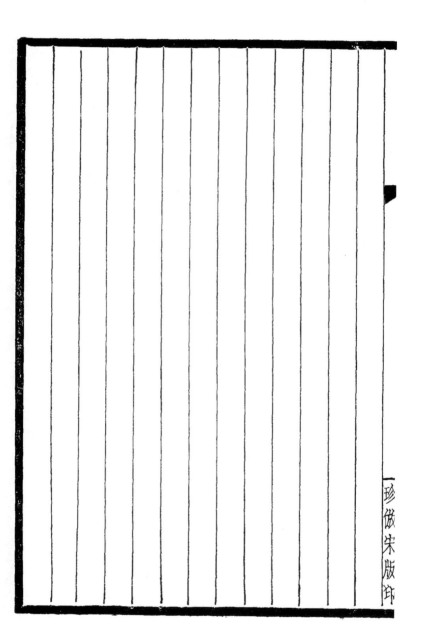

隋書卷十七考證

律歷志中唐堯之時冬至之日日在危宿○臣召南按元史云以堯典中星考之其時冬至日在女虛之交此說較密又此志云大隋甲辰冬至之日日在斗十三度元史云漢元和二年冬至日在斗二十一度晉太元九年退在斗十七度宋元嘉十年在斗十四度末梁大同十年在斗十二度隋開皇十八年猶在斗十二度大約歷家步推愈久愈密耳

十三年景子○各本俱作丙子非也唐諱丙作景仝志皆然今改正

影等駁冑玄云○臣召南按文義應作暉等卽劉暉也各本俱作影等疑訛

隋書卷十七考證

西元二〇二〇年十一月一日重製一版

隋書（附考證）冊一（唐魏徵撰）

平裝四冊基本定價參仟元正
（郵運匯費另加）

發行人：張敏君
發行處：中華書局
臺北市内湖區舊宗路二段一八一巷八號五樓（5FL., No. 8, Lane 181, JIOU-TZUNG Rd., Sec 2, NEI HU, TAIPEI, 11494, TAIWAN）
客服電話：886-2-8797-8396
公司傳真：886-2-8797-8909
匯款帳户：華南商業銀行西湖分行
179100026931
印刷：維中科技有限公司
海瑞印刷品有限公司

No. N1050-1

國家圖書館出版品預行編目(CIP)資料

隋書/(唐)魏徵撰. -- 重製一版. -- 臺北市 : 中
華書局, 2020.11
冊 ; 公分
ISBN 978-986-5512-30-9(全套 : 平裝)

1.隋史

623.701 109016718